走读京杭大运河

京杭大运河上的非物质文化遗产

佟 东 周佳艳 潘 赛 / 著

中国出版集团
研究出版社

图书在版编目（CIP）数据

京杭大运河上的非物质文化遗产 / 佟东，周佳艳，潘赛著 . -- 北京：研究出版社，2022.9
ISBN 978-7-5199-1261-1

Ⅰ . ①京… Ⅱ . ①佟… ②周… ③潘… Ⅲ . ①非物质文化遗产 – 介绍 – 中国 Ⅳ . ①G122

中国版本图书馆CIP数据核字(2022)第113992号

出 品 人：赵卜慧
出版统筹：丁　波
责任编辑：范存刚
助理编辑：何雨格

京杭大运河上的非物质文化遗产

JING-HANG DAYUNHE SHANG DE FEI WUZHI WENHUA YICHAN

佟　东　周佳艳　潘　赛　著

研究出版社 出版发行

（100006　北京市东城区灯市口大街100号华腾商务楼）
北京云浩印刷有限责任公司　新华书店经销
2022年9月第1版　2024年2月第2次印刷
开本：710毫米×1000毫米　1/16　印张：16.75
字数：281千字
ISBN 978-7-5199-1261-1　定价：58.00元
电话（010）64217619　64217652（发行部）

版权所有·侵权必究
凡购买本社图书，如有印制质量问题，我社负责调换。

本书受北京文化产业与出版传媒研究基地资助
本书为大运河国家文化公园建设课题研究成果

PREFACE 前言

2017年，中共中央办公厅、国务院办公厅印发《国家"十三五"时期文化发展改革规划纲要》，明确提出我国将依托长城、大运河、黄帝陵、孔府、卢沟桥等重大历史文化遗产，规划建设一批国家文化公园，形成中华文化的重要标识。2019年，中央全面深化改革委员会第九次会议审议通过了《长城、大运河、长征国家文化公园建设方案》，坚持保护第一、传承优先，对各类文物本体及环境实施严格保护和管控。2021年，国家文化公园建设工作领导小组印发《大运河国家文化公园建设保护规划》，对建设大运河国家文化公园做出了重要部署。大运河国家文化公园建设是我国的重大文化工程，是传承中华文明的历史文化标识，是凝聚中国力量的共同精神家园，是提升人民生活品质的文化体验空间。

京杭大运河北起北京市通州区，南至浙江省杭州市，全长1797千米，自北向南流经北京、天津、沧州、德州、济宁、聊城、徐州、宿迁、淮安、扬州、镇江、常州、无锡、苏州、嘉兴、湖州、杭州。自古以来，京杭大运河沿岸城市船舶往来、商旅辐辏，为历代漕运枢纽、商业集市。历经千年风雨，京杭大运河两岸留下了众多的非物质文化遗产，见证着历史的变迁和商业的发展。

《走读京杭大运河》系列图书是作者在近些年实地踏勘和查阅大量文献资料的基础上，对京杭大运河现有文化资源的梳理和呈现。《走读京杭大运河》系列图书共有三册，分别为《走读京杭大运河——京杭大运河上的古城古镇》《走读京杭大运河——京杭大运河上的非物质文化遗产》《走读京杭大运河——京杭大运河上的红色印记》，分别对京杭大运河两岸的古代建筑及历史遗迹文化资源、非物质文化资源、红色文化资源进行了系统的梳理。

研究成果对大运河国家文化公园建设有一定的参考价值。

本书为《走读京杭大运河——京杭大运河上的非物质文化遗产》，以区域为划分原则，本书共分为四章。第一章为运河京津冀段，京杭大运河在京津冀地区的流域范围不大，包括北京、天津和河北的部分区域，有民间文学、传统音乐、传统舞蹈、传统戏剧、曲艺、传统体育、游艺与杂技、传统美术、传统技艺、传统医药、民俗等十一大类70项非物质文化遗产。第二章为运河山东段，京杭大运河在山东省境内流经德州、济宁、聊城3市，有民间文学、传统音乐、传统舞蹈、传统戏剧、曲艺、传统体育、游艺与杂技、传统美术、传统技艺、传统医药等十大类16项非物质文化遗产。第三章为大运河江苏段，京杭大运河在江苏省境内流经徐州、宿迁、淮安、扬州、镇江、常州、无锡、苏州8市，有民间文学、传统音乐、传统舞蹈、传统戏剧、曲艺、传统美术、传统技艺、传统医药、民俗等九大类77项非物质文化遗产。第四章为运河浙江段，京杭大运河在浙江省境内流经嘉兴、湖州、杭州3市，有民间文学、传统音乐、传统舞蹈、传统戏剧、曲艺、传统体育、游艺与杂技、传统美术、传统技艺、传统医药、民俗等十一大类65项非物质文化遗产。京杭大运河流域非物质文化遗产资源丰富，对大运河国家文化公园建设起着基础性的作用。

本书在撰写过程中查阅了大量的历史资料和文献，对这些历史资料和文献的作者表示诚挚的谢意。因作者研究视野和学术积累有限，本书难免出现错漏之处，恳请读者予以指正。感谢参与图书策划和编撰的老师和同学，感谢北京文化产业与出版传媒研究基地的支持。

2022年3月于印苑

CONTENTS 目录

第一章　运河京津冀段

第一节　大运河通州段的非物质文化遗产 …………………………… 002
　　一、民间文学 …………………………………………… 004
　　二、传统音乐 …………………………………………… 005
　　三、传统戏剧 …………………………………………… 007
　　四、曲艺 ………………………………………………… 008
　　五、传统体育、游艺与杂技 …………………………… 010
　　六、传统美术 …………………………………………… 012
　　七、传统技艺 …………………………………………… 023
　　八、传统医药 …………………………………………… 032

第二节　大运河天津段的非物质文化遗产 …………………………… 036
　　一、传统戏剧 …………………………………………… 037
　　二、曲艺 ………………………………………………… 038
　　三、传统体育、游艺与杂技 …………………………… 043
　　四、传统美术 …………………………………………… 046
　　五、传统技艺 …………………………………………… 048
　　六、传统医药 …………………………………………… 055
　　七、民俗 ………………………………………………… 056

第三节　大运河沧州段的非物质文化遗产 …………………………… 059
　　一、传统舞蹈 …………………………………………… 059
　　二、传统戏剧 …………………………………………… 060
　　三、曲艺 ………………………………………………… 062

· 1 ·

　　　　四、传统体育、游艺与杂技 ············· 064
　　　　五、传统技艺 ············· 070

第二章　运河山东段

第一节　大运河济宁段的非物质文化遗产 ············· 072
　　　　一、民间文学 ············· 073
　　　　二、传统舞蹈 ············· 074
　　　　三、传统戏剧 ············· 075
　　　　四、曲艺 ············· 076
　　　　五、传统美术 ············· 079
第二节　大运河聊城段的非物质文化遗产 ············· 080
　　　　一、传统音乐 ············· 080
　　　　二、传统体育、游艺与杂技 ············· 081
　　　　三、传统美术 ············· 082
　　　　四、传统技艺 ············· 085
　　　　五、传统医药 ············· 087

第三章　运河江苏段

第一节　大运河苏州段的非物质文化遗产 ············· 090
　　　　一、民间文学 ············· 091
　　　　二、传统音乐 ············· 092
　　　　三、传统戏剧 ············· 093
　　　　四、曲艺 ············· 095
　　　　五、传统美术 ············· 096
　　　　六、传统技艺 ············· 102
　　　　七、传统医药 ············· 113
　　　　八、民俗 ············· 114
第二节　大运河无锡段的非物质文化遗产 ············· 115
　　　　一、传统音乐 ············· 115

二、传统戏剧 ……………………………………… 116
　　三、传统美术 ……………………………………… 117
　　四、民俗 …………………………………………… 120
第三节　大运河常州段的非物质文化遗产 ………… 121
　　一、传统音乐 ……………………………………… 121
　　二、传统舞蹈 ……………………………………… 123
　　三、曲艺 …………………………………………… 124
　　四、传统美术 ……………………………………… 125
第四节　大运河镇江段的非物质文化遗产 ………… 129
　　一、民间文学 ……………………………………… 129
　　二、传统音乐 ……………………………………… 131
　　三、传统技艺 ……………………………………… 132
第五节　大运河扬州段的非物质文化遗产 ………… 134
　　一、传统音乐 ……………………………………… 135
　　二、传统戏剧 ……………………………………… 137
　　三、曲艺 …………………………………………… 138
　　四、传统美术 ……………………………………… 141
　　五、传统技艺 ……………………………………… 145
第六节　大运河淮安段的非物质文化遗产 ………… 151
　　一、传统音乐 ……………………………………… 151
　　二、传统戏剧 ……………………………………… 153
第七节　大运河宿迁段的非物质文化遗产 ………… 155
　　一、传统舞蹈 ……………………………………… 155
　　二、传统戏剧 ……………………………………… 156
　　三、曲艺 …………………………………………… 157
　　四、传统技艺 ……………………………………… 158
第八节　大运河徐州段的非物质文化遗产 ………… 160
　　一、传统音乐 ……………………………………… 160
　　二、传统舞蹈 ……………………………………… 161
　　三、传统戏剧 ……………………………………… 162
　　四、曲艺 …………………………………………… 164
　　五、传统美术 ……………………………………… 165

六、民俗 ………………………………………………… 167

第四章　运河浙江段

第一节　大运河湖州段的非物质文化遗产 …………………… 170
　　一、民间文学 ……………………………………………… 170
　　二、传统戏剧 ……………………………………………… 172
　　三、曲艺 …………………………………………………… 173
　　四、传统技艺 ……………………………………………… 173
　　五、民俗 …………………………………………………… 176

第二节　大运河嘉兴段的非物质文化遗产 …………………… 178
　　一、传统音乐 ……………………………………………… 178
　　二、传统戏剧 ……………………………………………… 179
　　三、传统体育、游艺与杂技 ……………………………… 180
　　四、传统美术 ……………………………………………… 182
　　五、传统技艺 ……………………………………………… 185
　　六、民俗 …………………………………………………… 187

第三节　大运河杭州段的非物质文化遗产 …………………… 191
　　一、民间文学 ……………………………………………… 193
　　二、传统音乐 ……………………………………………… 198
　　三、传统舞蹈 ……………………………………………… 200
　　四、传统戏剧 ……………………………………………… 201
　　五、曲艺 …………………………………………………… 202
　　六、传统体育、游艺与杂技 ……………………………… 206
　　七、传统美术 ……………………………………………… 207
　　八、传统技艺 ……………………………………………… 209
　　九、传统医药 ……………………………………………… 224
　　十、民俗 …………………………………………………… 229

参考文献 …………………………………………………… 237
后记 ……………………………………………………… 256

CHAPTER 01

—■ 第一章 ■—

运河京津冀段

京杭大运河在我国具有重要的意义,不仅是我国的一项世界遗产,也是目前全球现有的工程最大、里程最长的人工运河,与长城并称为我国古代的两项伟大工程。京杭大运河分为多河段,其中京津冀段是京杭大运河的源头,地处我国核心区域,流经北京市通州区、天津市、沧州市,同时该地段拥有深厚的历史文化积淀,具有非常丰富的非物质文化遗产。

第一节 大运河通州段的非物质文化遗产

京杭大运河的北端位于北京城区东部的通州区,也是北京目前的城市副中心。大运河北京段以白浮泉、玉泉山诸泉为水源,注入瓮山泊(今颐和园昆明湖),经南长河,引入积水潭(今什刹海),经玉河、通惠河,最终流入北运河河道。它像一条巨龙蜿蜒在京城大地,孕育了独特的运河文化,留下了丰富而珍贵的非物质文化遗存。这些非物质文化遗存与运河沿岸百姓特定的生产生活方式密切相关,体现着运河两岸人们的声音、形象、技艺、经验、精神、礼俗等,世代以身口相传而得以延续相承,成为运河文化的记忆符号(见表1.1)。

表1.1 京杭大运河通州段非物质文化遗产

序号	编号	名称	类别	公布时间
1	Ⅰ-78	童谣(北京童谣)	民间文学	2008年
2	Ⅰ-85	天坛传说	民间文学	2011年
3	Ⅱ-65	智化寺京音乐	传统音乐	2006年
4	Ⅱ-188	天坛神乐署中和韶乐	传统音乐	2021年
5	Ⅳ-28	京剧	传统戏剧	2006年
6	Ⅴ-57	北京评书	曲艺	2008年
7	Ⅴ-115	数来宝	曲艺	2014年
8	Ⅵ-3	天桥中幡	传统体育、游艺与杂技	2006年
9	Ⅵ-4	抖空竹	传统体育、游艺与杂技	2006年

续表

序号	编号	名称	类别	公布时间
10	Ⅵ-21	天桥摔跤	传统体育、游艺与杂技	2008年
11	Ⅶ-15	内画（北京内画鼻烟壶）	传统美术	2008年
12	Ⅶ-47	泥塑（北京兔儿爷）	传统美术	2014年
13	Ⅶ-50	灯彩（北京灯彩）	传统美术	2008年
14	Ⅶ-52	面人（北京面人郎）	传统美术	2008年
15	Ⅶ-52	面人（面人汤）	传统美术	2011年
16	Ⅶ-57	玉雕（北京玉雕）	传统美术	2008年
17	Ⅶ-58	木雕（紫檀雕刻）	传统美术	2011年
18	Ⅶ-70	北京绢花	传统美术	2008年
19	Ⅶ-70	北京绢人	传统美术	2021年
20	Ⅶ-93	传统插花	传统美术	2008年
21	Ⅶ-110	京绣（北京补绣）	传统美术	2021年
22	Ⅷ-38	剪刀锻制技艺（王麻子剪刀锻制技艺）	传统技艺	2008年
23	Ⅷ-110	地毯织造技艺（北京宫毯织造技艺）	传统技艺	2008年
24	Ⅷ-113	盛锡福皮帽制作技艺	传统技艺	2008年
25	Ⅷ-115	内联升千层底布鞋制作技艺	传统技艺	2008年
26	Ⅷ-125	花丝镶嵌制作技艺	传统技艺	2008年
27	Ⅷ-126	金漆镶嵌髹饰技艺	传统技艺	2008年
28	Ⅷ-147	花茶制作技艺（吴裕泰茉莉花茶制作技艺）	传统技艺	2011年
29	Ⅷ-158	酱菜制作技艺（六必居酱菜制作技艺）	传统技艺	2008年
30	Ⅷ-167	烤鸭技艺（全聚德挂炉烤鸭技艺）	传统技艺	2008年
31	Ⅷ-167	烤鸭技艺（便宜坊焖炉烤鸭技艺）	传统技艺	2008年
32	Ⅷ-169	天福号酱肘子制作技艺	传统技艺	2008年
33	Ⅸ-6	中医正骨疗法（宫廷正骨）	传统医药	2008年
34	Ⅸ-6	中医正骨疗法（罗氏正骨法）	传统医药	2008年
35	Ⅸ-7	同仁堂中医药文化	传统医药	2006年
36	Ⅸ-11	传统中医文化（鹤年堂中医药养生文化）	传统医药	2008年

一、民间文学

童谣（北京童谣）

童谣是传唱于儿童之口的没有乐谱的歌谣。中国童谣的历史十分悠久，《列子·仲尼》篇已有关于童谣的记载。得益于北京古都的文化积淀，在中国童谣的园地里，北京童谣格外引人注目。它历史久远，数量众多，品类齐全，流传与保存度高，表现了各时期北京的城市性格和北京人的思想感情，是中国北方地区童谣的代表。自清代开始，北京就有专门的儿歌童谣抄本在民间广为流传。新文化运动时期，知识分子"眼光向下的革命"，让民歌、童谣获得前所未有的关注。中华人民共和国成立后，作家和民间艺术家创作的新时代儿歌成为儿童传唱的主要内容。[1]

小小子儿，坐门墩儿，哭着喊着要媳妇儿。
要媳妇儿干吗呀？
点灯说话儿，熄灯做伴儿，明儿早晨起来梳小辫儿。

在北京孩子的成长过程中，童谣必不可少。北京童谣是极具地方特色的童谣。北京童谣作为比较独特的地方童谣，有其明显不同于其他童谣的特点。在语言和词语的发音上表现比较明显。[2]

北京童谣与各地区的童谣一样，都要遵守一定的格式，比如摇篮曲、游戏歌、数数歌、问答歌、连锁调、拗口令等。在表现手法上也常采用夸张、拟人、反复、设问等不同的手法。比如，下面这首童谣反映了北京童谣的夸张手法[3]：

奔儿头，奔儿头，下雨不发愁，
人家打雨伞，他打大奔儿头。
剃头师傅技术高，不用剪子不用刀，

---

[1] 郝东辉：《清末民初民间童谣的教化意蕴》，华东师范大学硕士论文2019年。
[2] 刘晓伟：《北京童谣：口口相传的京味儿歌》，《神州》2015年第7期，第30—33页。
[3] 毕海、陈晖：《北京童谣的文化教育意义》，《北京社会科学》2015年第6期，第24—30页。

一根儿一根儿往下薅,薅得脑袋起大包,

到了医院就开刀,回家发成大面包。

天坛传说

天坛始建于明永乐十八年(1420),明清两代帝王在此祭天、祈谷和祈雨。天坛传说因天坛建筑和皇帝祭天大典而萌生和发展。"天人合一"宇宙观的融入,使天坛建筑群具有神圣而独特的寓意,成为相关传说发生和繁盛的重要驱动因素。天坛传说在北京市民中广为流传,特别是在天坛周边的地区,金鱼池、法塔寺、四块玉、天桥等地尤其盛传不衰,是北京本土文化的一朵奇葩。天坛传说包括天坛建立传说、景物传说、民俗传说、坛根儿传说、相关人物传说五个部分。

天坛传说以口头民间文学特有的流传延续模式在社会群体中传承,数百年来,一直以口口相传的方式代代传承。天坛传说有深厚的历史、文化和文学价值。天坛传说体现了"天为阳,地为阴""天圆地方""天人合一""天人感应"等一系列中国人的宇宙观。无论是与天坛建筑和功能相关的认识,抑或是阴阳相济的哲学观念,以及与帝王形迹、与礼俗相关的传说,都是从平民百姓的立场所作的阐释与演绎。天坛传说的传播途径多种多样,在传播中具有广泛性和延伸性。[1]

天坛作为明清两朝帝王举行"祭天""祈谷"的重要祭祀场所,具有较高历史价值、科学研究价值和独特艺术价值。在历史发展的进程中,由于天坛的神秘性和神圣性,生活在天坛周边的普通百姓因其无法近距离了解天坛,而逐渐创作出一些关于天坛的口头传说,并在流传的过程中,不断丰富和演变,自成一体。[2]

二、传统音乐

智化寺京音乐

京音乐是指传承于北京智化寺、成寿寺、水月庵、天地庵、广济庵及

---

[1] 周丽梅:《天坛,一个离天最近的美丽传说》,《语文世界(小学生之窗)》2019年第4期,第16—19页。
[2] 李川:《天坛传说:正史背后的故事》,《神州》2015年第22期,第60—63页。

南城关帝庙、天龙寺及北京周边地区的寺庙音乐。京音乐以智化寺为传播中心。

智化寺京音乐至今已传承了500多年，被誉为中国古代汉族音乐的"活化石"。清道光、咸丰年间，智化寺音乐从寺院逐渐传播到北京周边地区，从而成为北方佛曲的代表，被时人冠以"京音乐"之称。智化寺京音乐有明确纪年的工尺谱本，有特色的乐器、曲牌和词牌，有按代传承的演奏艺僧。它与西安城隍庙鼓乐、开封大相国寺音乐、五台山青黄庙音乐及福建南音一样，是我国现存最古老的汉族音乐。[1]

京音乐的曲式结构可以分为只曲和套曲两大类。只曲也叫小曲，是指用于单独演奏的曲牌，不能与其他曲牌相连。京音乐的只曲有《三皈赞》《普庵咒》《垂四调》等。套曲也叫大曲，是指由多个单独曲牌相连构成的，结构框架相对稳定的一种大型曲式。京音乐的套曲有《锦堂月》《昼锦堂》《骂玉郎》《孔子泣颜回》等，每一个套曲结构都由拍、身、尾三个部分组成。[2]

天坛神乐署中和韶乐

"中和韶乐"，源于远古先民的原始乐舞。最初是远古先民的一种基本艺术活动，表现了氏族部落图腾崇拜、祭祀典礼、农耕狩猎、部落战争、生息繁衍等社会生活，商周时期经宫廷乐师整理成了宫廷雅乐，传承于3000年前周代的雅乐，被誉为"华夏正声"。"中和韶乐"融"礼乐歌舞"为一体，是儒家礼乐文化体系的集大成之作。明朝初年明太祖朱元璋将其更名为"中和韶乐"。"中和韶乐"是明清两朝祭祀、朝贺、宴享的专用音乐，它表示了中国古人对和谐完美的憧憬，其内涵符合儒家传统的伦理道德，也表达了深邃宏远的文化理念。

天坛神乐署始建于明永乐十八年（1420），神乐署位于天坛西南外坛，与祈谷坛、圜丘坛、斋宫、牺牲所（今已不存）并称为天坛五大建筑群。作为明清时期皇家最高乐舞学府，神乐署设专门机构和专职人员对祭天乐舞生进行培养和训练，鼎盛时期署内有乐舞生3000多人。当年北京各坛庙祭祀的乐舞生都是从神乐署生员中选拔充任。

在"中和韶乐"的乐器里，编钟、编磬是其重要乐器，其余的乐器为

---

[1] 《智化寺京音乐》，《中国音乐学》2021年第1期，第146页。
[2] 杨静：《智化寺京音乐及其所用乐器述略》，《演艺科技》2013年第S2期，第63—67、78页。

埙、排箫、笛、箫、琴、瑟、笙、搏拊、柷、镈钟、建鼓、敔、麾、特磬等。

古老礼乐的价值，正被人们重新认识；礼乐文化，在新时代多元文化的大潮中，依然有着顽强的生命力，在亘古岁月的淘洗与磨砺中，犹如熠熠生辉的珍珠。①

三、传统戏剧

京 剧

京剧又称京戏、平剧，是中国戏曲曲种之一。京剧作为我国的国粹，在世界上有一定的影响力。外国人提起中国，就会想到京剧。京剧的分布地以北京为中心，遍及全国，京剧已经成为介绍、传播中国传统艺术文化的重要媒介之一。

京剧的前身是徽剧，自乾隆五十五年（1790）起，原在南方演出的三庆、四喜、春台和春四大徽班陆续进入北京，他们与来自湖北的汉调艺人合作，并汲取了秦腔、昆曲、梆子、弋阳腔等戏曲艺术的优点，通过不断交流、融合，最终形成京剧。②京剧在形成之初，便进入宫廷，因此，京剧的表演艺术更趋于虚实结合的表现手法，最大限度地超脱了舞台空间和时间的限制，以达到"以形传神，形神兼备"的艺术境界。表演上要求精致细腻，处处入戏；唱腔上要求悠扬委婉，声情并茂；武戏则不以勇猛取胜，而以"武戏文唱"见佳。

京剧的腔体主要分西皮和二黄两大腔系，合称为皮黄腔。其他还有部分唢呐二黄、吹腔类的曲调。这几大声腔在京剧唱腔中的表现形式和风格各具特色，分别体现在对人物思想感情的表达、旋律进行的方式、起唱的节拍、旋律的主干音、上下句落音，以及京剧音乐的定调定弦、唱腔过门等伴奏技法方面的不同。③

京剧是中国的国粹，传统京剧服装也带有鲜明的中国特色，它的服装样式主要以明代服饰为基础，并吸收了各个时期服装的典型元素，后期又经过

---

① 孟建军：《王正明与"中和韶乐"》，《乐器》2019年第6期，第33—35页。
② 《国粹生香——京剧》，《农村百事通》2020年第1期，第18—19页。
③ 《京剧脸谱颜色的秘密》，《启迪与智慧（少年）》2019年第5期，第12—13页。

艺术家们的提炼、归纳、粉饰，形成了一整套程式化的专用服装。传统京剧服装大致分为蟒、帔、靠、褶、衣五大类。

京剧服装经过200多年的发展演变，由生活化到艺术化，形成了一套完整的、具有民族特色和独特审美价值的服装艺术形式美体系，并作为我国的经典传统艺术形式，栩栩如生地保留与再现着我们的历史。①

四、曲艺

北京评书

评书，以其表演形式简单、内容通俗易懂为普通民众所喜闻乐见。它成型于唐宋，兴起于明清，至清朝初叶，形成了南方评话和北方评书两大系统。北方评书以北京评书为主，发源于北京，盛行于京、津、冀和东北三省等地。自明清以来，大致可分为四个时期：清初开创时期，代表人物王鸿兴，被后人认为是北京评书开山之祖；清末民初奠基时期，代表人物双厚坪；二十世纪三四十年代兴盛时期，代表人物王杰魁、袁杰英、陈士和、连阔如等，此时名家辈出，杰作荟萃；中华人民共和国成立后拓展创新时期，代表人物有陈荣启、袁阔成、李鑫荃、连丽如等。中华人民共和国成立以来，北京评书有了新的发展。②

清末，王述祖在《天桥词》中写道：

道旁有客说书忙，独脚支棚矮几张。
白叟黄童齐坐听，乞儿争进手中香。

从中不难看出，当时书场之简陋令人咋舌。即便如此，仍有许多老人和小孩围坐聆听，足见评书之受欢迎。民国初叶，由北京天桥西大街西市场和公平市场内的大小茶肆肇始，陆续增添评书演出，如福海居、五斗居、同合轩、同乐轩等。当时，老北京人常说的是："二哥，您上哪儿去啊？""我口儿里头茶馆听书去。"由此可知，茶馆与书场已合二为一。于是，诞生了

---

① 赵倩倩：《传统京剧服装样式的艺术形式美研究》，《西部皮革》2021年第15期，第86—87页。
② 《北京评书 守正求新》，《曲艺》2017年第10期，第6—7页。

一个新名词"书茶馆"。一般的书茶馆门面并不讲究，无非在房檐上挂着几块半尺来长的小牌子，上书：雨前、龙井、雪蕊、毛尖等茶叶名；屋内的陈设就更简单了，都是些不曾上过油漆的长桌子大板凳，不管认不认识，尽可同席而饮。

中华人民共和国成立后，传统评书进入崭新的时代，传统书目向新书目过渡，评书艺人向评书演员过渡，承前启后，继往开来。在推陈出新方针的指引下，传统评书在批判继承的基础上，获得新的生命力，成为中华优秀传统文化的重要组成部分；新编评书题材大为拓宽，无论革命题材、新编历史题材，还是反映现实生活的题材，都取得突破性进展，受到广泛欢迎。以书馆和广播为主要阵地，评书演出十分活跃。

20世纪80年代以来，随着广播、电视、网络媒体的蓬勃兴起，评书艺术的传播手段日趋多样化，书馆评书却渐渐衰落。[1]

数来宝

数来宝，一种中国传统曲艺。流行于中国北方地区，来源是流落于民间的乞丐要钱的一种手段，俗称"顺口溜""流口辙""练子嘴"等，流行于全国各地。相传元代即已形成，最初为艺人走街串巷或在店铺门前乞讨索钱的手段，由于唱词常常要把听客和老板及其营生即兴夸赞一番，意寓一经艺人"数唱"即可"招财进宝"，故名"数来宝"。

数来宝的表演形式，通常为1—2人左手持两块相串的大板儿，右手持五块叫作节子板儿的小竹板儿进行韵诵。诵唱中还可插入一些话白，包括过口白与夹白等。其中两个人的合作表演吸收了"对口相声"的表现方法，称作"对口数来宝"。历史上的艺人还曾使用高粱秆儿、钱板儿、撒拉机、牛胯骨、三块板儿、三个碗儿、开锄板儿（又名和平板儿）等击节伴奏。

由于其表演十分关注听众的欣赏心理和审美趣味，在长期的发展演变中形成了许多成套的唱词"套子"。艺人们凭借广泛的生活知识，见景生情，即兴编唱，有的还能讲今叙古，引经据典，夹叙夹议，诙谐风趣。[2]

---

[1] 梁彦：《北京的书馆评书七十年——从书茶馆到宣南书馆》，《曲艺》2019年第6期，第8—11页。
[2] 闻克：《数来宝》，《曲艺》2007年第5期，第50页。

五、传统体育、游艺与杂技

天桥中幡

北京天桥中幡是一门古老而又年轻、技高惊险、威武壮观、观赏性强的表演艺术。因其萌芽成长成熟于老北京天桥市场而得名。老北京天桥市场曾经是一个繁华热闹的平民市场,更是一个平民的乐园。天桥中幡就诞生在这样一个民俗土壤肥沃的地方。

北京天桥中幡,是在清军入关时候从关外带进北京城的,只不过当时普遍的叫法是"舞幡",而不是现在的中幡。当年满族还远在关外的时候,"舞幡"就是他们民族的一项极具特色的民族传统娱乐民俗活动。清代"舞幡"之幡源于八旗作战时候用的指挥大旗,它本是旗人在行围狩猎和对敌作战中必不可少的用具。旗兵行围打猎或者作战的时候,以大旗为先导,行至合适的地点,将大旗固定,旗兵遂从大旗两侧呈翼状前进,然后合围成一个大圈。大旗居于圆圈的中心位置,指挥者根据战场或围场的情况变化,随时命令执纛人员挥舞纛旗,向全军发出指令。在行军或打猎休息间隙,旗手们为给皇上解闷,排解行进打猎时候的疲劳心绪,就挥舞耍动纛旗以博皇上欢心,鼓舞三军斗志。后来又在原龙旗杆上加上伞盖,耍起来更是好看。到了后来,人们在挥舞纛旗的基础上,又糅入许多技巧性动作,从而将"舞幡"提升到了新的高度。

天桥中幡表演过程最突出的一点就是其表演过程中说练结合。说是指在表演之前通过两位量活(即捧哏者)的灌口,逐步引出天桥中幡表演。在表演过程中,灌口又为观众进行解说,使观众能更好地欣赏精彩的中幡表演。说与练的完美结合,使天桥中幡这一艺术形式深受观众喜爱。[①]

抖空竹

北京抖空竹历史悠久,群众基础稳定,技术技巧成熟完备,是抖空竹这一民间体育活动发展传承最具代表性的地区之一。抖空竹既是中国老百姓喜闻乐见的一种艺术表演形式,也是很受群众喜爱的一种体育锻炼形式。有的

[①] 谷强:《北京天桥中幡传承与发展的研究》,北京体育大学硕士论文2009年。

地方抖空竹还发展成为一种民间体育比赛，每逢赛期，全城出动，观摩参与，欢声震天，好一派热闹景象。

抖空竹在历史上是杂技的一种技目，早在宋代，都城汴梁的勾栏瓦舍中就有这种表演，著名的《清明上河图》中也有抖空竹的描绘。明清以来，抖空竹者日渐增多，北京的天桥、上海的城隍庙都是空竹习艺者的表演场地；都市的公园、广场，也能见到业余玩家的身影。他们或单人或集体，在一片片场地中，抖响了空竹，悠然自得。

抖空竹又叫"扯铃"或"抖铃"。中华人民共和国成立后，党和政府对这种有情趣又能健身的艺术形式给予了大力的支持和推广，专业的抖空竹技艺发展很快，几乎家家杂技团都有该技目，并且技艺精湛，在世界杂技比赛中屡获大奖。抖空竹成为最有代表性的杂技项目，同时群众性、自发性的抖空竹运动也日渐盛行。[1]

作为老北京市民传统文娱活动，"抖空竹"运动具有三大优势：场地限制性较低，随意一块几平方米的空地即可开展；不受年龄影响，只需要一副空竹，儿童有儿童的玩法，老人有老人的花样；不受时间限制，一年四季，从早到晚，都可以进行。其区别于博弈性的文娱活动，具备独有的和谐特性，在北京胡同市井生活中具有深厚的大众基础，是北京文化认同的符号性表现。[2]

天桥摔跤

北京地区的摔跤以天桥摔跤为代表，是清朝善扑营的直接继承，手法细腻，架势相对于其他流派要小，在天桥卖艺表演过程中，产生了很多花式。天桥摔跤有自己的特点，特别是天桥摔跤表演，不仅语言诙谐幽默，技术动作的展现也是独具看点。天桥摔跤有着传统的比赛规则、衣着等，从传统文化和非遗的角度讲，应该作为独立的跤种传承下去。天桥摔跤是在中国式摔跤的前面加了体现场地的"天桥"二字，因为北京的跤场首先成立于天桥地区，而这并不代表天桥摔跤已经是一个独立的跤种。

天桥摔跤对衣着有很多讲究。摔跤手应穿典型的跤衣，上衣叫褡裢，是由数层粗白布纳成的短袖，没有领子，衣襟很窄，露出胸脯。腰间用骆驼绳

---

[1] 张俊合：《杂谈抖空竹》，《杂技与魔术》2015年第4期，第53—54页。
[2] 王存：《中华人民共和国成立以来宣武"抖空竹"的传承和发展研究》，内蒙古师范大学硕士论文2016年。

系紧。下身着深色中式灯笼裤，脚穿刀螂肚的薄底跤靴。在换装时要向观众展示自己的跤衣。老北京天桥摔跤运动员体型讲究，可以形象地概括为几个字，优秀的摔跤手身材都是这几个字的形象代表，指的是"同、天、贯、日"型。天桥摔跤技术多样，摔跤动作讲究干脆利落，迅速撂倒对手，不拖泥带水，能够一招制胜，忌讳抓住对方较劲不放，功力深厚的老师傅最讨厌"死抓把""支黄瓜架子"这种与对手纠缠在一起的架势。天桥摔跤的技法概括为二十个字，包括踢、肘、抽、卧、押、盘、闪、撒、空、拧，还有拱、蹦、滑、排、扒、套、倒、里、拿和勾。

天桥摔跤最风靡京城的时候，应该是在20世纪30年代。天桥摔跤是兼具对抗和表演的体育活动，摔跤手摆着架势，却又巧舌如簧，说说练练，亦真亦假，有高超的功夫技术展示，也充满趣味，笑话连连，使人流连忘返，赏心悦目，这将天桥摔跤同其他单独作为一门体育竞技或者军事训练活动具有很强对抗性的摔跤比赛区分开来。在北京天桥卖艺的跤场，表演者常常巧破千斤，现术语称"散手跤"。摔跤动作干脆利落不失美感，给观众带来很强的视觉冲击，又让其享受到摔跤手的插科打诨，把中国摔跤术升华到更高的艺术层次，有"武相声"的美誉。①

六、传统美术

内画（北京内画鼻烟壶）

内画鼻烟壶是在鼻烟壶发展近200年以后才出现的一个非常独特的工艺品种，其历史大约只有130年的时间。内画鼻烟壶的出现，使得鼻烟壶从一般的实用工具走向了把玩欣赏的艺术品世界，并很快在世界范围内被广泛收藏。

京派内画壶的称谓，主要相对于山东、河北、广东、陕西等地，以地域区分。京派内画鼻烟壶的形成是在清末民初，在其他鼻烟壶品种已经衰落的情况下，京派内画鼻烟壶却一枝独秀，其数量及艺术性达到了一个高峰，同时期出现了不少著名艺人。

北京内画鼻烟壶的用料非常讲究，主要有以下几种，其一为人造水晶内画壶，已成为内画的主要用壶；其二为料器内画壶，采用普通玻璃加热吹制

---

① 杨红梅：《非物质文化遗产老北京天桥摔跤的传承与保护》，新疆师范大学硕士论文2017年。

成型的内画壶，硬度和透明度都不如人造水晶内画壶；其三为采用天然水晶制成的内画壶；其四为玉石类内画壶，采用质地较透明的玉石、玛瑙、琥珀等材料制成，呈半透明状，适合制造朦胧、若隐若现的画面效果；其五为树脂等现代材质内画壶，采用树脂或其他现代材质磨制而成的内画用壶属于富有现代意义的突破和尝试，画者别出心裁，制作出的作品也有出乎意料的视觉效果。

内画鼻烟壶，壶是载体，高级料质和一般料质有很大的区别，水晶石、茶晶石、发晶石等高级原料和人造玻璃鼻烟壶，在价值方面也相差甚远，一个质地上乘的鼻烟壶即使不画也是一件艺术品。鼻烟壶在中国已经有几百年的历史，它的造型集中国历代器皿造型之大成，浓缩于方寸之间。京派内画鼻烟壶讲究料质，讲究造型，只有画在一个考究严谨的鼻烟壶里，才能体现内画的价值。

北京内画鼻烟壶浓缩了传统及近代内画壶的特点，高档的材质、优美的造型、广泛的题材、生动的画意、古朴的色泽，诗、书、画、印在北京内画鼻烟壶中得到了完美的体现。北京内画鼻烟壶的艺术凝结着中华民族的传统文化与艺术结晶，并在世界范围内被广泛收藏。[1]

泥塑（北京兔儿爷）

北京兔儿爷造型最大的特点是兔首人身，一双火焰眉，身披红袍金甲，手持捣药杵，身后有一杆靠背旗。兔儿爷造型由来主要与一则神话故事有关：相传有一年北京闹瘟疫，人们无药可医，伤亡惨重。居住在月宫的嫦娥不忍心百姓受苦，就派捣药的玉兔到人间来送药。但由于玉兔也是一位女性，过去一个单独的女孩不能随意进入陌生人家庭，所以玉兔到寺庙里面借用了韦陀神像的金盔金甲，装扮成男人的模样，挨家挨户去送药，这也解释了兔儿爷为什么是身穿金盔金甲了。当玉兔送完药回到寺庙还给韦陀衣服时，累倒在寺庙的旗杆下。人们发现了累倒的玉兔，得知是它为人们送来了神药，于是人们为了纪念玉兔的功劳，就仿照了它当时救人的样子，用泥塑像，并在每年的中秋节与嫦娥一起接受人们的供奉。当时玉兔去的是有韦陀像的寺庙，因为不是所有寺庙都可以留宿，只有有韦陀的寺庙是可以留宿的，又因为玉兔累倒在旗杆下，所以这就是兔儿爷身后只有一杆靠背旗的原

---

[1] 麻敏：《方寸之地呈千里之势——北京内画鼻烟壶绘画艺术及传承》，《湖南包装》2020年第3期，第74—78页。

因。而现在兔儿爷艺人为了对称好看,将兔儿爷身后一杆靠背旗变成两杆甚至是四杆。

兔儿爷的造型特征还体现在它的坐骑上,其坐骑各种各样、丰富多彩,且寓意吉祥,人们购买兔儿爷也会参照不同的坐骑、寓意进行购买。兔儿爷的坐骑没有固定的标准,非常奇特,也没有固定的模式,一切神仙、菩萨、佛祖的坐骑,兔儿爷都可骑坐,这也进一步彰显了兔儿爷的神佛性能。常见的兔儿爷坐骑主要有黑虎、黄虎、红虎、白象、狮子、梅花鹿、麒麟还有牡丹座、莲花座、金光洞座、宝葫芦座等。同时还有一类兔儿爷是直立在地上,没有坐骑的。

随着时代和科学技术的发展,北京兔儿爷的材料和制作工艺也在不断地发生变化,其制作工艺分为传统工艺和现代工艺两种,传统制作工艺大体上可归纳为前期准备、制作过程和后期美化修饰三个工序。随着科技的进步,制作兔儿爷的材料不断丰富,对兔儿爷的材质语言起到了补充与丰富的作用。[①]

灯彩(北京灯彩)

灯彩艺术源于上元灯节,经历代发展,至明清时在皇都北京达到鼎盛,至今已有近2000年的历史。旧时京城的灯市口大街,自明代始就以灯市闻名,入夜时分,灯彩连片,构成辉煌之景。北京灯彩在精神上突出了北方的豪迈,技艺上则拥有南方的细致。

如今的灯市口留下的只是一个地名,所剩无几的灯彩老艺人呼吁关注手工灯彩艺术保护、传承。而今的北京灯彩,在平谷区西古村开花、结果,得到了传承,也得到了创新。灯彩的传统制作技艺是彩扎、裱糊、编结、刺绣、雕刻、剪纸、字画凝聚的综合性造型艺术。

分析历史上各个朝代和目前全国各个地区的彩灯画面基数,大多数是以四、六、八、十等偶数数字为主,极少数是三、九等奇数数字。中国文化里注重"双",这代表着齐全、成对,这一点可以在彩灯画面基数里充分地显示出来。另外,从彩灯的题材内容上来看,大多数以吉祥物为主,比如北京奥运会期间,2008年的元宵节彩灯就有很多福娃的标志,还有诸如小兔子、大熊猫等可爱动物的画像,这些吉祥物代表着中国传统的吉祥文化。

---

① 殷华叶:《北京泥塑玩具兔儿爷研究》,北京印刷学院硕士论文2020年。

灯彩艺术体现了中国文化的博大精深，是融艺术、文化、审美于一体的艺术，具有浓厚的民族色彩，这种艺术又随着时代的发展而添加了新的元素，使灯彩更加生机盎然。灯彩艺术不仅是一种优秀的民间艺术，更是一种民间文化现象。目前，随着科技的进步，我国劳动人民用自己的智慧丰富和创造性地发展着灯彩艺术文化，为灯彩文化的发展做出了杰出的贡献，同时也为丰富广大人民群众的文化生活，传承中华文明发挥着重要的作用。[1]

作为非物质文化遗产的传承，艺术工作者的思想转变就显得尤为重要，老一辈的灯彩艺人应顺应这个时代的要求，知难而进，才能使艺术有它的发展生命。[2]

面人（北京面人郎）

北京面人郎是北京特有的一种民间面塑艺术，这一技艺由郎绍安所创，他曾跟从"面人大王"赵阔明学艺，后形成自己的面塑艺术风格。面人郎艺术题材面广，注重表现现实生活，对三百六十行的情形和各种老北京民俗都有生动的反映。面人郎集美术、雕塑、服饰、造型等艺术为一体，具有较强的艺术欣赏性和收藏价值。面人郎技艺传承以家族和师徒形式结合，至今已有三代。[3]

"面人郎"郎绍安的作品有浓郁的京味，题材广泛。他善于捏塑老北京街头卖糖葫芦、卖面茶、打糖锣等"五行八怪"的形象，这些作品造型准确，细腻逼真。郎绍安从技巧上不断探索，把捏面人提升到面塑艺术层面。郎绍安将传统面塑的"抻举法"改为"托板法"，也就是把竹签上的玩具拿下来，变成可摆在桌上的工艺品，由此，面人从街头艺术走进室内，登上了大雅之堂。他将一些小面人放进核桃里，做成高级工艺美术陈列品。"面人郎"的手艺传承了100多年，已成为中国传统民间美术的重要组成部分。

"面人郎"彩塑作品精美绝伦，制作水平令人叹为观止，其中的关键因素首推制作材料——面。"面人郎"彩塑的美部分来源于其自然材料之美，但创作过程中除了对这一有地域特色的材料的认知和利用，还在于对材料的准确掌握。"面人郎"所用的面是用普通面粉和江米面按照比例混合而成，用水和好上锅蒸熟。为了增加面的通润以防止干裂，还要加上蜂蜜，最后再

---

[1] 李昆：《论元宵灯俗与中国民间灯彩艺术》，《才智》2013年第15期，第170页。
[2] 康楠：《北京灯彩：古老传统的创新传承》，《经济》2012年第4期，第146—147页。
[3] 阿丽：《95后"面人郎"传承人郎佳：非遗也可以很酷》，《好家长》2020年第77期，第4—5页。

混以特制的颜料揉搓，这样的面人可以保证几十年不褪色。

"面人郎"彩塑制作手法细腻，充分运用揉、捏、揪、挑、压、搓、滚、碾、剁、拨、按、切等技法对细节充分拿捏，反复勾勒，制作一丝不苟，细致入微，从武将头盔上的花纹、衣服褶皱的颜色，到旗子上的字迹图案、场景中的雕梁画栋，再到人物的眼睫毛、双眼皮、头饰发髻，无一不是制作精良、活灵活现。"面人郎"的面塑造型，细说起来要有上百道工序，在创作的整个过程中，从面的制作到颜色的调配再到人物形象、服装服饰的搭配，每一步都非常烦琐。

"面人郎"彩塑都是一次成型，制作之前经过深思熟虑，每个作品的神态细节了然于胸，捏起来一气呵成。捏塑的形象小，面量就小，揪一小块面塑上去，可以塑形，但不能再往下扒，不能修补，否则面就不平、不光了。捏面塑不同于其他雕塑艺术，面人制作的关键在于手上的分寸，在于手的力度把握，小小面人不过才几寸长，要在这样大小的空间内对人物进行细微的刻画，并做到不增不补，肢体间的无缝连接，全靠一双妙手控制力道。增之一分，减之一分，不是靠工具和仪器的精确测量，而是靠心灵的直觉。

"面人郎"彩塑在"手工"的基础上，融入面塑艺人大量的感性因素，体现了人类手脑协调运动的和谐生存状态，引导人们用面团捏成富有人情韵味的作品，具有较高的技艺水准和高度的艺术品位及审美价值。"面人郎"彩塑融合了几代人的巧手灵心，使得捏面人以一种"艺术"的方式展现，并以与自然合作的方式完成"艺术品"，它构成大众业余文化生活和当代通俗文化的重要组成部分，它所具有的社会文化价值应得到进一步的加强和重视。[1]

面人（面人汤）

北京"面人汤"形成于清末时期，以家族传承为主。第一代创始人汤子博生长在北京，自幼喜欢画画，10岁时被一个山东捏面人的摊子吸引过去，看那艺人捏的孙猴儿、猪八戒都很难看，于是他不买面人，向人家买面团，然后回家用竹子削成刀片试着捏面人。与别人不同，汤子博喜欢将国学中的人物捏成面人。开始制作的时候，因为面团比较软，捏出来的面人根本站不住，汤子博发现面人师傅们基本上都用一根棍子举着面人，于是他不断钻研

---

[1] 纪学艳、吕林雪：《谈北京面塑"面人郎"的艺术特色》，《北京联合大学学报（自然科学版）》2016年第1期，第50—54页。

改进，最终制作出了托板式面人，成为面人发展史上的一大壮举。

"面人汤"涉及的题材极为广泛，有书卷人物、戏曲人物和仙佛人物等。汤氏三兄弟以大量成功的作品，逐步确立了"面人汤"在面人中的地位。

汤子博的次子汤凤国对面人艺术进行了进一步的创新。他将父亲所传授的面塑技巧，与在中央美院学到的西方造型艺术知识融会贯通，注重刻画人物的情绪和神韵。不仅北京通州有他的面塑艺术馆，美国也有他的作品陈列室。他多次应邀赴美国、加拿大、墨西哥等国讲学。实际上，第二代"面人汤"传人也并非只有汤凤国一人。汤金章当时也是小有名气的面人师傅。但因为两人成长背景不同，汤凤国和汤金章的面人作品其实有很大的差别。

汤凤国更多地把自己在中央美院所学的雕塑学的知识应用到了面塑上。讲究人物的神韵，面人健硕的身体和恢宏的气质也淋漓尽致地展现了雕塑美。而汤金章的作品，表现更多的是细腻。各自不同的文化修养都体现在了面塑上。[1]

玉雕（北京玉雕）

作为"燕京八绝"之一的北京玉雕又称"北京玉器"，是流传于北京市的一种玉石雕刻技艺。北京玉雕具有700多年的传承历史，至今仍在民间活态传承。从元、明、清三代的宫廷文化基础上发展而来的北京玉雕，材美工巧，蕴含着深厚的文化内涵，在我国传统文化中占有不可撼动的地位。作为非物质文化遗产项目，北京玉雕本身既含有经济属性，又具有文化属性，蕴含着丰富的价值。[2]

元代是北京玉雕的发端期，元代帝王在西征的过程中掳掠了很多工匠，他们的到来初步奠定了元代北方手工业的基础。元灭宋之后，又控制了中原与南方的手工业，这无疑大大扩充了元代的手工业规模。至元世祖忽必烈建大都于北京，元大都所在地北京及其周边腹地已然成为全国手工业的中心和官营手工业中心。因此，元代是中国南北方以及中国与西方文明在手工业领域的大交融、大汇集时期。从元建大都起，北京逐渐成为全国的政治、文化中心。为了满足内外交往及王公贵族的需要，中国玉器之精华均集于北京，加上美玉良师、能工巧匠荟萃北京，北京治玉业进入了地利、人和的发展时期。

---

[1] 刘晓伟：《面人汤：神韵犹存的面塑艺术》，《神州》2015年第22期，第56—59页。
[2] 柳絮：《北京玉雕的保护与传承》，中国艺术研究院硕士论文2017年。

明代市镇经济高度繁荣，手工业获得了前所未有的发展。治玉业作为明代手工业的重要组成部分，也不可避免地产生了许多新变化。朝廷规定随进贡之玉而来的大量额外玉石可以公开买卖，因而每年有数量惊人的玉石流向民间市场。虽然明代对用玉礼制有严格的限制，规定庶人冠服不准用玉，但是当时有财力的富豪及文人都拥有相当数量的玉器。

清代的工艺美术与明代的相似之处在于都与市场有着千丝万缕的联系。明代中后期的资本主义生产关系的萌芽在清代继续缓慢发展，随之而出现的民主进步思想在一定程度上冲击着维护封建集权统治的程朱理学。在这样的历史背景下，清代的治玉业可以分为三个阶段：顺治到康熙为恢复和发展期；雍正到嘉庆为鼎盛期；道光到宣统，手工艺品出现外流趋势，治玉业陷入衰败期。

在中国的传统玉作中，有约定俗成的"北玉""南玉"说法。南玉以江浙一带为中心，南宋以前就很发达，明清以后，苏扬地区又因为"工匠云集和产品有销路"而形成中国三大琢玉中心之一。北玉则以北京为中心，自金元定都于此而发展起来，形成以北京为中心的北方治玉集散地。北玉风格雄浑大气，强调形式、气韵以及如何突出玉料的特色，在体量上、风格上极具皇家风范。

木雕（紫檀雕刻）

传统的紫檀雕刻技艺主要用于传统的明清宫廷家具制作，代表了当时木作工艺技术的最高水平，有着特殊的风格特征。

紫檀雕刻讲究的是手工制作，其雕刻手法多样，融合了线雕（阳刻、阴刻）、浅浮雕、深浮雕、平雕、圆雕、毛雕、透雕等各种技法。作品以木为地，以雕代笔、以刀作画，构图繁茂饱满，刀法刚健豪放，画面深邃幽远。作品的题材广泛，以山水、花卉、鸟兽、博古为主，其图案纹样蕴含着吉祥如意、多子多福、延年益寿、官运亨通等美好愿望。

檀雕艺术品的制作要经过木材的烘干、开料、镂锯加工、组装、手工砸膘、雕刻、清地、打磨、打蜡等十几道工序方可完成。一件檀雕作品的制作，少则需要一年，多则需要数年的时间。

纵观我国雕刻技艺，紫檀雕刻具有悠久的历史。在古代紫檀木常被皇家看重和使用，因此并非任何工匠都能够接触到紫檀木，也并非任何工匠都能够雕刻紫檀木，这无形之中增加了紫檀木雕刻的神秘性。

随着时代的发展，木雕技艺也在快速发展，雕刻题材更加广泛，雕刻手法更加成熟。很多人喜欢佛龛神像，与之相关的雕刻作品就会出现，随着雕刻作品的增多，刻画手法逐渐成熟，并且越来越专业。在雕刻艺术中，紫檀木雕发展非常突出，在木雕选材上，紫檀木具有极大优势，这种木材结构坚硬、纹路清晰，需要娴熟的雕刻技艺才能创作出完美的作品。

紫檀木雕的创新体现在对雕刻对象及雕刻手法的改进上，初期主要雕刻一些小型物件、盛装物品的器皿，雕刻简单，之后为了提高艺术表现力，雕刻作品逐渐朝着人物形象及观赏物品方面转变，体现出了人们的心理价值取向，雕刻目标也从日常使用逐渐发展到艺术欣赏层面，从业余走向职业化。同时，雕刻手法也在不断发展，雕刻精细与熟练程度大大提升。

紫檀木雕属于一项极其复杂的工艺，其作品艺术欣赏价值极其丰富。因此，必须经历漫长的历史传承，在这个过程中保留有价值部分，革新不足之处，逐渐形成完美的艺术价值。[①]

北京绢花

绢花，古时称"头饰花"，原是皇宫内苑的御用品，所以它的生产也随着历代都城的迁移而迁移。北京的绢花生产始于13世纪中叶元朝定都北京之后，距今已有数百年的历史。开始时生产规模不大，到明末清初才开始兴旺起来，特别是到清朝中期，绢花业进入了鼎盛繁荣时期。北京绢花以其优美的造型、精细的做工、悦目的色泽为主要特色，由于看起来协调、柔润，形象逼真，而驰名中外，素有"京花"之称。

康熙三十二年（1693），清宫内务府造办处设立"花儿作"，专司承造各色绫、绸、纸、绢、通草、米家花等，以供宴会、饰戴之用。

绢花的制作工艺复杂，通常经过选料、上浆、染色、窝瓣、烘干、定型、粘花、扎枝等工序。上浆平整之后，凿出花瓣，遂依鲜花颜色染色，然后把花瓣窝制成各种造型，经烘干后定型，最后把定型的花瓣粘成花朵，同经过加工的花叶、花枝用铁丝和棉纸组合在一起即得。每一步都由手工完成，特别是扎枝这一工序，不仅要注意每个花瓣的状态，还要考虑整体造型。

制作北京绢花所采用的材料主要是高级纯丝，制成的绢花主要分为绢枝

---

① 颜光辉：《紫檀木雕作品的雕刻艺术及体现手法探究》，《天工》2020年第5期，第72—73页。

花和绢盆花两种,其中绢枝花的花色种类繁多,形态万千,几乎找不到重样的。制作成的绢花栩栩如生,有的艳若朝霞,有的妩媚俏丽,有的清雅飘逸。看着一朵朵争奇斗艳、傲立枝头的绢花,恍若真的置身花海之中,仿佛阵阵香气正萦绕在空气之中。

随着用途的扩大、生产的发展,绢花花色品种也随之增加,绢花行业的流派——专做某种用途的花形、款式也随之出现。如有的作坊以专做"宫花"为主,专卖皇宫内苑,供后宫嫔妃宫娥用;有的作坊专做文艺舞台用花,叫"戏剧花";有的专做东北、山东、河南等地民间妇女的头戴花,叫"头花";还有的专做出口绢胸花、帽花、鞋花等,叫"洋庄"活。绢花行业专业化分工的形成,是以用途为基础的,是逐步自然形成的。

清朝灭亡以后,"旗装""旗头"不再流行,女子剪发增多对绢花需求锐减,人造花行业的发展也一落千丈,不复当年之繁华。"旗头"大花之类造型夸张的绢花早已失去往日的风采,逐渐退出人们的视野,只有戏曲、戏剧舞台演艺人员为表演应景之用才会定制。抗日战争爆发后,国内外局势动荡,绢花生产以及销售受到战乱的影响,逐年递减。北京有三分之二的手工业作坊倒闭歇业,为了生计,原先的手工业者纷纷另谋出路。直至中华人民共和国成立前后,绢花手工业有所恢复,逢节日或是新婚出嫁,女子头上往往要簪花,簪花有绒花、珠花、绢花等品种,簪于头后方的低挽着的发髻和鬓角,有的新婚男女也在胸前佩花,以求祥瑞。[①]

北京绢人

北京绢人,又名绢塑,是绢的一种软变形工艺。它以铅丝为骨骼、棉花纸絮为血肉、绢纱为肌肤、真丝为秀发、彩绘丝绸为服装,塑制而成玩偶,是我国民间源远流长的手工技艺,至今已有1000多年的历史。

在古代,绢人曾是王公贵族的玩物,如今,随着历史的变迁,已走进寻常百姓家。其制作精美,神态各异,色彩绚丽,风格高雅,被誉为"中国的芭比娃娃"。近几年,经过不断保护传承创新,成为"北京礼物"中最具魅力的一个代表。

北京绢人多数取材于古代的民间故事、神话传说或名著里的正面人物,人物形象多是表情温柔淡定,目光柔和谦逊,举止端庄大方,再穿戴上符合

---

① 章永俊:《北京的绢花》,《北京观察》2019年第7期,第75—77页。

人物所处时代和地位背景的考究的服装与配饰，因此说北京绢人集结着浓郁的中国文化是有道理的。而绢人之所以会有如此魅力却是来自制作者对素材选取的研究工作。想做出真正传神又有价值的绢人作品，在动手制作之前就要对人物形象有整体而全面的考虑和设计，既要查阅大量史料，又要包含制作者本人的想法和创意，再加上精湛的手艺，才能使绢人作品真正传神又有艺术价值。

在尊重历史的前提下设计人物形象，用几寸绢纱赋予人物以气质和性格，让他们静中有动，鲜活飘逸，这也正是北京绢人作为手工艺品的迷人之处。

唇不动而若语，目不转而有情，北京绢人被誉为中国民间的"软雕塑艺术"，造型优美，生动传神，真实与艺术的完美结合使其成为中国民间艺术的瑰宝。[1]

传统插花

插花是我国一种传统艺术形式，早在先秦时期就已出现，是东方插花艺术的代表。我国传统插花艺术起源于先秦时期，在夏商周时期出土的陶器与青铜器上，也曾发现过类似的插花纹饰；到了汉代，木雕、砖雕上都曾出现过插花纹饰；到了六朝时期，插花主要通过盘花来展现；到了盛唐，随着经济的繁荣，民间出现了以鲜花馈赠亲友、以鲜花礼佛的习俗，传统插花艺术得到迅速发展，并进入鼎盛时期；到了北宋，发明占景盘，创造出直立的插花体；到了明朝末年，日本使者把我国的插花艺术带到日本，并将其进一步发展，成为真正的花道。总之，随着时代的发展，我国传统的插花艺术日趋完善，并分成了许多流派，形成了有别于西式插花的独特体系。

先秦时期，中国的插花艺术尚处于萌芽时期。在古代，科学意识薄弱，那时人们相信世界是由神明主宰着的，因此有了祭祀活动，用花祭祀在当时就已经出现。

魏晋南北朝时期，中国的插花艺术步入了初级阶段。这一时期的政权动荡，佛教勃兴，而且由于战乱，人们将自己的情感寄托于文学艺术当中，在当时可谓是风流才子佳人频出。玩花赏木之风盛行，插花艺术因此有了很大的发展空间，出现了容器插花，如瓶花、盆花等。

---

[1] 丹丹、贾绍菩：《北京绢人的软雕塑艺术》，《美与时代（上半月）》2008年第6期，第88—91页。

中国在隋唐时期可谓是盛世，这一时期国家经济发达、长期统一、文化繁荣，中国的插花艺术步入黄金时期。文人雅士对花吟诗作画，仕女喜爱花艺，成为处处可见的花艺盛况。

宋朝重文轻武，文化空前进步。才子佳人，代继不绝，空前绝后，人们对花的喜爱在书画、瓷器中都有体现。这时期陶瓷的发展非常繁荣。宋瓷器物的造型繁多，花器也是如此。精致的花器，使得插花成了一门艺术和一项专学。这时期文人好梅，对梅花的喜爱程度更是体现在方方面面，如陶瓷中有定窑画花梅瓶。

元代是蒙古族建立的封建王朝。由于蒙古族人善骑射，不喜好诗词歌赋，因此这时期的插花艺术发展缓慢。又因为当时的文人多是汉人，而当时汉人认为自己失去故国，因此隐世，从而体现在插花中的多是愤慨的情绪。

明朝的文学非常繁盛。在这个时期，明朝的统治者非常重视文学的发展，还下令对全国上下的古籍进行了整理，因此有关插花艺术的书籍也得到了更加系统的整理，而在这些有关花艺的文献中，整理者记载了许多关于如何保护花材、如何修剪花枝的知识。

清朝末期国力衰弱，内忧外患。插花这种雅事，就很少见了，插花艺术日益衰弱。

1949年中华人民共和国成立后，中国传统插花又破土而出，但目前对中国传统插花的继承发展还有待加强。[①]

京绣（北京补绣）

北京补绣源于辽金，奠基于元，盛于明清，俗称丝绫、堆绣，是我国古老的刺绣技艺，与唐代"堆绫""贴绢"技艺相结合并发展至今。补绣技艺是以天然的植物纤维（棉、麻、丝）为材料，用浮雕、编织、刺绣、缝缀、堆贴、抽丝等多种技艺结合的装饰艺术。

北京补绣技艺是历史上为满足宫廷需求而产生的，历代都由宫廷设置专门机构组织绣品生产。辽时设有"燕京院使"，金时设有"纹绣署"，元代设有"纹绣总院"，明代设有"御用监"，清代在内务府设有织染局。皇帝、皇后、太子、王妃及各级官员的服装全都用补绣制作。补绣还运用到佛堂装饰、室内装饰及日用品中。其选料精致而贵重，做工细腻，制作不惜工

---

① 鲁朝辉、刘静、张少艾：《中国传统插花艺术美学特征探析》，《深圳职业技术学院学报》2020年第6期，第50—54页。

本。绣品豪华富贵,具有很高的艺术欣赏价值,形成独特的北京补绣。北京雍和宫珍藏的国家一级文物《绿度母补绣像》是乾隆皇帝的母亲率宫女制作供奉的,至今已有200多年的历史。

北京补绣用料讲究,主要以绫、罗、绸、缎、绢等材料制成,其工艺制作主要以画毛缝、剪纸板、贴棉、开纱、拨花、攒活、绣花蕊、纺织、匀针、刺绣等环节为主。①

这项来源于生活,却又高于生活的传统手工技艺,正随着越来越多年轻人的参与,焕发出新的生机与活力。在传承人的共同努力下,这门老北京特有的传统手工技艺有望摆脱濒临失传的危机,进入良性循环的状态。②

七、传统技艺

剪刀锻制技艺(王麻子剪刀锻制技艺)

王麻子剪刀始创于清朝顺治八年(1651),距今已有300多年的历史。王麻子剪刀锻制技艺的传承经历了师徒传承、家族传承、集体传承等多种形式。

王麻子剪刀在选料、贴钢、锻打、淬火等环节有其工艺的严格性和独特性:炉上从选料到平活有13道工序,炉下从开刃到盘活也有13道工序。这样制出的剪刀剪体横实,头长口顺,刃薄锋利,把宽受用,厚重大气,富有北方文化特色。在工艺上与其他剪刀有两处区别:槽口剪增加了剪体强度,又减小了摩擦面,使剪刀剪切既轻松又方便;"死活轴"使剪刀可以剪切多层布,具有不赶布、剪切轻松有力等特点。

王麻子剪刀工艺及其发展史,实际上是一部中国近现代手工业、民族工业曲折发展历史的缩影,具有很高的历史学、文化学价值。③

中国剪刀史上一直有"北有王麻子,南有张小泉"的说法。翻开王麻子剪刀锻制技艺的传承史,每一段都写满了其传人的勤劳与智慧。铁锤与铁墩撞击的声音穿越百年时空,向世人传递着每一把王麻子剪刀历经千锤百炼所

---

① 《北京宫廷补绣》,《时代经贸》2008年第6期,第82—83页。
② 徐天琦:《宫廷补绣的古往今来》,《纺织科学研究》2013年第3期,第134—135页。
③ 《王麻子剪刀锻制技艺》,《时代经贸》2008年第6页,第88页。

承载的厚重与坚韧。[1]

地毯织造技艺（北京宫毯织造技艺）

北京宫毯即官坊毯，兴盛于元代，是北京富有地域特色和宫廷特色的手工艺制品。明清时期，官营织毯机构织造了一批高质量的官坊毯。据《大元毡罽工物记》记载，元代成宗大德二年（1298）工部奉旨，在大都（今北京）青塔寺专为宫廷编织地毯，对地毯的尺寸、染料、羊毛用量等都有严格的要求。之后在明、清两代的史料中均有对北京宫毯的相关记载。至民国初年，北京已成为中国地毯的主要产区之一。中华人民共和国成立后，公私合营成立了第一地毯厂，20世纪70至80年代，地毯出口达到鼎盛时期，在国际上享有很高声誉。北京宫毯曾经是皇宫里的御用品，仅供天潢贵胄使用。后被列入"燕京八绝"，成为中国宫廷艺术重要的传统手工技艺代表作之一，是具有浓郁"京作"特色的宫廷艺术，其繁复而考究的织造技术、高昂的成本仍代表着高超的手工水准。[2]

北京宫毯采用多种表现手法，充分展示了中国传统文化和北京的宫廷艺术特色，并在此基础上向民间拓展。它既存皇家气派，又有民间韵味，给人无穷的回味与遐思。北京宫毯的主要特点是设计精良、构思完美，精心选料和配线，加工一丝不苟、精益求精，追求产品的完美。

北京宫毯还具有保暖、隔音、装饰等作用，有很大的实用价值；制作技艺精良，图案精美，雍容华贵，具有较高的艺术欣赏价值和收藏价值。[3]

盛锡福皮帽制作技艺

盛锡福于1911年始创于天津，20世纪30年代在北京设立分销处。历经近百年历史的盛锡福，具有丰厚的文化底蕴，拥有浓郁的历史文化特色。[4]创始人刘锡三注册的商标"三帽"中就包括一顶皮制三块瓦帽，可见皮帽制作支撑着"盛锡福"的半壁江山。盛锡福皮帽制作工艺流程复杂，每道工序都要求精益求精，其用料之讲究、做工之精细是很多制帽工艺难以望其项背的。

---

[1] 于维勇：《千锤百炼方成器——访王麻子剪刀传统锻制技艺传承人史徐平》，《时代经贸》2010年第6期，第148—149页。

[2] 王晓彤：《北京宫毯：若以初心待技艺》，《文化月刊》2018年第8期，第54—59页。

[3] 《北京宫毯制作技艺》，《时代经贸》2008年第6期，第86页。

[4] 《盛锡福 创百年辉煌 领技艺新高》，《时代经贸》2010年第6期，第52—54页。

盛锡福加工制作一顶皮帽通常都要经过几十道工序处理。复杂而又严格的制作程序使盛锡福皮帽成为外形美观、端雅大方、考究精致并穿戴舒适的帽中精品，曾多次为历届国家领导人制帽，并馈赠国际友人，也深受广大消费者的青睐，"头顶盛锡福"成为人们在生活上追求高品质的一种象征。[1]

"盛锡福"在创立之初，就以提倡国货为宗旨，力创民族品牌，并申请注册了"三帽"商标。"三帽"商标中绘制了草帽、皮帽和毡帽各一顶，是"盛锡福"的三件主打产品。"三帽"牌子在当时的商战中，特别是在与日货的竞争中取得了优势。《盛锡福帽庄二十五年小史》一文这样写道：

> 敝号自民元开设，原以"提倡国货冠帽"为宗旨。初由各地乡村收来草辫用机器缝成宽边圆顶草帽出品以来，颇蒙各界赞许，如是数载。敝东自幼专营草帽辫出口事业，因见外侨采办我国廉价草帽辫制成轻巧草帽，仍舶来昂价售与华人，似此漏口年额颇巨，由是决志改良制法。值有西人运到全套电力制造草帽机器，敝号不惜巨资，全部收买。此民国八年事也。于是添聘技师悉心研究、精工制造年余，而所制硬平顶草帽盛行全国，式样新颖，可与洋货相似矣。不数载，又添设皮帽工厂、便帽工厂、缎帽工厂。又于十三年添设化学漂白工厂，所漂之草帽辫洁白光亮，制成草帽可与西洋比美矣。信誉远扬，已居东洋草帽之冠。

"盛锡福"在20世纪20年代成为中国帽业的新生力量，凭借西方机械制帽技术的引入，在"振兴国货"的时代风潮下，赢得有利的生存和发展空间。当时的国货就是依赖民族资本产销的产品，与外国资本主义向中国市场倾销的商品形成对抗。当时的一些政界要人、社会名流相继为"盛锡福"题词，宋哲元将军题写了"祖国之光""国货先声""名驰中外"，北平商会会长邹泉荪题写了"冠冕吾华"，"盛锡福"的牌匾则出自吴佩孚之手，足见当年影响之大。

中华人民共和国成立以后，"盛锡福"经历了公私合营的过程，在王府井韶九胡同19号建立起"盛锡福"帽厂，真正实现了"前店后厂"的经营模式。在最初的工人中，有不少是从家庭作坊中吸收进来的。天津"盛锡福"

---

[1] 范淑华：《盛锡福皮帽制作技艺》，《商务时报》2009年6月6日。

以礼帽制作为主，而北京"盛锡福"则偏重以皮帽为主打产品。北京"盛锡福"在20世纪90年代初经历了最困难的时期，王府井大街改造、拆迁，工人纷纷离开工厂另谋出路。人们的着装时尚发生巨大变革，帽子不再被视为必需的穿戴，帽业也进入最低潮的时期。在企业最艰难的时期，只剩下18名工人维持生产。直到1998年，"盛锡福"在王府井的门店重新整装开业，2000年改制成"北京盛锡福帽业有限责任公司"，企业的发展进入一个新时期。[①]

内联升千层底布鞋制作技艺

内联升布鞋之所以出众，是因其制鞋工艺与众不同，至今依然保持传统的制鞋工艺。步入内联升店铺，依旧可以看到有制鞋师傅现场手工制鞋。

内联升制作的朝靴，鞋底厚达32层，厚而不重。黑缎鞋面色泽黑亮，久穿不起毛。鞋子打理起来相当方便，仅用大绒鞋擦轻轻刷打，就又干净又闪亮。这样的朝靴穿着舒适、轻巧，又显得稳重气派。

民间曾称内联升的鞋为千层底，评价其：穿坏两双帮，穿不坏一双底。其实所谓的千层底，是形容它的厚实。拥有160多年历史的"内联升"，发展至今的品牌魅力不仅仅是它所代表的客户身份的象征，鞋品舒适的精工技艺更是内联升保有品牌活力的生存根源。

内联升制鞋工艺考究，仅千层底布鞋鞋底的制作，就要经过7道工序。做底子用的布，要求必须是新布。制作前先用热水把布泡透，再用木榔头砸平砸实，完全晾干后再纳。此外，纳鞋底用的麻绳必须是温州产的细麻，锥子也是特制的。纳底的针数也有讲究，每平方寸用麻绳纳81针以上，而且针码分布均匀。最后还要将纳好的鞋底经热水浸泡及焖热后，用铁锤锤平，防止走样。这样做出来的鞋底坚固耐用，柔软舒适、不起层、不变形。从鞋底到鞋面，最少有30多道工序。

过去，内联升的鞋品种非常单一，以男鞋为主，但现在来到内联升，几千个品种琳琅满目，男鞋、女鞋、童鞋，传统的、现代的一应俱全。内联升企业发展到今天，其产品种类、产品适合群体、颜色图案已经十分丰富全面。这与企业不断积极地创新有直接的关系，在适应现代生活需要上，内联升企业取得了很大的成功。内联升千层底布鞋制作技艺在不断创新的思维下，不断发展完善，这里技艺的发展并不是指技艺流程的改变，而是指技艺

---

① 舒瑜：《老字号的技艺传承——以北京"盛锡福"皮帽制作为例》，《西北民族研究》2013年第2期，第113—123、170页。

选择的材料、产品的设计以及产品设计在具体实施过程中给技艺带来的挑战与发展。

花丝镶嵌制作技艺

花丝镶嵌又称为细金工艺，是"花丝"和"镶嵌"两种制作技艺的结合，是"燕京八绝"中极其繁复的一项工艺门类。[1]花丝镶嵌工艺的发展具有悠久的历史，工艺之复杂烦琐，制作之技艺高超，成品之精美华丽都能够深深吸引现代工艺美术的视线。花丝镶嵌工艺作为我国非物质文化遗产，是古人劳动智慧的结晶。

明代时随着金银珠宝制作的装饰物和生活用品数量的增多，细金工艺变化也极为明显，且品类繁多，奢华精致。花丝镶嵌工艺也在这一时期被推向了高潮。

至明朝时期，花丝镶嵌工艺的发展更是到了盛期。宝石的大量开采，导致宝石的稀缺，从而产生了烧蓝这种新的工艺，将陶瓷烧制工艺与金银器制作工艺进行结合以适应时代的发展。

花丝镶嵌工艺发展到了清代，分工更加细致，且逐渐趋于专业化。清康熙年间成立了造办处，造办处是专门负责制造宫廷用品的专业部门。造办处内属有"银作"，内分炼金、化银、錾花、累丝等多个类别。清代的宫廷金银工艺以錾、嵌为主。在艺术形式方面是创新的，而在工艺制作方面则是把烧蓝、点翠、镶嵌、攒炼、实錾等工艺手法进行融合。纹样则追求华丽多彩，在颜色搭配上也更加鲜明艳丽。

清代的花丝镶嵌工艺因其制作工序的复杂而被划分为多道步骤，每一步骤有专门负责的工匠，在制作中更加专业化。自此，中国的金银制作工艺也发展至相当高的水平。[2]

金漆镶嵌髹饰技艺

金漆镶嵌包括了"金漆"与"镶嵌"两种工艺。每一个类别又各自包含不同品种。金漆包括了用描绘手法的描金、贴金和用刻刀刻填手法的雕填、

---

[1] 陈天昊、崔胜杰:《"金与火之歌"——花丝镶嵌制作技艺》,《知识就是力量》2021年第10期，第54—55页。
[2] 颜建超、章梅芳、孙淑云:《"花丝镶嵌"概念的由来与界定》,《广西民族大学学报（自然科学版）》2016年第2期，第30—38页。

刻漆等；镶嵌则包含了玉石镶嵌、螺钿镶嵌、百宝镶嵌等。凡是涉及金漆和镶嵌以及两者结合的都是金漆镶嵌，它几乎囊括了三分之二的漆艺品种。北京是六朝古都，漆器制造业十分发达。北京金漆镶嵌发展明清传统工艺，形成了古朴典雅、端庄华贵、富丽堂皇、品类繁多的风格，制品独树一帜。①

北京金漆镶嵌设计制作的工艺摆件、家具、屏风、牌匾、壁饰等多达数千种，用料讲究，做工精细，工序十分繁复，要求也极其严格。制作完成一件金漆镶嵌产品，最少也要2—3个月的时间。首选不易开裂的上好红白松木，烘制定型处理后制成木胎。然后披麻或裱糊布、纸，刮灰，以起到平整、加固、托漆的目的。再施以中国天然大漆或合成大漆，大漆是一种很特殊的涂料，它必须在固定的温度和湿度下才能干出最好的效果，这就需要把刷完漆的漆胎放在窨房里自然阴干。制成的漆胎具有不变形，不脱落，防潮防腐等特点。在装饰手法上，镶嵌、彩绘、雕填、刻灰、断纹、虎皮漆等工艺各有千秋，精妙绝伦。②

花茶制作技艺（吴裕泰茉莉花茶制作技艺）

吴裕泰茉莉花茶制作技艺是北京市的汉族传统手工技艺。"采之唯恐不尽，制之唯恐不精"，吴裕泰茉莉花茶窨制技艺以其香气鲜灵持久、滋味醇厚回甘、汤色清澈明亮的品质传承百年。吴裕泰花茶独具的香气也被中国茶人亲切地称为"裕泰香"。③

吴裕泰花茶始创于光绪十三年（1887），由古徽州歙县人吴锡卿创号，至今已有100多年的历史。从1887年开始，吴裕泰由最初的茶栈发展到茶庄，最终演变、发展为公司。一百多年对于吴裕泰来说，是几代人的奉献和追求。一百年前，北京人会说：北新桥有家安徽人开的茶栈叫吴裕泰；一百年后，北京人会说：吴裕泰茶叶是人们生活的必需品。

吴裕泰茶庄如今已是知名的中华百年老字号了。"三自"方针是自吴裕泰创建以来一直保持不变的经营特色，即茉莉花茶"自采、自窨、自拼"。茶坯从安徽、浙江等地自采，再运至福建花乡自窨，最后运回北京自拼。吴

---

① 魏永刚：《北京金漆镶嵌工艺：精工巧镶嵌 匠心求创新》，《经济日报》2010年11月21日。
② 程璐：《"非遗日"系列报道之三 金漆镶嵌 把海外遗珍"带回家"》，《科学新生活》2013年第20期，第20页。
③ 《老北京的饮食：吴裕泰茉莉花茶》，《前线》2015年第11期，第2页。

裕泰自拼的茉莉花茶分几十种不同档次，质量上乘且货真价实。①

吴裕泰茉莉花茶制作时只采用春茶茶坯，坚持茉莉花"三不采原则"，即上午不采、阴天不采、雨后三天不采，还在拼配中适当增加徽茶茶坯所占比重，并且运用"低温慢烘"等独门技艺，让独一无二的茉莉茶香跨越时空，香飘四海。②北京人很早就有饮茶的传统。元、明更为普及，宫廷每年耗用茶品八万余斤。"吴裕泰"的经营定位不仅考虑普通百姓，而且兼顾高消费群体。③

吴裕泰茉莉花茶的条索形状紧细匀整，外形秀美。冲泡后香气鲜灵持久，汤色黄绿明亮。茶香不掺些微烟焦味及其他异味，令人唇齿间只有茉莉花的芬芳和茶叶的香醇。"香气鲜灵持久，滋味醇厚回甘，汤色清澈明亮"，18个字精确地总结吴裕泰茉莉花茶超群的色、香、味；100多年来，吴裕泰茉莉花茶用始终如一的鲜灵香气，赢得一代又一代北京人的青睐。④

酱菜制作技艺（六必居酱菜制作技艺）

北京六必居老酱园约建于明代嘉靖年间，因其注重产品质量的经营理念而得名。六必居由山西临汾的赵氏三兄弟创立，迄今已有四百多年的历史，是北京著名老字号之一。它制作的酱菜素以酱香浓郁、鲜甜脆嫩而著称，清代以来的文人笔记中对此多有称誉。六必居酱菜的传统制作技艺向以选料独特、制作复杂、工艺严格而闻名，长期以来一直以口耳相授的方式世代传承。制作加工注重品质，经营管理讲究诚信，产品丰富多样，包装新奇独特，服务热情周到，在广大顾客中享有良好的信誉，这也是六必居延续数百年而长盛不衰的关键原因。⑤

六必居酱菜几百年风味不减，盛名不衰，主要是在于其特殊而严格的制作工艺。六必居的含义是：黍稻必齐，曲蘖必实，湛炽必洁，陶瓷必良，火候必得，水泉必香。"六必"在生产操作工艺上可以解释为：用料必须齐全，下料必须充足，制作过程必须清洁，设备必须优良，火候必须掌握适当，泉水必须纯香。六必居的酱菜选料精细、制作严格。酱菜原料都有固定

---

① 张晓蒙等：《吴裕泰 人们心中的古茶庄》，《时尚北京》2020年第7期，第38—39页。
② 杨程程：《好一杯茉莉花茶》，《奇妙博物馆》2021年第6期，第38—41页。
③ 宗和：《"百年老字号"吴裕泰》，《名人传记（财富人物）》2013年第4期，第65—67页。
④ 康普特：《裕泰茉莉香百年》，《中外文化交流》2009年第10期，第88—89页。
⑤ 《非物质文化遗产欣赏——六必居酱菜制作技艺》，《文化产业》2020年第6期，第161页。

的产地，如六必居自制的黄酱和甜面酱，其黄豆选自河北丰润县（今丰润区）马驹桥和通州永乐店，白面选自京西涞水县，为一等小麦，由六必居自行加工成细白面，保证了六必居酱菜的质量。[①]

六必居酱园作为全国闻名的中华老字号，在全国酱菜业的地位可谓首屈一指。六必居腌制的酱菜不但是京城许多家庭的必备小菜，也是国宴上必备的名小菜之一，具有很高的历史文化价值和品牌价值。[②]

烤鸭技艺（全聚德挂炉烤鸭技艺）

全聚德烤鸭店是北京著名老字号，以挂炉烤鸭技术名扬海内外。全聚德创立于清朝同治三年（1864），发展至今已有100多年。伴随着全聚德历史的发展，其挂炉烤鸭技艺也经历了一个从无到有、从简单到完善、从原始到现代的传承与创新过程。

全聚德的创始人杨全仁，祖籍直隶冀州（今河北冀州）。在咸丰末年，随乡亲一起逃荒到北京，在正阳门至崇文门一带护城河岸边放养鸡鸭，并挑箩筐到前门大街一带贩卖。他看到当时的便宜坊、六合坊等一些饭庄焖炉烤鸭生意不错，于是心里也琢磨着自己有朝一日开一家小炉铺。到了清同治三年，机会终于来了，杨全仁在前门外肉市胡同开了一家小炉铺，经风水先生指点，取名叫"全聚德"。杨全仁会养鸭子、卖鸭子，但不会烤鸭子，就决定聘请一位烤鸭高手。可是他又不想步焖炉烤鸭的后尘，于是，他把刚从清宫御膳房包哈局（满语，烧烤的意思）出来的孙师傅请到全聚德来专门制作挂炉烤鸭。孙师傅按照清宫里烤制乳猪的做法，盘起一个鸭炉，不安炉门，改烧果木劈柴，这便奠定了全聚德挂炉烤鸭的基础。孙师傅也就成为全聚德第一代烤鸭师傅。

20世纪70年代中后期，社会崇尚技术革新，提高劳动生产率，全聚德烤鸭师在有关技术人员的指导下研制了煤气烤炉。除了变木柴为煤气外，还在炉内安置了一条旋转链，鸭坯放入炉内后自动运转，烤鸭师无须人工翻转，就能受热均匀，大大降低了烤鸭师的劳动强度，确保了烤鸭质量的稳定。

全聚德挂炉烤鸭技艺是名副其实的非物质文化遗产，面对这份遗产，当代全聚德传承集体没有居功自傲，在继承优秀传统的同时，根据市场的变化和消费者健康饮食的要求，与"食"俱进，不断创新，为后代留下更加丰富

[①] 《六必居酱菜制作技艺》，《时代经贸》2008年第6期，第106页。
[②] 《六必居弘扬传统饮食文化发展酱菜制作技艺》，《时代经贸》2010年第6期，第66—68页。

的非物质文化遗产。[①]

烤鸭技艺（便宜坊焖炉烤鸭技艺）

北京便宜坊创建于明代永乐十四年（1418），以经营焖炉烤鸭为主。焖炉烤鸭在制作过程中，鸭子不见明火，烤出的成品呈枣红色，外皮油亮酥脆，肉质洁白细嫩。便宜坊焖炉烤鸭技艺在历代烤鸭师的手中不断发展，形成"三绝"，即焖炉特制技艺绝、选鸭制坯技艺绝、烤制片鸭技艺绝。

数百年来，口味鲜美、外酥里嫩的便宜坊焖炉烤鸭一直吸引着各方食客。明代名臣杨继盛曾为便宜坊题写匾额，乾隆皇帝及许多清代臣僚和文人雅士都曾光顾便宜坊。焖炉烤制技艺在我国源远流长，远在商代就有了一种叫"坩锅"的器皿，可以说是"焖炉"的雏形。据《东京梦华录》中记载，南宋就有了"焖炉烤鸭"。元代古籍《饮膳正要》也对"焖炉烤鸭"的制作工艺进行了描述。所谓"焖炉"，《营造法式》中解释为：用砖直接在地上起炉，有一立方米左右。砖为特制，可耐火调温。焖烤鸭子之前，先将秫秸等燃料放进炉内点燃，使炉膛升高一定温度，再将其灭掉，然后将鸭坯放在炉中铁罩上，关上炉门用暗火烤制。烤好的鸭子成品呈枣红色，外皮油亮酥脆，肉质洁白、细嫩、口味鲜美。由于"不见明火"，所以干净卫生，对环境污染小。

天福号酱肘子制作技艺

天福号酱肉铺始创于清代乾隆三年（1738），当时山东大旱，颗粒无收，山东掖县（今属莱州市）人刘凤翔领着孙子刘抵明逃荒来京谋生，在西单牌楼东北角开了一家酱肉铺，取名"天福号"，寓上天赐福之意。天福号制作的酱肘子香酥可口、品质俱优，吸引达官贵人、平民百姓前来光顾。慈禧太后品尝后也大加赞赏，并赐"天福号腰牌"，规定天福号每天凭腰牌定量送酱肘子进宫。自此"天福号酱肘子"成为贡品，名声益振。至今"天福号"已传承8代，在280多年的历史变迁中，其生产的酱肘子等产品始终保持着超群的品质。

作为中华老字号之一，酱肘子是天福号独具特色的产品，其"肥而不腻、瘦而不柴、皮不回性、浓香醇厚"的特点，使其作为清王朝的供品享誉

[①] 燕山：《烤鸭技艺：精益求精传后人》，《时代经贸》2011年第5期，第15—17页。

京城，倾倒了古往今来无数的美食家。其主要制作特点是：选料精细、精工细做、制作工具繁杂讲究。主料选用北京京东八县优质的耷拉耳朵黑毛猪，辅以十八种配料，经过修割、去渍、炒抄坯、倒锅、码锅、煮炖、出锅、整形、掸汁调制等多道工序精心制作而成。其中，煮炖过程尤其注重人工工艺对火候和时间的把握。在制作过程中不仅工序烦琐，而且工具繁多，主要有：单钩、双钩、铲子、笊篱、锅箅子、锅邦、锅盖、箩、托盘等。制作酱肘子，原来采用煤火蒸煮，现在用液化气。这些技术改进在保持传统风味的同时，又保证了产品的健康卫生和生产标准。

八、传统医药

中医正骨疗法（宫廷正骨）

宫廷正骨是中医正骨的一个学术流派，源于清朝，是清朝上驷院绰班处（负责医治宫廷内各类跌打损伤的机构）特有的，直属于内务府，专门为皇家治疗，所以这里的正骨被称作宫廷正骨。宫廷正骨传承至今已有几百年历史。

在清朝，虽然满族是皇族，但其早年一直受到蒙古族生活习惯和生产方式的影响，在处理和治疗骨折筋伤方面具有非常丰富的实践经验，又因为绰班处历史地位十分特殊，所以蒙医正骨术和传统中医骨伤科精髓在这里得到了高度凝练。这也就形成了"宫廷正骨"丰厚的文化底蕴和鲜明的学术特点，以及精妙的诊疗方法。

到了清朝末年，随着清政府的灭亡，最后一任上驷院绰班处蒙古医生夏锡五带着宫廷正骨的手艺出了宫，在现在的北京市朝阳门内北小街宝玉胡同2号开设"松山堂"中医正骨科诊所，悬壶行医，上驷院绰班处正骨技法、宫廷秘药也就来到了民间。

1948年，夏锡五的女婿吴定寰开始跟随夏老学习医术，并得其真传。吴定寰秉承"机触于外，巧生于内，手随心转，法从手出"的施术要旨，继承"知详备细，心慈术狠"的学术思想，遵循"正、整、接、实"的治疗原则，认真钻研夏锡五的学术思想和临床经验，逐渐形成了"轻、柔、透、巧"的手法特点，最终创立了"宫廷正骨"学术流派。

随着宫廷正骨学术流派的不断发展，护国寺中医院研制出适用于不同疾病、不同症候、不同证型的系列协定中药热敷组方,针对性更强,适应证更准确,疗效更显著。①

中医正骨疗法(罗氏正骨法)

"双桥老太太"罗有明,是一位正骨高人。一些上了岁数的患者都领教过罗有明老人神奇的正骨疗法。罗氏正骨法是我国中医正骨疗法的重要分支,起源于河南省归德府夏邑县城东南罗楼村。这个村里有一世代行医之家罗家。由于罗家无男丁,奶奶陈氏顶住罗家正骨传内不传外、传男不传女的压力,将一身技艺传给了孙女罗颖。3岁摸骨,5岁学习罗氏正骨术,10岁协助奶奶给人治病,16岁独立行医,罗颖挑起了罗氏正骨技艺的第五代掌门人的重担。

由于罗颖的爷爷重男轻女,认为罗颖的名字谐音"影",挡住了男丁,因而强行废除了"颖"字,从此罗颖名唤大妮,直至嫁人后称王罗氏。

行医八十载,王罗氏救死扶伤的故事广为传颂,凡经她手的患者,无论是多么疑难的骨伤病症,都会在短时间内奇迹般地痊愈。这得益于罗氏正骨独特的手法,以及王罗氏的聪颖过人。罗氏正骨手法用"手法诊断、手法治疗",并且强调"稳、准、轻、快、巧"五个字。在"机触于外,巧生于内,手随心转,法从手出"理念的指导下,形成了如"复贴复位法""八字触诊法"等独到诊法。王罗氏正是在这样的诊法传承下,坚持罗氏的特色并结合自己的实践经验,达到"手到病除"的境界。

在北京,老一辈的人也许更记得王罗氏的另一个名字——双桥老太太。此名源于她随在部队工作的丈夫来京后,曾在双桥卫生所坐诊。医术高超、医德高尚的老太太深得患者喜爱,慕名前来诊治的患者不绝于缕,于是大家亲切地称其双桥老太太。

到了1985年,卫生部拨专款建立了"罗有明骨伤科医院",指定罗有明担任院长。常有不远千里来罗氏医院看病的人上门,多是些疑难杂症,且有的病人根本掏不出医疗费,罗有明老太太无偿给病人治疗。她的人格精神深深感染了她的弟子们,很多弟子都在默默遵循她朴实和真诚的行医准则。②

随着第一任院长法人罗有明以及第二任院长罗金殿相继于2008年以及

---

① 杨洸:《吴定寰教授宫廷正骨学术思想总结》,《中医药导报》2010年第9期,第25—27页。
② 李志远、罗素兰:《罗氏正骨法在颈椎病治疗中的应用》,《当代医学》2018年第17期,第184—186页。

2014年去世，原罗有明中医骨伤科医院2015年停业。双桥老太太的嫡孙罗勇——罗氏正骨法的第七代传人，曾历任罗有明中医骨伤科医院的副院长和院长，为了传承罗氏正骨法，并继续更好地解除骨伤患者的痛苦，在朝阳区卫计委等有关部门的大力支持下，创建了有明中医。

同仁堂中医药文化

北京同仁堂是中国传统医药中闻名遐迩的老字号，始建于1669年，至今已有300多年历史。同仁堂从1723年开始"承办官药"直至1911年，在长达188年的时间里，同仁堂遵照皇家挑选药材标准、恪守皇宫秘方和制药方法，形成一套严格的质量监督制度。同仁堂与清宫太医院、御药房之间有机地融合和影响，形成了同仁堂中药的特殊风格和传统知识。

同仁堂中医药文化集中体现在"同修仁德，济世养生"的价值观，"炮炙虽繁必不敢省人工，品味虽贵必不敢减物力"的质量观和"讲信义，重人和"的经营理念，"童叟无欺，一视同仁"的职业道德，以及同仁堂的品牌和特有标记，同仁堂传统中药炮制技术。同仁堂的制药特色即传统中医药与宫廷制药的融合，概括为"处方独特、选料上乘、工艺精湛、疗效显著"。[①]

传统中医药是中华民族的文化瑰宝，是中华民族特有的宝贵资源。北京同仁堂是中医药行业的"中华老字号"，在国内国际上取得了令人瞩目的成就。追溯北京同仁堂发展的历史轨迹，研究北京同仁堂的医药文化，不仅可以为中国整个中医药产业的发展提供很多成功的经验，而且对进一步推动中医药文化在国外的传播与交流也具有重要的意义。传统中医药的宝贵价值，正被越来越多的国家和地区认可。[②]

传统中医药文化（鹤年堂中医药养生文化）

鹤年堂中医药养生文化是由其独特的中医药养生思想、系统的养生方法、丰富而完善的养生制品构成。能更加全面地体现中国传统文化特别是传统中医药养生文化的内涵、传承和发展。鹤年堂秉承传统中医养生理论，体现"治未病"思想，最早并系统地把预防与治疗融为一体，经过了600余年历史的验证；集众家之长，养生理论、思想及方法系统完善；强调"摄生

[①] 《同仁堂中医药文化：传承与创新同在》，《时代经贸》2008年第6期，第66—68。
[②] 刘颖：《北京同仁堂的医药文化——走向世界的传统中医药》，《廊坊师范学院学报（社会科学版）》2019年第3期，第86—90页。

律宜解,摄生法宜行",简捷实用;其养生思想及方法融于人们生活方式当中,用很少的时间、精力、财力就能达到养生目的,适合民众日常养生健康需要。①

鹤年堂始建于明朝永乐三年(1405),原址坐落在现西城区菜市口大街铁门胡同迤西路北,骡马市大街西口,与丞相胡同相对,与回民聚居的牛街相邻,由元末明初著名回族诗人、医学养生大家丁鹤年创建。在长达600多年的历史长河中,鹤年堂在几代御医之家的带领下对中华传统医药进行了孜孜不倦的追求,传承中医的同时发展出了自己独特的养生理论以及治病处方。鹤年堂以医术精湛、药力独到、养生有方而声名远播,成为历代名家妙手仁心、救死扶伤的殿堂。因此,在民间素有"汤剂饮片鹤年堂"的美誉。明朝名臣杨椒山赞誉鹤年堂"欲求养性延年物,须向兼收并蓄家",寓意鹤年堂名医荟萃、名药名方云集。鹤年堂是真正的"老北京",它比故宫和天坛要早十五年,更要比地坛早一百二十五年。②

---

① 《鹤年堂中医药养生文化》,《时代经贸》2008年第6期,第80页。
② 《鹤年堂始于明(1405年)》,《时代经贸》2015年第23期,第108—120页。

第二节　大运河天津段的非物质文化遗产

天津是一座因运河而生的城市,大运河不仅催生了天津开放、包容、多元的文化品格,同时也孕育了天津丰富多样且独具特色的非遗文化。天津非物质文化遗产的产生、发展、传播与大运河的历史变迁有着天然的、必然的联系,大运河无可争议地成为天津非遗文化产生与发展的本位基因,也为天津非物质文化遗产的传承和发扬开拓了更广阔的思考空间。由此,复归天津非物质文化遗产产生和发展的本位基因,以大运河为天然的链接,借力大运河文化的"流动性"和"包容性",为天津非遗文化的传播和推广打开了全新的视角,带来了新的动力和机遇。通过二者相互借力,深度融合,借势大运河文化带的建设,加强大运河文化和非物质文化遗产双项文化要素的协同互济,提升天津非遗传播的品质和速率,打通非遗传播的通道,形成天津非遗文化基于本位基因发扬传承的全新视角与有效方式(见表1.2)。[①]

表1.2　京杭大运河天津段非物质文化遗产

序号	编号	名称	类别	公布时间
1	IV-51	评剧	传统戏剧	2006年
2	V-5	西河大鼓	曲艺	2014年
3	V-10	京东大鼓	曲艺	2006年
4	V-29	天津时调	曲艺	2006年
5	V-47	相声	曲艺	2008年
6	V-48	京韵大鼓	曲艺	2008年
7	V-116	梅花大鼓	曲艺	2014年
8	VI-11	太极拳(李氏太极拳)	传统体育、游艺与杂技	2014年
9	VI-56	拦手门	传统体育、游艺与杂技	2011年
10	VI-106	登杆(大六分村登杆)	传统体育、游艺与杂技	2021年

[①] 齐海涛、黄镇煌:《大运河作为天津非物质文化遗产本位基因的思考》,《天津美术学院学报》2019年第3,第96—98页。

续表

序号	编号	名称	类别	公布时间
11	VII-1	杨柳青木版年画	传统美术	2006年
12	VII-47	泥塑（天津泥人张）	传统美术	2006年
13	VIII-61	酿醋技艺（独流老醋酿造技艺）	传统技艺	2021年
14	VIII-88	风筝制作技艺（天津风筝魏制作技艺）	传统技艺	2008年
15	VIII-136	装裱修复技艺（天津古籍修复技艺）	传统技艺	2021年
16	VIII-160	传统面食制作技艺（天津"狗不理"包子制作技艺）	传统技艺	2011年
17	VIII-160	传统面食制作技艺（桂发祥十八街麻花制作技艺）	传统技艺	2014年
18	IX-2	中医诊疗法（津沽脏腑推拿）	传统医药	2021年
19	IX-4	中医传统制剂方法（京万红软膏组方与制作技艺）	传统医药	2021年
20	X-36	妈祖祭典（天津皇会）	民俗	2008年
21	X-36	妈祖祭典（葛沽宝辇会）	民俗	2014年

一、传统戏剧

评 剧

评剧是中国戏曲百花园中一朵靓丽的奇葩。从"单口"到"对口"莲花落，从"拆出"到"平腔梆子戏"，经过百年传承与发展，逐步形成了独具风格的剧种，成为华夏大地与京、越、豫并列的四大戏曲之一，并位居第二。[①]

评剧具有百年的发展历史，是中国300多个戏曲剧种中比较年轻，也是发展速度较快的剧种。从早期的"蹦蹦戏"开始，评剧经过短短几十年便发展成具有广泛影响力的剧种之一，专业剧团遍布中国北方大部分省市，是深受老百姓喜爱的地方戏曲剧种。

20世纪20年代初，评剧由"蹦蹦戏"发展而来。20世纪20至40年代，评剧乐队的文场伴奏由板胡、二胡、唢呐、竹笛等乐器组成，武场伴奏由板鼓、大锣、小锣、铙钹、梆子组成。20世纪50年代，评剧乐队增加了文场主

---

① 汪冬月：《浅谈评剧唱腔的音乐艺术特点》，《参花（上）》2020年第9期，第104—105页。

奏乐器评二胡。至此，板胡和评二胡作为评剧乐队的主奏乐器沿用至今。①

二、曲艺

西河大鼓

　　西河大鼓属于鼓曲类曲种，表演方式不太复杂。其表演方式为左手拿月牙板，右手以鼓键子击扁鼓，鼓板配合击打，为演唱按节，另有乐手弹三弦为演唱伴奏。月牙板起初叫犁铧片，顾名思义，是艺人对形似犁铧的乐器的称呼，有铁质、铜质，其叩打时比木板更为清脆、更有乐感。再后来，月牙板大多为钢板，据说这种材质在手出汗时不易生锈。

　　作为一种曲艺形式，西河大鼓的产生时间不算太长，往上要推到清朝道光年间。之前，河北一带有种大鼓，叫木板大鼓，现在这种大鼓只在沧州地区还有为数不多的人在演唱，称得上是鼓曲的"活化石"。在清朝中期，艺人为了生存、为了吸引听众，八仙过海各显神通，都在尝试着革新。有的艺人从曲调上改进，有的从乐器上改进。曲调改进有个共同点，就是主动借鉴当地的民歌、小调。在不断的融合中，这样的变革很快取得了成效，深受观众喜爱，于是就分化出今天我们所熟知的京韵大鼓、京东大鼓、乐亭大鼓等富有地域性的曲艺艺术。虽然鼓板有些差异，但大致形式相同，更大的区别是曲调。

　　西河大鼓是我国北方较为典型的鼓书鼓曲形式，发源、发展于河间，流行于北京、天津、河北、山东及东北、内蒙古等地。百余年来，西河大鼓发展形成100余部中长篇、300余篇小段传统书目，内容大部分是历史演义、民间故事、通俗小说等。然而在20世纪80年代后期，西河大鼓的传承与发展出现了空前的危机，创演凋零，传人断档，有消亡的危险，亟待抢救和保护。②

京东大鼓

　　京东大鼓，自20世纪30年代以来流传于天津等地。原为北京以东的香

---

① 马骏：《评剧乐队的形成与发展》，《中国戏剧》2022年第2期，第75—77页。
② 张晶：《西河大鼓如何破解传承瓶颈》，《河北日报》2014年11月26日。

河、宝坻等地农民劳动之余演唱的"地头调"结合方言音调发展而成，起初只唱不说，后加入少量说表。清末由京东地区传入天津，并在天津定型，曾称大鼓书、大鼓、乐亭调（乐亭大鼓）等，20世纪30年代中期正式定名京东大鼓。

京东大鼓起源于北京市东部的通县（今通州区）、三河、香河和天津市西部的武清、宝坻、蓟县、宁河一带，故以"京东"命名。京东大鼓只唱不说，这一点与西河大鼓、东北大鼓、乐亭大鼓等有明显的区别。京东大鼓的唱词基本上是七字句，系由我国传统的七言叙事诗演变而来。这种"叙事诗"与"文人诗"不同，在审美特征上属于"民歌"系列。

京东大鼓由一人表演，演唱时演员左手击铜板，右手击鼓。伴奏乐器通常有三弦、打琴等，近年来有的还加上电声乐队。京东大鼓形成百余年，其传统曲目十分丰富，长篇以历史故事为主，短篇以民间故事为主。中华人民共和国成立后，京东大鼓艺人编演了许多反映现实生活的新段子，也深受广大观众的欢迎。改革开放以后，京东大鼓虽然面临新潮艺术的种种挑战，但是依然青春不老，不断创新，不断取得新的艺术成就。可以确信，只要京东大鼓与时俱进，坚守民族文化的精神家园，就一定会更加繁荣，更加靓丽。[1]

天津时调

天津时调是唯一一个用天津地名命名的地方曲种，也是最具有代表性的曲种之一。它不仅是天津地区历史文化特色的产物，也是天津人民独特的审美情趣、精神文明追求的象征。在历史长河中，天津时调以其热情泼辣、明快脆丽的艺术特色活跃在舞台之上，深受观众们的喜爱。[2]

天津时调源于明清时期，由最初的时新小曲发展为时调。时调用天津方言演唱，具有浓郁的天津味，唱法上讲究"悲、脆、媚、稳、准、狠"。天津时调是一种土生土长的传统曲艺曲种之一，源于下层社会流行的民歌、小调，有来自手工业者自编自唱的"靠山调"，有来自青楼妓院的"鸳鸯调"（俗称"窑调"），有来自胶皮车（人力车）的车夫们劳累之余坐在自己的车簸箕上哼唱的"胶皮调"，还有来自民间生活的"拉哈调"，等等。

光绪二十年（1894）前后，时调在天津出现了"家传户诵，著称一时"

---

[1] 王亮：《京东大鼓的音乐体制》，《中国音乐》1984年第3期，第80—81页。
[2] 范佳悦：《天津时调唱词的文本分析与审美内涵研究》，内蒙古大学硕士论文2020年。

的盛况,当时时调的主要演唱形式是独唱,伴奏乐器为一把三弦,代表艺人有王庆和、刘宝全、王宝寅、赵宝翠、李宝明、朱宝红等。20世纪初至20世纪20年代末是繁盛时期,当时流行曲目众多,传统曲目有《七月七》《喜荣归》《妓女相思》《后娘打孩子》《怯五更》《三国五更》《大五更》《孟姜女》等。之后,天津时调的伴奏乐器逐渐丰富,演出场所逐渐增加,时调艺人也越来越多,代表艺人有王宝寅、王红宝、秦翠红、高五姑等。20世纪30至40年代,时调代表艺人有赵小富、姜二顺,从这一时期开始,时调逐渐衰落。

20世纪50年代前半期,时调在题材、音乐、演出形式上都进行了创新,内容简洁、唱腔固定、旋律简单、音乐对比鲜明、结构完整。1953年天津广播曲艺团成立,时调艺人和曲界的老前辈被邀请加入并对时调进行改革。改革后,唱腔上一改以往死板的传统唱法,并撤掉了演唱者身边的长方桌,不仅如此,在唱段及唱词上也做了筛选净化,在伴奏上增加了扬琴、笙等乐器,这些改革、拓新一直沿用至今。20世纪50年代后半期,时调体现出鲜明的时代特色,曲调得到改编。

20世纪60至70年代,时调在原有艺术风貌和特色的基础上,从题材、创作方法、音乐唱腔上都进行了一系列的改革和创新,曲调优美上口,伴奏更加丰富,唱腔与唱词完美结合,整体更加和谐统一。20世纪80年代,时调继续发展,出现了《军民鱼水情》《梦回神舟》等名作,涌现出王毓宝等一代时调著名表演艺术家,新编时调曲目有《摔西瓜》《军民鱼水情》《梦回神州》《津门老字号》《放风筝》等。

天津时调是现今仍保存完好的曲种之一,并且依然活跃于天津曲艺场馆。①

相　声

相声是我国独有的一种艺术形式,也是流传最广、普及面最宽、观众们最喜欢的曲艺曲种之一。作为我国的传统艺术文化之一,虽然相声的发展只有几百年的历史,却已经形成了一套独特的艺术传统,相对于其他的曲艺曲种来说展现出更加强大的生命力。在近代多位相声大师的努力下,相声的表演形式得到了更新,表演技巧也与时俱进,在审美上更加符合现代人的要

---

① 王燕:《天津时调的音乐特点及其创新发展》,《音乐天地》2014年第10期,第30—35页。

求,已经成为现阶段中国观众非常喜爱的一类艺术形式。

相声发展于清朝咸丰、同治年间,这种相对独立的曲艺曲种在经过了多重艺术形式的融合后,逐渐形成今天所看到的样子。构成相声的艺术元素最早可以追溯到先秦时期,所以可以说相声的形成虽然较晚,但是其各艺术元素都有着非常悠久的历史。在相声表演中,相声演员大多都通过"说、学、逗、唱"等方式,设立相应的"包袱"来表达出自己的艺术设计,其风格可以多变,在表演技巧、结构方法等方面都有着很强的灵活性。另外,相声艺术表演题材也是多样的,从时事政治到社会现象等,大大小小的题材都可以用于相声表演,十分贴近人们的日常生活。就以上几点阐述可以发现,相声这类艺术形式与其他曲艺曲种不同,是以自身来表现出艺术灵感和艺术元素,通过表演来使得观众更有代入感,对相声艺术表演的风格和艺术追求进行研究有着十分重要的意义。

京韵大鼓

京韵大鼓是中华曲艺之林中的一朵奇葩,融合了北方曲艺艺术的精华,其艺术价值之高深受业界肯定,一直以来也备受曲艺观众喜爱。京韵大鼓作为我国曲艺的重要曲种,是我国珍贵的艺术文化瑰宝。[1]

京韵大鼓已有百年的历史,最初流行于我国北方地区,由河北省沧州乡间一带流行的木板大鼓发展而来,形成于京津两地,属于木板大鼓曲艺。清末时期,有木板大鼓艺人为了谋生,将这种曲艺从农村带到城市,这种开始不被认可的怯大鼓,最终成为京津地区普遍流行的京韵大鼓。这种现象充分体现出曲艺艺术,一方面有着传承的稳定性,另一方面又处于不断变异之中。当时京韵大鼓的观众也只是一些市民,但为了适应观众需求,不同时期的艺人开始对京韵大鼓进行改革,首先用京音代替乡音,其次受到了其他民间音乐形式的影响,把它们与木板大鼓融合在一起,使其表现形式更加丰富。[2]

京韵大鼓流派是典型的个人唱腔流派,以创立者的姓氏命名,具有鲜明的个人艺术特色。一些造诣颇深的艺人精通京韵大鼓后,在保持其基本腔调不变的基础上,融入自身的才华与特长形成了独具风格的唱腔、唱法。在曲艺发展过程中,京韵大鼓受到众多曲艺观众的喜爱与追捧,得到众多

---

[1] 陈钰:《京韵繁花再开放——从文艺人民性谈京韵大鼓创作》,《曲艺》2021年第1期,第38—40页。
[2] 刘亚媛:《京韵大鼓艺术钩沉》,《当代音乐》2020年第3期,第69—70页。

审美观一致的艺人的追随，成为富有代表性的派别。京韵大鼓流派的形成是在京韵大鼓的传承与发展中，在杰出的京韵大鼓艺人根据自身的不断实践与探索，结合自身的演唱特点，加上独特的艺术演唱技巧而创立的独具特色的派别。①

梅花大鼓

梅花大鼓，民间又称梅花调，是北方主要鼓曲之一，主要流行于京、津两地。清朝中期，梅花大鼓起源于北京，其前身是在八旗子弟中流传的"清口大鼓"，因八旗子弟多居住在北京的北城，故又有"北板大鼓"之称。清末传到南城，由演员文玉森首创"南板梅花调"，之后著名演员金万昌与弦师韩永禄、苏启元合作创立了"金派"梅花大鼓。20世纪20年代末，梅花大鼓传到天津，名弦师卢成科在"金派"梅花大鼓的基础上，吸收当地时调小曲，丰富了唱腔和过门音乐并传授花四宝、花五宝、花小宝（史文秀）等一批女弟子，创立了"卢派"也称"花派"梅花大鼓。中华人民共和国成立后，北京名弦师白凤岩曾对梅花大鼓进行过改革。天津有名的弦师卢成科、祁凤鸣、韩德荣、谢瑞东、马涤尘等与著名演员花五宝、史文秀、周文茹等共同进行了一系列改革工作，使梅花大鼓日臻完美。

在京、津两地，梅花大鼓发展并形成了两个主要流派，在北京以金万昌所创"金派"梅花大鼓为先驱，将哀伤悲怨的梅花旧调转为新声。金派的演唱、高门大嗓、唱腔韵味醇厚、抒情酣畅，善于用婉转低回、曲折的唱腔表达忧郁缠绵的年轻妇女形象。所唱曲目多为"红楼"段，如"黛玉悲秋""宝玉探病""黛玉归天"。此外还有"鸿雁捎书""安安送米"等。

"花派"（或称卢派）梅花大鼓是继"金派"梅花大鼓之后的进一步发展。"花派"发挥了女演员的特长，其演唱多用高腔，唱腔多装饰，行腔拖腔中大量使用切分节奏型，速度、力度处理巧妙、细微多变，唱腔多起伏、繁音成串、清新流畅、委婉动听，成为当今梅花大鼓的主要流派。

一般来说，"金派"唱腔质朴简练，而"花派"唱腔在细腻、华丽、抒情方面有显著发展。

中华人民共和国成立后，梅花大鼓的表现题材更为广泛，除整理加工了

---

① 李丽娜：《艺术管理视域下京韵大鼓的传承发展探析》，《当代音乐》2020年第5期，第135—136页。

一批优秀曲目外,还新编了许多历史题材的曲目。在各个不同历史时期都编创了一些反映现实生活的新曲目,歌颂了新社会和新生活中的新人新事。

梅花大鼓是一个音乐性极强的曲种,除了有较强歌唱性的唱腔以外,还有上、下"三番"等大过门做段落之间的穿插。其演唱、伴奏烘托紧密、相得益彰,形成一种炽热的气氛。[①]

三、传统体育、游艺与杂技

太极拳(李氏太极拳)

近代著名武术家李瑞东先师,与好友王兰亭等集多种门派的武术精华,创编了李式太极拳——太极五星锤。李式太极拳就是以太极拳的肘底锤、撤身锤、指档锤、栽锤等手法为基础,糅入太极十三势和八卦掌、形意拳的一些手法创编而成。在动作和技击的方法上,吸收了上述各门拳术的手法,尤其侧重下盘功夫,以体松、缓慢、连贯灵活、意念引导动作为基本原则,其动作名称和姿势要领多取自陈式和杨式太极拳。李式太极拳讲究练"理"、练"势"、练"气"、练"机"。以"理"为主导,认为明"理",才能"势"正、"气"畅、"机"灵。李式太极拳——太极五星锤的风格特点是体松舒展、刚柔相济、连贯灵活、体用兼备。

李式太极拳动作舒展大方、连贯灵活,以意念引导动作,并且注重下盘功夫,有较强的健身功效。在120式的春、夏、秋、冬的四路动作中,几乎每一个动作都可以说是攻防意识明确,技击动作符合要领,可以御敌自卫,是体用兼备的优秀传统太极拳套路。由于李式太极拳有较强的攻防自卫技术,多年来,秘不外传,在社会上,推广得不多。加上套路本身下盘动作要求严格,不易掌握,很吃功夫,因此,练的人少,许多人也不了解。

20世纪50年代初期,北京武术界在德胜门内"北京汇通武术研究社"组织联谊会。武术界举行联谊会演时,李瑞东先师的入室弟子、汇通武术研究社社长、著名武术家高瑞周老师出场表演的低架慢拳,也就是李式太极拳——太极五星锤,获得了武术界的好评。著名京剧艺术大师梅兰芳先生习

[①] 钱国桢:《梅花大鼓音乐》,《音乐学习与研究》1988年第2期,第35—43页。

练的太极一拳就是高瑞周老师亲传的李式太极拳——太极五星锤。①

拦手门

拦手门是中国拳派之一,由李金刚、封水伯等人于1650年创始于天津大直沽天妃宫庙,至今已有300多年的历史。拦手门的来源众说纷纭,流行于世的主要有以下几种说法:一是其为少林一支,在清朝传入天津;二是其源于四川,最早为南方拳种;三是其最初传于关东朝阳一带。

拦手门内容丰富,主要有套路与拳术、器械和对练,此外还需有童子功为基础功。拦手门讲究练养相兼、内外双修,在我国武术运动中属于长拳类。

拦手门是中国武术中的上乘功夫,它攻防合一,每逢交手,招架来拳时常使对方跌倒或伤及臂膀内脏。拦手拳表面看起来安逸娴静,但其劲突发性强,出手迅捷有力,能在各种不利的角度,发出长、短、横、直之劲,常使对方败后仍不知因何所败。拦手拳的动作简朴无华,除直劲外多横劲,拦手门套路有操拳、拦手拳、翻拳、炮拳等,每套的单式动作都要反复单练,使速度、劲力、行气自然精熟。拳趟、拳式练熟后,接练打桩,操练臂、胸、肋、背、肩、臀、腿等,使各部位加大发力并能经得起对方击打。②

登杆(大六分村登杆)

天津市静海县大六分村登杆圣会相传兴起于西汉时期的"猕猴缘杆",指的是人们像猕猴一样赤脚往杆子上爬,向上天求雨,祈求美好生活的一项活动。登杆成立于清朝乾隆年间,至今已有300多年的历史,几乎全村的男人都会表演,此项活动代代相传,成为大六分村的一个传统。

大六分村圣会成立于1743年,"文化大革命"期间杆会中断了十几年,会中的杆被用来做牲口棚上的房檩子。1981年,杆会恢复表演,人们把神杆从牲口棚取下,重新请回老会所。1986年秋天,县文化馆来人主张恢复登杆圣会,当时恢复非常不容易,老一辈的登杆会员因为年龄太大已经上不了杆,村民就用滑轮抬着他们上杆,做各种动作,传给在杆下面学习的小孩。杆之所以经历300多年的风雨依然屹立,会员们讲,一方面是因为人们在爬杆的时候要往手上吐唾沫,唾沫里有盐分,可以使杆不长蛀虫;另一方面,人们的手上有油,在爬杆的过程中就可以使杆润滑不容易开裂。但是因为杆长

---

① 周世勤:《李式太极拳(太极五星锤)风格特点》,《中华武术》2001年第3期,第43页。
② 杨杰:《海上名拳——拦手门》,《精武》2009年第8期,第59—60页。

时间地立在地上，底部有点朽烂，所以裁掉了一截，从原来的8米变为6.8米。杆既是登杆圣会的灵魂，同时又是登杆圣会的信仰和表演器具，人们出会都要爬这个老杆，认为爬这个杆最安全，不会有任何危险。

登杆圣会出会的时间分传统的出会与非传统的出会，传统出会时间为两个：第一个传统出会时间是在正月期间，主要是正月十五去静海县城出会，此次出会是年节的一个传统，是年节与阈限期间的重要活动。年节分年前忙年和年后休闲两个时间段，是一个历时性的过渡仪式时间段，年前，大家都在为过年做各种准备，而年后是一个空闲的时间，只有过了正月十五元宵节，人们才能进入一种日常的状态。人们通过祭祀和出会达到祈祷丰收、平安吉祥的目的。这个活动使个体聚集成为一个整体。

第二个传统出会时间是农历四月初五，杆会参加鄮里村的药王庙庙会，每年主动出会，把杆抬到药王庙内的广场上，立好之后，燃放鞭炮，在催阵鼓和钹的敲击下，开始表演。

这两个出会时间是登杆圣会最早传承的，一方面是作为年节的传统，另一方面是作为一种祭祀的传统，和求雨习俗紧密相关。

杆会的表演动作主要有108式，演员在多人扶立的竖杆上，徒脚登杆，在杆上以及杆信子上表演各种动作，动作分单人表演和多人表演。最初，杆会的演练形式就是简单的爬杆，象征当年小白龙和先民到天上求雨的情形，后来逐渐发展出许多精彩的表演形式，表演者主要以单杠、双杠的动作为基本功，并在此基础上练出许多动作。

杆会的动作多和当地的民间传说——小白龙求雨相关，如耍流星的来历，就是人们模仿小白龙求雨，从第1个人一直爬到第107个人都够不着水，直到最后的第108个人用一根绳子拴着两个绣球，站在龙脑袋上一摇晃，这个装水的瓶子倒了，水才流下来，由此产生了布流星这个动作。布流星就是把两个布球用绳子拴起来。晚上还要耍火流星，用两个铁笼子搁上木炭耍火流星，但是因为火流星的灰烬容易掉落伤害到扶杆者，所以，现在已经不表演火流星了。

杆会的传承方式是集体传承，老会员可以培养年轻一代，老会员看着年轻的会员练习会加以指点，这形成了一种集体传授和集体培养的习惯。[1]

---

[1] 史静：《祈雨习俗与文化传承——以静海县大六分村登杆圣会的当代传承为个案》，《齐鲁艺苑》2016年第5期，第8—12页。

四、传统美术

杨柳青木版年画

　　杨柳青木版年画属于木版印绘制品，是著名的中国民间木版年画之一，与苏州桃花坞年画并称"南桃北柳"。杨柳青木版年画据传始于明朝崇祯年间，继承了宋、元绘画的传统，吸收了明代木刻版画、工艺美术、戏剧舞台的形式，采用了木版套印和手工彩绘相结合的方法，创立了鲜明活泼、喜气吉祥、色彩典雅的独特风格。[1]

　　从历史渊源看，杨柳青木版年画初兴于明代。其兴起伊始，源于个别美术、雕刻爱好者用当地盛产的杜梨木试刻了门神、灶王、钟馗等神像来印卖，以贴补家用。明永乐十三年（1415），随着大运河漕运的兴盛，杨柳青小镇也变得日益繁荣。漕船运来了南方的纸张、颜料等刻印年画所需材料，带来了消寒图、寿星图和合二仙图等绘画题材，还为杨柳青木版年画发展引入了重要的人力资源——年画世家。据《杨柳青镇志》记载：戴氏先人自明永乐年间，携画艺从江南随漕船北上，至杨柳青经营木版年画。戴氏、齐氏等画师兼画商的迁入，不断地为杨柳青木版年画发展注入新鲜血液，使其在清乾隆至嘉庆年间发展到全盛。此时的杨柳青木版年画不但在题材与形式上有了极大的发展，而且在创作技法上，形成了杨柳青木版年画的独特风格。

　　从题材特点看，杨柳青木版年画题材比较丰富，基本具备一般年画所应具有的各种题材，如门神、戏出儿、历史故事、吉祥图样等。相对来说，杨柳青门神类年画品种较少，娃娃类年画最为突出。杨柳青的娃娃类年画样式最多，造型最为生动活泼，代表了娃娃类年画的最高水平。其仕女画也别具特色，在全国各地年画中，桃花坞与杨柳青的仕女画最为突出。桃花坞仕女画用色古朴，具有突出的传统仕女画特点。杨柳青仕女画继承了桃花坞仕女画的人物造型、线条等传统，但色彩上更鲜艳亮丽，人物脸部刻画更细腻。因此，杨柳青的仕女画也对中国年画做出了突出贡献。

　　从工艺特色看，杨柳青木版年画工艺比较复杂，一般要经过勾、刻、印、画等工序。其他产地年画一般只有勾、刻、印，没有画的工序。杨柳青

---

[1]　《杨柳青年画》，《求贤》2021年第2期，第56—57页。

木版年画和其他产地年画一样都有印的工序，其印的程序也包括墨线印刷和套色印刷，不过杨柳青套印的年画版只是"画坯子"，还需要进行大量的后续手工绘制。

综合来看，杨柳青木版年画当数中国年画发展史上的后起之秀。从历史渊源看，杨柳青木版年画历史也比较久远。杨柳青年画题材虽然不是特别丰富，但其中的娃娃类题材是其特色，在全国各地同类题材年画中占有突出地位。为杨柳青木版年画赢得重要历史地位的是其特色题材与特殊工艺。由于工艺不同，同类题材的作品，杨柳青木版年画也比其他产地年画做工更精细，审美风格更细腻。因此，杨柳青木版年画也当为中国传统年画的一大中心。[1][2]

泥塑（天津泥人张）

泥人张的发展在某种程度上见证了中国历史和中华文化的发展，作品蕴含着中华民族特有的精神价值、思维方式、文化基因、意识理念等，体现了中华民族的独特艺术文化和艺术价值。泥人张泥塑艺术是天津市，也是中国传统民间艺术的瑰宝，对其进行保护、传承和发展是必然的。

天津泥彩塑最早起源于清朝道光年间，至今已有100多年的历史。天津泥彩塑包括天津泥人张彩塑、泥人王彩塑、福禄斋锦衣泥人等，其中，天津泥人张彩塑与潮州大吴泥塑、无锡惠山泥塑、陕西凤翔泥塑并称为我国四大泥塑。泥人张彩塑的创作题材大多来自市井平民的生活场景，创作时紧密贴近社会发展的需求，选择能代表普通大众的生活场景进行创作。天津泥人张彩塑经过上百年的传承与发展，至今依旧保持良好的发展势头。近些年，基于泥人张彩塑创作的形象深入人心，俄罗斯总统普京访华时，获赠的国礼就是泥人张彩塑工作室以其形象创作的泥彩塑；天津第十三届全运会吉祥物"津娃"的设计也是结合了泥人张和杨柳青木版年画的表现手法创作而成。因而泥人张彩塑相对于天津其他特色文化元素来说，有更高的知名度和更广泛的群众基础。[3]

---

[1] 刘玉梅：《论中国传统木版年画的三大中心》，《文化艺术研究》2021年第4期，第94—101、116页。
[2] 张晓莹：《浅谈杨柳青木版年画中的国画风韵》，《美术教育研究》2018年第5期，第7页。
[3] 仓诗建、王海双：《地域文化视域下的天津城市品牌构建与传播——以天津泥人张彩塑为例》，载《天津市社会科学界第十五届学术年会优秀论文集：壮丽七十年 辉煌新天津（上）》，2019年，第314—321页。

泥人张彩塑创作题材广泛，或反映民间习俗，或取材于民间故事、舞台戏剧，或直接取材于《水浒》《红楼梦》《三国演义》等古典名著。这些泥塑作品通过精心塑造与绘色，不仅形象地表现了人物特征，还生动地刻画了人物的性格特点，带有浓郁的生活气息，形成了独特风格和雅俗共赏的艺术特点。[1]

清道光年间，天津泥人张彩塑创立。创始人张明山从小与父亲一起做泥塑，才华卓然并中西融合。徐悲鸿曾赞扬张明山的泥塑道："比例之精确，骨骼之肯定，与其传神之微妙，据吾在北方所见美术品中，只有历代帝王像中宋太祖、太宗之像可以拟之。"

从创始人张明山到之后的历代传人张玉亭、张景福、张铭、张乃英，一代代泥人张在继承前辈艺术风格的同时，愈加注重描绘底层大众，创作出深受百姓喜爱的泥塑作品，特别是泥人张第五代传承人张乃英，收集了诸家所长，编写了中国雕塑史上第一本关于技术和理论的书籍。

张乃英先生的长子张宇是第六代传人，他扩大了泥塑制作空间的规模。泥塑技巧的教学也不仅限于张氏一族，越来越多的爱好者都能够随泥人张学习泥塑技艺。[2]

五、传统技艺

酿醋技艺（独流老醋酿造技术）

独流老醋，产于津郊古镇天津市静海区独流镇，古称独流砦。独流老醋历史悠久，据《天津大辞典》记载："独流老醋曾为宫廷贡品，与山西陈醋、镇江香醋并称为中国三大名醋。"道光二十四年（1844）进士边浴礼在诗中写道：

碧浪平堤水气腥，暮烟无际片帆停。
市楼醋窨桃花紫，村店鱼穿柳条青。
别绪茫茫谁共雨，劳人草草此重经。

---

[1] 郭祥：《天津民间艺术的绝技："泥人张"彩塑》，《地方文化研究》2015年第2期，第2页。
[2] 张雷：《"泥人张"泥塑的审美变迁简述》，《河南教育学院学报（哲学社会科学版）》2019年第5期，第25—27页。

江湖浩渺空回首，何处充饥觅楚萍。

明朝时独流隶属河间府，水泽之乡，盛产鱼虾。当时独流酿制的老醋，主要作为烹调鱼虾的作料。相传，在清乾隆四十一年（1776）三月，高宗皇帝东巡，沿南运河行至独流时，被飘来的阵阵醋香所陶醉，便命地方官员送来品尝，果然品味绝佳。从此独流老醋便成为贡品，每年腊月送往京都，供皇室享用。此后独流老醋声名鹊起。有诗记载："舍南舍北炊烟起，轻风无处不飘香。"非常形象地展示出独流做醋、食醋的情形。[①]

清朝中叶，酿造业在独流逐渐兴盛，后来随着酿醋工艺的不断改进和提高，独流老醋逐渐形成了自己的风味和特色，民间食醋之风颇盛。同治、光绪年间诗人李嘉绩曾东游尽兴创作《舟过独流镇》一首五言律诗，全诗为：

傍水开雄镇，风清渤海滨。
乞醯千里客，卖剑几家人。
始听琴盈耳，多沽酒入唇。
茫茫天欲夕，烟雨问舟津。

目前，天津档案馆所存清光绪三十二年（1906）独流镇商业字号中有"天立、诚庆勇、三立、永丰"等13个醋作坊印章，可以窥见清朝时期，独流老醋在中国食醋生产中的规模地位和深远影响。其中老字号"天立"酱园更具影响力，始创于1665年王家创办的制醋作坊"天立酱园"，依"天"赐宝地、"立"诚信之本得名，后世代代父子相传，为独流老醋发扬推广做出了贡献。

独流老醋历经500多年的传承，沿用传统手工技艺，以优质的元米（黄米）、高粱为主要原料，将小麦、大麦、豌豆制成优质大曲作为糖化发酵剂，经过蒸煮、酒精发酵、醋酸发酵、陈酿、淋醋等14道工序，历时3年酿造，从而达到风味鲜美、口感醇厚、香气突出的独流老醋特有的传统风味和品质。

独流老醋的产生是自然因素与人文因素共同作用的结果，有着深厚的历史和文化底蕴，因而在传承独流老醋历史文化方面具有特殊的意义和作用。[②]

---

① 许巍：《独流老醋 轻风飘香》，《中国质量报》2007年2月2日。
② 《天立从独流老醋传承中汲取创新发展力量》，《中国质量报》2021年9月3日。

风筝制作技艺（天津风筝魏制作技艺）

风筝是中国古代发明的一种飞行器，因其造型特点和飞行原理模拟鸢鸟，古称为"纸鸢"。其作为民间工艺品有着两千年的历史渊源。天津由于特定的地域与气候，百姓在春秋季节放飞风筝的游艺习惯成为本地传统民俗，故津沽之地素有"风筝之乡"的美誉。

1872年，魏元泰出生于天津，由于家境贫困，于16岁在津门北门外蒋记天福斋扎彩铺学习做扎彩、风筝等民间纸活的手艺，时至四年学成手艺，在东门里大街办起长清斋扎彩铺。从这开始，他以此为生，并倾心钻研做风筝的手艺技能，由于制作风筝的手艺精湛而享誉津门。他作为津门魏派风筝的创始人，被人称为"风筝魏"。

魏元泰作为天津风筝制作手艺的代表人物，其创立的"魏记长清斋扎彩铺"中的风筝在津门叫作"魏氏"风筝，在清末民初年间以姓氏冠以职业组织的专门称谓是当时天津地方社会褒扬名家的一种专门称谓，是特定历史环境下的特殊文化现象。魏氏风筝的创始人魏元泰与天津其他行业的众多艺人，依靠各自的聪明智慧，创造了极具地域魅力的天津特色民俗文化，如今，"泥人张""风筝魏""杨柳青"被共同誉为天津民间工艺的"三绝"。[1]

装裱修复技艺（天津古籍修复技艺）

古籍是中华优秀传统文化的载体，做好古籍保护工作是传承中华文化的直接体现。近年来，依托"中华古籍保护计划"，古籍保护工作发展成果颇多，因此加强古籍保护宣传推广工作、普及古籍保护知识、提升公众的古籍保护意识，从而继承和弘扬中华优秀传统文化也被提到了前所未有的历史高度。[2]

古籍修复是"将破损的书叶修补好，再重新装订使书品完好等一系列工作的总称"。千百年来，古籍修复技艺通过"师徒相承，口手相授"的方式不断传承和发展，但到了清末民国期间，由于战乱，裱褙铺和书店行业开始急剧萎缩，至中华人民共和国成立初期，古籍修复人员已严重匮乏。

为了抢救这一逐渐衰微的传统技艺，20世纪60年代北京图书馆（今国家图书馆）、上海图书馆、中国书店等开始陆续举办古籍修复培训班，聘请修

---

[1] 苑良宇：《谈天津民俗文化"风筝魏"的传统工艺特色》，《艺术品鉴》2018年第5期，第179—180页。
[2] 何子旭：《古籍保护宣传推广研究》，天津师范大学硕士论文2021年。

复专家传授技艺。2007年,"中华古籍保护计划"开始实施,国家古籍保护中心持续推进培训基地、传习所、专业硕士培养相结合的"三位一体"人才培养模式,拓宽人才培养渠道,推动古籍保护学科体系建设,对古籍修复技艺的传承和发展起到了至关重要的作用。

古籍是记录和保存中国文化、传播中华文明的重要载体之一。而古籍修复技艺作为我国非物质文化遗产的重要组成部分,是守护古旧文献、传承文化典籍的重要手段。作为公共图书馆,通过古籍保护实现文化传承是其基本职能。《古籍修复知识辞典》在前人研究的基础上,深挖传统技艺在文化领域的价值,尝试对古籍修复知识体系进行归纳整理,为手工技艺的知识保存与管理研究提供思路和参考,对继承和弘扬中华优秀传统文化,促进古籍修复技艺的大众化传播和推广具有重要意义。[1]

传统面食制作技艺
(天津"狗不理"包子制作技艺)

狗不理包子是天津著名小吃,它以独到的制作工艺和鲜香的口味吸引了大江南北慕名而来的食客。它有着"天津老字号""中华第一包""津门三绝之首"等美誉,名扬海内外。

狗不理包子的发源地是天津的侯家后。侯家后是天津早期享誉盛名的繁华地区,明朝永乐年间,侯家后已经是比较繁华的商业街了,街上云集了各种做买卖的商贾。自1911年以来,凭借得天独厚的地理位置,侯家后成为火爆的餐饮娱乐区,"狗不理"包子也正是从这个地方发迹的。

清朝咸丰年间,在武清县杨村的一户高姓人家里,一个男孩出生了。这个孩子大名叫高贵友,小名叫"狗子"。高贵友14岁的时候来到了天津老城厢的刘记蒸食铺当起了小伙计。他人虽小,但心灵手巧、勤奋好学,将师傅做包子的手艺都学会了。仅仅两三年之后,他就不甘现状,离开了刘记,用辛苦攒下的钱在侯家后一带搭了一个包子铺,自己做起了卖包子的小本生意,希望借着生意能让自己的生活变得更好,让家人也跟着自己过上好日子。可事与愿违,最初的生意并不好做,一来二去竟然赔了个底儿朝天。

高贵友被命运逼急了,一时想不开,竟决定结束自己的生命,不想再受苦了。于是这天晚上,他垂头丧气地在南运河的河边溜达,走到了一棵歪脖

---

[1] 杨涛:《基于非物质文化遗产技艺知识保护的公共图书馆古籍修复研究——以天津图书馆(天津市少年儿童图书馆)〈古籍修复知识辞典〉编纂为例》,《图书馆工作与研究》2021年第S1期,第18—23、48。

子的大柳树旁，他觉得此处能成为自己的葬身之地，这里比较荒凉，人烟稀少，适合自杀。他将随身携带的绳子套好，脖子刚要往绳套中伸的时候，身后一个人在他的肩膀上拍了三下，他转头一看，是一位慈眉善目、鹤发童颜的白胡子老人家。

  这老人家问："小伙子，你这么年轻就要寻死，是为什么呢？有什么事情想不开呢？"

  高贵友说："老人家，你是不知道啊，我卖包子都赔了，真是没法活了。"

  老人家说："你这是说的什么混账话，你有力气、有手艺，怎么就挣不到钱呢？你要好好活着。你过来，我给你样东西做本钱。"

说着，老人家就将一个包袱递给了高贵友，高贵友打开一看，竟然是一张乌黑油亮的玄狐皮，这东西可是皇帝专用的无价之宝。

  高贵友说："这么贵重的东西，我可不能要。"
  老人家说："我说给你，你就拿着！"

老人家说完就走了。后来，高贵友用玄狐皮换了一笔钱，买下了一间门面，起名为"德聚号"，还是做起了卖包子的老本行。他现做现蒸现卖，并一直坚持了下去。[①]

  后来，高贵友凭借着自己的聪明才智和灵巧的手艺，发明了水馅儿（使用熬得很浓的大骨头汤调馅儿），以及半发面的工艺来制作包子。高贵友对馅儿的选料也非常在意，肥瘦按比例搭配，冬天的时候肥的较多，夏天的时候肥的较少，春秋时期，肥瘦对开，这样就能不显肥腻，软嫩适口。他把馅儿剁得细而匀，浓汤拌得润而爽，再加上葱姜配味，做出的包子口感柔软、鲜香不腻。而对包子的外表，高贵友的要求也不低，包子馅儿不冒顶、不跑油，褶子密，包出的包子看上去像是一朵绽放的白菊花。他还要求一两面包3个，一般大小；每个包子上18个褶，不多不少，这些都成为"狗不理"包子

[①] 王长江、李改花：《天津狗不理包子制作技术》，《现代农业》2001年第10期，第32页。

的特点。为了与同行竞争,他还独创了一种叫卖的腔调,带着特殊的韵律。

自此,高贵友的包子一炮打响,前来买包子的人络绎不绝,他每天都忙得团团转。时间长了,高贵友发现,卖包子的时候收钱是个挺浪费时间的活,他在收一位客官的钱时,后面买包子的所有人都要等着。于是他就开始琢磨,怎样才能又快又省事地将包子卖出去,而且还不能让客人久等。

思考良久之后,高贵友突然灵机一动,有了办法。第二天,他拿来了把竹筷子,之后又搬来了一摞粗瓷碗,然后就对前来买包子的人说:

"您好,要是买包子,买多少,就先把相应的钱放进碗里,我就直接看钱给包子,不招呼你们了,如有怠慢,请多见谅!"

这个方法很管用,想吃包子,就先把钱放碗里,然后把碗递给掌柜,掌柜再用竹筷子将包子取给客人,而客人吃完包子放下筷子就能走人了。用了这个方法之后,高贵友卖包子时自始至终一言不发,不再多费口舌了。于是,主顾们就笑着说:

"哎呀,还真行,这狗子卖包子,任人不理!"

后来客人喊顺了嘴,高贵友的包子就成了"狗不理包子",而"德聚号"反倒被人们遗忘了。

后来,几位外埠客商专程来高贵友这里品尝"狗不理"包子。他们一进门就大喊:

"老板,这里是狗不理吧?来几斤包子!"

高贵友一听,急了,伸直了脖子说:

"我这里有大大的招牌挂在那里你看不见吗?是德聚号,你们长没长眼睛?'狗不理'不是我这里,你们自己找去吧。"

客商们一看,果然不是"狗不理",但出门去找了一圈,又转回来了,对高贵友说:

"老板,你怎么能和我们开这种玩笑呢?你这里明明就是'狗不理'"。

高贵友看这情形,知道"狗不理"这个绰号是甩不掉了,因为连外埠人也知道了,叹口气说:

"'狗不理'就'狗不理'吧!"

人们都说,什么德聚号啊,还是"狗不理"听着舒坦。从此之后,"狗不理"包子就在天津卫叫开了。

传统面食制作技艺
(桂发祥十八街麻花制作技艺)

桂发祥十八街麻花被称为"天津三绝之首",是"中华老字号"之一。桂发祥的产品包括以十八街麻花为代表的传统特色休闲食品,以及糕点、甘栗、果仁等其他休闲食品。其主打产品为"桂发祥十八街"系列麻花,是我国传统特色饮食文化的代表之一,以酥脆香甜、久放不绵等优点享誉海内外。在麻花细分市场,桂发祥在生产技术、生产规模和品牌影响力上,都位于行业前列。

清朝末期,在天津城里海河西边,挨着繁华热闹的小白楼,有条名为十八街的小巷子。巷子深处有一间麻花铺,店主人叫刘老八,店铺的名号叫"桂发祥"。经过反复研究和试验,刘老八推出了什锦夹馅儿大麻花。这种麻花比平常的麻花要粗,夹杂着青红丝,造型美观,色泽金黄油亮,口感酥脆油润有嚼劲,且越嚼越香,还有一丝甜味,却丝毫不腻,满口余香。这种麻花一经问世便大受欢迎,人们纷纷前来抢购,成为天津人最爱的食品之一。百余年来,只要说起天津麻花,都会觉得桂发祥才是正宗,将其尊为"津门三绝"之首。

桂发祥麻花铺传了好几代,直到中华人民共和国成立后,改为公私合营,扩大了经营规模。桂发祥麻花不但在天津街知巷闻,还打开了全国市场。新时期的大麻花已经脱离了大锅炸的作坊生产模式,走上了现代化的程控生产线。因为其总厂的地点还是在十八街附近,所以天津人习惯称其为"十八街大麻花"。

一种古老技法的延续，需要几代匠人的薪火相传。在桂发祥生产车间，你会发现匠人和他们的祖辈一样，精益求精，心无旁骛。①

六、传统医药

中医诊疗法（津沽脏腑推拿）

津沽脏腑推拿源于清末民初，至今已传承百年。其创始人为河南省开封府石汉卿，最早将少林内功"心、意、气、力"的特点与脏腑推拿结合，初步形成了津沽脏腑推拿理论的主体。第二代传承人胡秀章完整继承了石老的推拿技术与理论，而后又拜师于河北省保定市高阳县七代世传推拿大师安纯如先生，学习古法腹部按摩，撷取二者之长，融会贯通，并在天津地区发扬光大，形成了独具天津特色的"津沽脏腑推拿"疗法。如今，该疗法已经传至第五代。津沽脏腑推拿以"大道至简"的理论体系在脏腑推拿的发展中独成一派，其流派传承完整，理论体系独特，强调道术结合，彰显出独特的魅力。

津沽脏腑推拿在治疗过程中强调医患之间的沟通，不限于语言沟通，更多侧重的是医患之间"气"的配合，也就是"正气伐邪气"，即通过医生自身的正气，来攻伐患者的邪气。医生在做津沽脏腑推拿时，首先要心诚心静，意念专一，以"意"运气于手掌或手指上，最后形成一种"气力"的结合，作用于患者相应的经络、穴位或患病部位上，用来激发和调整患者体内的经气达到扶正祛邪的作用，以保持机体气血的调和以及阴阳的相对稳定。因此，医生在平时十分重视自我的功法锻炼，特别是根据手法的特点进行训练，以提高"气"与"力"的结合。

目前，在第四代传承人王金贵教授的带领下，津沽脏腑推拿形成了独具特色的推拿流派。前人的思想加之现代医学理论研究，使津沽脏腑推拿不断焕发新的青春与活力。②

---

① 于海军：《津门三绝桂发祥》，《民生周刊》2019年第2期，第34—35页。
② 李华南等：《从"阳气者，精则养神，柔则养筋"思考津沽脏腑推拿治疗慢性疲劳综合征的理论内涵》，《天津中医药》2021年第6期，第736—740页。

中医传统制剂方法
（京万红软膏组方与制作技艺）

京万红软膏是家喻户晓的外用复方中药软膏制剂，广泛用于烧伤、烫伤、刀伤、外伤、创面溃疡等症的治疗。处方主要由中药地榆、栀子、没药、大黄、穿山甲、当归和冰片等组成，具有活血消肿、祛瘀止痛、解毒排脓、去腐生肌的功效。[1]

早在清朝康熙八年（1669）达仁堂京万红药业的前贤在京都同仁堂乐家老铺（今同仁堂）为皇室制作药酒。民国初年，乐氏第十二代传人乐达仁引入乐家老铺的药酒制备技术和秘方，在天津创建了乐家老铺药酒生产基地，这就是达仁堂京万红药业的前身。到20世纪50至60年代，其生产规模、产量和质量在全国领先，产品品牌享誉海内外。

京万红软膏组方与制作技艺是我国中医药悠久历史的见证和深厚文化积淀的重要载体。京万红药业本着"在保护与传承中求发展、在发扬与创新中求特色、在文化与激励中求和谐"的方针，扎实做好非物质文化遗产的保护和传承工作，为祖国传统中医药文化的传承创新和弘扬普及贡献力量，同时也让千年古方得到更为广泛的应用而福泽世人。中外驰名的京万红软膏系国家秘密级技术保密品种，其组方是承东汉名医华佗弟子吴普的"黄连解毒膏"为基础创制的医方。20世纪60年代，吴普后裔安徽省著名老中医吴香山将传承1700余年的祖传秘方黄连解毒膏，无偿献给了天津工农兵中药厂玉门路厂区（今津达仁堂京万红药业），后科研人员依据黄连解毒膏的配方与制法，成功研制成了可以大规模生产的油膏剂中成药，并应国家卫生部的要求，制作一批样品用于越战战士外伤的治疗，结果疗效很好。1970年被命名为"京万红"，1972年被正式列为国家战备药品，现名为"京万红软膏"。[2]

七、民俗

妈祖祭典（天津皇会）

传统天津皇会，最早称娘娘会，因为"天后圣母"俗称"老娘娘"，农

---

[1] 张世川等：《京万红软膏临床应用进展》，《药学研究》2014年第12期，第718—720页。
[2] 张兴军：《京万红：老字号的生命力》，《中国经济信息》2017年第8期，第78—79页。

历三月二十三为天后诞辰之日，为了纪念天后诞辰，社会各界共同参与祈福酬神娱人，"一般善男信女特为规定庄严之仪式，筹备隆重之礼节，为天后圣母出会，以求祛灾赐福"。之所以改称皇会，据《天津皇会考纪》记载，和屡次受皇封有关，"乾隆皇帝下江南途经天津适逢会期，喜欢乡祠'跨鼓'表演，特御赏黄缎马褂四件，鹤龄会演唱得很好，四位鹤童每人赏给金项圈一个，其外龙旗两面"。此后，皇会兴盛不衰，1936年举办了最后一次规模宏大的皇会。此后，便无大规模的妈祖祭典仪式。一直到21世纪初，才开始按照旧制复兴皇会。

天津有两座历史十分悠久的天后宫，一座是坐落于天津音乐学院附近大直沽一带的天妃灵慈宫（现天妃博物馆），建于元代延祐年间；另一座是坐落于古文化街内的天后宫，建于元泰定三年（1325），明永乐元年（1403）重建，清康熙二十三年（1684）改称为"天后宫"，现为天津影响最大的妈祖宫观。天津于明永乐二年（1404）正式筑城，发展为天津及左、右三卫格局的卫城，并正式使用"天津"这一名称。

天津天后宫的历史比天津城的历史还早，民间即有"先有娘娘庙，后有天津卫"的说法，从中既可见该庙历史之悠久，也彰显出妈祖文化是天津这座城市最早、最有代表性的文化符号。元朝时为保障南粮北运顺利进入京城，"漕运河海并重"。与此同时，海上贸易也逐渐发展起来，无论官方还是民间都对航海保护神妈祖极力推崇，运河沿岸建造了多座妈祖宫庙。[①]

妈祖祭典（葛沽宝辇会）

天津皇会源远流长，已经有700多年的历史，然而在津城东南方，也有一个在妈祖文化中成长起来的小镇——葛沽镇。葛沽镇有"华北八大古镇"之称。因为运河改道和一些历史原因，曾经繁华一时的"九桥十八庙"已经不复存在了，然而从古传下来的皇会至今还有。

葛沽宝辇花会是在农历正月初八到正月十六，正月十六被叫作"接驾"。宝辇会分为"耍乐会"和"座乐会"。"座乐"包括"辇""棚""鼓"。"辇"是妈祖以及其他娘娘出巡所乘的抬轿。"棚"是妈祖祭祀活动期间展放宝辇、供香客歇脚饮茶的处所。"鼓"即法鼓，借其演奏而烘托、渲染祭典气氛。

---

① 史静：《复兴中的继承与重塑——对天津妈祖祭典仪式的考察》，《民间文化论坛》2013年第2期，第75—81页。

葛沽宝辇会这一民俗盛会可以流传至今当然有其文化魅力和时代价值，可以说它是中国北方唯一的以盛会形式完成祭祀妈祖的特别仪式，也是唯一一个以宝辇作为祭祀中心环节出现的民俗活动，因此具有浓郁的地方特色和信仰崇拜。

葛沽宝辇会不仅是历史遗留的瑰宝，还是地域文化的活化石。在600多年的历史中葛沽花会体系一直以原生态的形式一路传承到现在，较好地保留了葛沽历史发展的脉络。不仅如此，宝辇会所培养出的勇于创新、无私奉献、勤劳坚强等优秀的民族品质也深深影响了生活在这片土地上一代又一代的人。[1]

葛沽宝辇会为弘扬妈祖精神为核心的妈祖信仰留下了极为丰富的文化遗产，加强了海峡两岸人民的交流，使人们有同一个信仰的归属感。[2]

---

[1] 殷昌淼：《论葛沽宝辇会的文化魅力和时代价值》，《鸭绿江（下半月版）》2015年第7期，第2564页。

[2] 杨秀明：《论葛沽宝辇跑落中的性别、信仰、遗产化》，《内蒙古民族大学学报（社会科学版）》2021年第2期，第20—24页。

第三节　大运河沧州段的非物质文化遗产

河北沧州历史文化悠久，底蕴深厚。在文化传承与时代变革中，积淀了深厚的历史底蕴与宝贵的文化资源，拥有众多珍贵的非物质文化遗产，这些非物质文化遗产是燕赵儿女宝贵的精神财富和智慧结晶（见表1.3）。

表1.3　京杭大运河沧州段非物质文化遗产

序号	编号	名称	类别	公布时间
1	III-5	狮舞（沧县狮舞）	传统舞蹈	2008年
2	IV-22	河北梆子	传统戏剧	2006年
3	IV-72	哈哈腔	传统戏剧	2006年
4	V-7	木板大鼓	曲艺	2006年
5	VI-1	吴桥杂技	传统体育、游艺与杂技	2006年
6	VI-10	沧州武术	传统体育、游艺与杂技	2006年
7	VI-10	沧州武术（劈挂拳）	传统体育、游艺与杂技	2008年
8	VI-10	沧州武术（燕青拳）	传统体育、游艺与杂技	2008年
9	VI-10	沧州武术（孟村八极拳）	传统体育、游艺与杂技	2008年
10	VI-10	沧州武术（六合拳）	传统体育、游艺与杂技	2011年
11	VI-92	青萍剑（贾氏青萍剑）	传统体育、游艺与杂技	2021年
12	VIII-35	生铁冶铸技术（干模铸造技艺）	传统技艺	2008年

一、传统舞蹈

狮舞（沧县狮舞）

沧州狮舞最早起源于汉朝，明朝时已广泛流传。沧州狮子舞以同乐会形式存在，早期多在庙会和春节民间花会时活动。沧州狮舞分为"文狮"和"武狮"两类。早期称为狮子的多为"文狮"，以兴济为代表，鼓点威武豪壮，有动有静，有紧有慢，动作多是动物本身的动作模拟，随着鼓点的变化而变化。"武狮"鼓点火爆、热烈、欢快，由"文狮"发展而来，历史近600年。后来狮子舞又融进武术、杂技中的动作，如高台翻滚、水中望月、巧走立绳、荷花怒放等。

20世纪80年代以前各村同乐会都有舞狮活动，随着社会的变革，现在多数已绝迹，仅剩黄浦乡北张、刘吉、纸房头乡的南小营等有几支狮子队仍在活动。由农民尹少山于1980年创立的沧县刘吉舞狮队，即由北张"武狮"传承而来。①

沧县狮舞中传统型的狮头重达七八十斤，狮皮重达二三十斤，现代型狮头也重达十几斤，非练武者不易承受。所以无论文狮还是武狮，沧县狮舞表演中的引狮人和舞狮人都由功底较深的习武者担任。舞狮队一般有大狮两至三头，小狮一至两头，大狮由两人装扮，小狮由一人装扮。

沧州有"狮城"之誉，藏有我国最大的"大周广顺三年铸"的铁狮子。沧州人舞出了"狮舞的学问"，沧州狮舞拥有别具风格的传承与发展。目前，随着社会的变革，除黄浦乡的北张、刘吉，纸房头乡的南小营等村尚有数支舞狮队外，其他各地多已不再进行此项活动，沧县狮舞面临传承窘境，亟待保护扶持。

二、传统戏剧

河北梆子

河北梆子是河北省的主要地方剧种，是全国梆子声腔系统的一个重要支脉，它由山陕梆子演变而来。20世纪50年代之前，在不同的历史时期曾有山陕梆子、直隶梆子（今河北）、京梆子、卫梆子（今天津）、梆子腔等多种不同的称谓，直至中华人民共和国成立后统一定名为河北梆子。目前，河北梆子主要流布在河北省大部分地区，及北京、天津、山东省西部等地。

清康熙年间，山陕梆子随晋商进入京畿地区，在发展中大量吸收河北地方音调和方言俚语，在唱念上发生了变化，与原来的山陕梆子有了区别。清道光、咸丰年间，在河北保定、沧州、衡水等地出现了不少当地人办的梆子科班，逐渐形成了具有河北特色的梆子腔，时人称为直隶梆子，随着响九

---

① 《复活的"非遗"——刘吉舞狮》，《当代人》2010年第6期，第8—11页。

霄、元元红、京达子等一批直隶梆子著名演员涌现，直隶梆子不断壮大从而加速了梆子河北化的进程。

清光绪二十六年（1900）前后女伶兴起，时称直隶新派，使人耳目一新。她们打破山陕语音为正宗的观念，确立了以直隶语音为唱念的基础。民国初年（1912），河北梆子女伶达到巅峰，刘喜奎、小香水、金刚钻、孙桂秋等唱功卓越，她们在板式、语调、音域、行腔上有许多创新。直隶新派的崛起使河北梆子得到进一步发展，逐渐发展成以北京、天津、保定为基地，遍及东北三省、山东、上海等地的戏曲流派。

河北梆子的演绎过程具有叙事性、抒情性、戏剧性等多种风格，充分体现了一方水土养一方人的特点。河北梆子的演绎风格与河北地区的风土人情、社会文化和历史变革有着非常紧密的关系。河北梆子中的二六板具有叙事性，主要的功能是在演绎的时候让观众能够听清楚讲述的内容，吐字发音比较精准。慢板是在二六板的基础上进行的延展，主要以抒情为主，这类板式在表演的过程中唱腔非常优美，表演者的表情也非常深沉，尤其是十三咳、哭相思的拖腔，充分地体现了慢板的特性。以快板为主体的唱腔最具有戏剧性，简单快速，自由奔放，铿锵有力。[①]

哈哈腔

哈哈腔，又被称为"柳子调""喝喝腔"，其名字根据当地方言口音转变而来，其形式由民间秧歌发展而成。哈哈腔产生于明代，鼎盛于清末民初，由民间歌舞逐渐发展为民间小戏。在唱腔和伴奏上主要是以弦索小曲"柳子"为调，柳琴伴奏为主。目前，主要流行于鲁西北各县和河北沧州、保定地区各县农村。在不同地方语言特点和民间艺术的影响下，逐渐形成了念白、唱腔、配乐均有不同的东、中、西三路流派。青县、沧县、河间、献县、南皮、东光等十余个县为中路哈哈腔。

哈哈腔的角色行当分为生、旦、净、丑四类，其行当齐全，念白、唱词通俗易懂，剧情简单，表演形式多源于民间舞蹈和生产劳动，表演特点细腻、逼真、质朴真实。中路哈哈腔的唱腔独特，腔调回旋婉转，收放自如，单字崩、双字联、字字句句连成串，吐字清晰。快而不乱，慢而不断，高音如山洪暴发，低音如潺潺流水，既像春蚕吐丝，又像万马奔腾。曾经有一副

[①] 赵昕：《河北梆子的艺术价值及创新研究》，《参花（下）》2019年第9期，第87页。

对联这样描绘哈哈腔：

  上联 乍一听、酥一阵、麻一阵、凉飕的一阵，酥的呢嘶嘶哈哈，麻的呢龇牙咧嘴，无论咋地说不上什么是东西南北、酸甜苦辣
  下联 入了耳、哭一阵、笑一阵、热乎的一阵，哭的是满脸鼻涕，笑的是仰面朝天，吹拉弹唱诠释出熟悉的陌生的五味人生
  横批 旱地甜瓜两味

  这副对联生动诠释了哈哈腔的戏曲风格，以及观众对它的着迷程度。
  哈哈腔作为百年小戏，历史悠久，风格独特。但是，在经济、文化快速发展的今天，哈哈腔的生存和发展却面临着种种困境，例如传播范围狭窄，知名度低；没有剧本、曲谱，资料极易毁损、丢失；演员业余，演出单一；宣传力度不够，经济手段不高，非物质文化遗产的发展屡遭限制。①
  数百年来，根植于民间的哈哈腔以其浓郁的地方特色为人民群众喜爱，与民众的文化、教育、宗教、习俗等精神和物质生活密切相关。作为一种文化资源和创作灵感的源泉，哈哈腔还被许多姊妹艺术接纳吸收。然而，全球化格局下的哈哈腔正逐步走向衰落、枯萎，处于濒临灭绝的境地，亟需弘扬和保护。②

三、曲艺

木板大鼓

  燕赵慷慨多悲歌，鼓曲斑驳谱暮颜。
  诸般沧桑诉难尽，陌上古音道百年。

  木板大鼓是河北沧州民间非常流行的一种曲艺音乐形式，它是由古代的说唱音乐发展而来，其正式形成时期可以追溯到唐代的俗讲与变文。后来经过宋、元、明时期的逐步发展和改革，最终在清朝初期确定了北方鼓曲表演

---

① 高荣：《哈哈腔的生存现状研究——以河北青县哈哈腔为例》，载《第十一届国戏论坛论文集》，2018年，第29—32页。
② 张洁敏：《哈哈腔调查》，《中国戏剧》2014年第3期，第70—72页。

的雏形。木板大鼓是宋代词话的一种延续，作为一种民间音乐的市井文化，由于它故事题材贴近百姓生活，表演形式丰富，因此无论你身在斗室陋巷抑或是身在街边的闹市，都可以觅得它的踪迹。

木板大鼓最早发源于沧州的运东地区，在运东的旧州镇、风化店、孟村、黄骅等地区非常知名。沧州的运东与运西是以京杭大运河为分界点，大运河以东的老艺人主要以说唱木板大鼓为主；说唱西河大鼓的老艺人大多生活在运河以西。在过去，老百姓对于说书的艺人都非常尊敬，恭敬地称呼他们为"说书先生"，之所以有这样的称呼和木板大鼓自身的价值有着密切的关系。一方面，木板大鼓作为一种艺术形式，它对人们的心灵有着重要的启迪和教化意义。在说唱的过程中劝诫人们要行善积德、尊老爱幼，能够及时反映社会中的不良现象，对人们不正确的行为予以修正和道德的警示。木板大鼓还能帮助我们辨认生活中善恶和美丑，让我们能够对丑恶的行为做出批评和蔑视，对高尚的行为给予鼓励和赞赏。另一方面，木板大鼓能够及时宣泄我们的情绪，在现实的生活中，由于生活和工作所迫，每个人都背负着巨大的社会责任和压力，这些压力和情绪不宜在身体内久留，这种负能量假如在体内淤积得太久而得不到有效的释放，就容易患上各种疾病。通过听木板大鼓艺人的演唱，人们可以宣泄掉内心的不良情绪，而且能够给自身的感情一个正确的疏导。[1]

在过去大鼓市场大萧条阶段，艺人中只有少数人能有幸常年在当地固定的酒楼茶肆为宾客表演，更多的艺人则需要自谋生路，他们同搭档一起走村串巷地去求书。起初，他们的活动范围仅限于沧县的各个村镇，例如沧县、南皮、海兴等，后来随着经济的繁荣，一部分艺人声名鹊起，说书市场开始有回暖的迹象。这时艺人们的说书市场被拓展，远至东北黑龙江，南至长江淮河流域，北及天津、北京，木板大鼓的演唱随处可闻。有的艺人同搭档奔赴东北的各省演出，从此闯出了一片自己的天地；有的艺人则在山东、天津、北京一带会集了自己的大批听众，沧州的木板大鼓成为一朵盛开在中国曲艺舞台上的鲜花。[2]

---

[1] 闫娜：《沧州木板大鼓研究》，河北大学硕士论文2015年。
[2] 杨浩藜、傅薪颖：《沧州木板大鼓的昨日与今朝》，《大众文艺》2016年第18期，第56—57页。

四、传统体育、游艺与杂技

吴桥杂技

吴桥杂技起源于春秋时期，由"角抵戏"发展而来，是独具吴桥特色的宝贵财富，是享誉世界的知名品牌，在2000多年的历史传承与时代变革中，积淀了深厚的历史底蕴与宝贵的文化资源。千百年来，吴桥杂技艺人经大运河走南闯北，作为杂技交流和艺术交融的文化使者，在推动中国乃至世界杂技艺术繁荣发展中发挥了重要作用，至今在杂技界还流传着"没有吴桥人，不成杂技班""十方杂技，九籍吴桥"的盛誉。①

吴桥是世界闻名的杂技之乡，是中国杂技艺术的发祥地，也是世界杂技艺术的摇篮。杂技艺术历史悠久、底蕴丰厚，记载了吴桥人民的欢乐、理想和追求，凝聚了杂技艺人的聪明才智，也包含着杂技艺人创业的艰辛和血泪。吴桥杂技诞生于人民的劳动生活，植根于广大人民群众之中，经历代传承发展，形成了形式丰富、艺术精湛、群体庞大、生命力极强、艺术形式和风格独特的中国民间艺术。

吴桥杂技文化伴随着中国杂技的发展而形成，现在主要流布于吴桥县域、山东省宁津县和陵县的部分地区。在2000多年的变迁过程中，吴桥杂技文化不断丰富发展着。它供奉"吕祖"为自己的行业神，创造了行业"春典"（即行话），衍生了表演中的"说口""锣歌"等口头文艺形式，形成了独特的表演、道具、管理以及传承等方面的规则，构成了完整的行业文化体系，受到全国杂技界的推崇，其影响远播五洲。

自20世纪50年代以来，由于社会、政治、经济条件的变化，演出组织形式、活动形式的改变，老艺人、老教练、老手艺人越来越少，行业规矩淡化，吴桥杂技文化有逐渐走向消亡的危险，亟待挖掘和抢救保护。②

沧州武术

沧州武术，源于春秋，兴于明，盛于清，到乾隆时期，已形成武术之乡，到清末的时候，武术之乡的威名已经远播海外。在经历历史的更迭和薪

---

① 《吴桥杂技——大运河孕育的中外文化交流桥梁》，《中国产经》2020年第24期，第19—20页。
② 政协沧州市委员会：《魅力沧州》，河北人民出版社2012年版。

火相传后，到清末民初，已经发展至鼎盛时期。就《沧州武术志》来看，其中写道，京杭大运河纵穿沧州境内，连镇、沧州等重要码头，是大众商品的必经之地，也是高官巨贾水上走镖的重要道路。因而，沧州镖行、旅店、转运等一系列行业发展得十分繁荣，各个行业互相竞争，只有拥有高超的武技才能立身。到了清末，"镖不喊沧"已成为南北镖行一起遵守的常规。中华人民共和国成立后，中华武术作为我国优秀的民族文化被重视和复兴。沧州武术门类、拳械技艺由此越发多元丰富，且一些套路经过提炼、更新和改造后，形成了独特的沧州特色。①

沧州的武术门派众多，有八极、劈挂、燕青、八卦、六合、查滑、功力、太祖等53个拳种，各门派均具有刚猛剽悍、力度丰满、长短兼备、朴中寓鲜的风格特点。沧州武术独树一帜，除有代表性拳种的8大门派以外，疯魔棍、苗刀、戳脚、阴阳枪等拳械为沧州所独有。沧州武术还兼收并蓄，积累了雄厚的传统武术资源，近年来又吸纳跆拳道和规范武术套路等优秀成分，取得新的发展。沧州武术刚劲威猛，技击性强，既有大开大阖的勇猛气势，又有推拨擒拿的绝技巧招，一招一式中无不体现着中华文化中阴阳、内外、刚柔、方圆、天地、义理等源于儒、释、道的理念和意蕴。习练沧州武术可以提高人的身体素质，锻炼人的精神品格，促进人的全面发展。其不仅可以丰富和完善中华乃至国际武术文化，还可以进一步带动武术培训、表演、竞赛、交流、节庆会展、器械生产交易等多种相关行业的发展。但是，沧州武术技艺以口传心授为主要传承方式，老拳师文化水平低，"学问都在肚子里"，而且他们年事已高，许多绝技妙招濒临失传，亟需保护和抢救。②

博大精深的沧州武术是美之宝库，奇珍异宝，璀璨夺目。这种丰富的审美资源在当代的武术发展中大有可为。沧州武术是沧州历史文化中孕育生长的一朵奇葩，在时代精神的照耀下必将绽放更夺目的光彩。③

沧州武术（劈挂拳）

劈挂拳约产生于明代中晚期，在清代中期后，主要流传于河北沧州一带，故称沧州劈挂拳。劈挂拳练习时凶猛剽悍、气势逼人，其势起落钻伏、伸收摸探、开合爆发、蜿蜒蛇行、狂劈硬挂、大开大合、形神自如、飘逸洒

---

① 赵洪志、孙春艳：《以人为本促进沧州武术发展》，《沧州日报》2020年8月3日。
② 政协沧州市委员会：《魅力沧州》，河北人民出版社2012年版。
③ 王洪志等：《沧州武术的审美特质与价值》，《沧州师范学院学报》2012年第3期，第118—121页。

脱，观之如大河流水，起伏跌宕、滔滔不绝、一泻千里，令人惊心动魄、叹为观止。劈挂拳的运动方法主要有滚、勒、劈、挂、斩、卸、剪、采、掠、摈、伸、收、摸、探、弹、砸、擂、猛十八字诀，也称"校艺十八法"。①

劈挂拳发源于河北省沧州市，在明代中期已流行。劈挂拳法速度快、劲力爆，招数严厉，变幻莫测，注重攻防技击，讲求实用。劈挂拳的代表动作是乌龙盘打，攻防严密，突出体现了劈挂拳劈、挂、滚、轩、擂等技法的使用，深受习武者喜爱。②为使劈挂拳这一优秀拳种系统化、完整化，在20世纪30年代初，人们创编了疯魔棍、劈挂刀，从而填补了劈挂拳系没有器械的套路空白。之后，又集苗刀之精华，将其糅进了劈挂腰法和通臂步法，编创了较一路苗刀连击性更为突出的二路苗刀和苗刀进枪等，此后苗刀也被视为劈挂拳系中的一个器械套路。③

劈挂拳的每个套路各具特点，主要套路有劈挂拳快套、慢套、青龙拳、挂拳、炮锤、飞虎拳、劈挂滚雷掌等，器械有苗刀、疯魔棍、劈挂刀、奇枪、青萍剑、行钩、双头蛇、戟等。沧州劈挂拳兼收通臂拳、八极拳等拳种所长，还引进了苗刀等优秀拳械，一招一式承载着中华文化中的阴阳、天地、方圆、刚柔、内外等传统哲学元素，渗透着道、释、儒家思想意蕴，具有丰富的文化内涵。劈挂拳虽有武术协会支撑传承，但仍有后继乏人之虞，亟需加强保护。

沧州武术（燕青拳）

燕青拳流传于河北省沧州市，在拳法中徒手、器械、单练、对练俱备。其主要有迷踪拳架子、迷踪拳弹腿、迷踪拳一至六路、迷踪艺、十八翻等套路百余种。燕青拳又称秘宗拳、迷踪拳，自达摩创拳至今已有1400多年的历史，其逐步发展成为从理论到拳术比较完备、内容浩繁、博大精深的优秀拳种，具有浑雄沉稳、巧拙相生、方中走圆、劲蓄内敛的风格，拥有众多爱好者。燕青拳的拳法内容丰富，技术全面，演练风格姿势优美，快慢有度，潇洒大方，健体防身，老幼皆宜。其拳法特点是：架势较小，腿法突出，拳腿相随，快慢具理，守中寓发，伸屈待机，虚实相辅，轻灵敏捷。④

---

① 车星辰等：《沧州劈挂拳简介》，《少林与太极》2014年第7期，第42页。
② 政协沧州市委员会：《魅力沧州》，河北人民出版社2012年版。
③ 郭铁良：《沧州劈挂拳的源流与发展》，《少林与太极》2006年第1期，第45—46页。
④ 政协沧州市委员会：《魅力沧州》，河北人民出版社2012年版。

燕青拳不仅具有内家拳练精化气、弧形走转之势，还兼有外家拳的开张、劈打、舒展之态，更以其动作变化丰富而体态灵动，受到广大爱好者的喜爱。此拳刚柔相济，内外兼修，招式大开大合，有排山倒海之势，内藏杀机，专击人身之要害，往往一招半势能制敌于死地。燕青拳雄浑沉穆，巧拙相生，向来为历代习武者所重。清朝时期，武师孙通把这一拳种传入沧州。

燕青拳能强化人的体魄，培养人的顽强品格，对弘扬民族精神、丰富养生之道具有重要作用。其功法中寓有其他拳种的根本性因素，演示时不失外家拳的俏丽，也包孕着中正柔婉、蓄气整力的内蕴。燕青拳富有观赏性，很难掌握，随着市场经济的发展，武术活动走入阶段性低谷，颇有造诣的拳师相继谢世，年轻武师功法出众的凤毛麟角，导致燕青拳拳械流失，传承堪忧。

沧州武术（孟村八极拳）

八极拳发源于河北省沧州，沧州是我国著名的武术之乡，为我国的武术文化传承与发展做出了卓越的贡献。八极拳为回族功夫，素有"文有太极安天下，武有八极定乾坤"之称。八极拳招式较为简洁，花样较少，动作朴实，但出招刚猛，发劲动作较多。八极拳，全称开门八极拳，是孟村回族自治县人民的传统武术项目。八极拳始传于清雍正初年（1723），迄今已有近300年的历史。相传清雍正五年（1727），孟村习武少年吴钟遇一自称"癞"的南方云游武林高手。"癞"认为吴钟诚实可嘉，于是收其为徒，授其拳术，并赠《拳械秘诀》一卷，随后离去。清雍正十年（1732），孟村又突来一自称"癖"者，说"奉师命访师弟吴钟"，再授吴钟拳术与"六合大枪"等，从此，八极拳法流传于世。

八极拳法之风格和特点明显，其拳法发劲刚猛，暴烈骤变。跃进中以势险而夺人，进击中以节短而取胜。八极拳法有独特的呼吸练功之术。调气、行气、发威用力之爆发力源于意力相通，由放松到发力行丹田之真力。搂桩跑板、悬囊乃其基础功。八极拳法之拳械套路主要有八极架、八极拳、六大开、八大招、四郎宽拳、六肘头、太宗拳、太祖拳、华拳、飞虎拳、春秋刀、提柳刀、六合大枪、六合花枪、行者棒、八棍头、纯阳九宫剑等。拳械套路可单练，亦可对练。[①]

从地域角度看，沧州是我国主要的交通枢纽城市。从历史角度看，沧州

---

① 李亦：《沧州孟村的八极拳》，《河北企业》2002年第Z3期，第95页。

也是著名的军事重地，是兵家必争之地。因此，沧州地区的民众好武，武术文化发展较为繁荣。自20世纪以来，我国的武术文化就开始出现衰落的现象，这种现象会严重影响我国的传统体育文化发展水平，因此，对于岌岌可危的传统体育文化，我国必须要采取有力的措施来传承和发展。[①]

沧州武术（六合拳）

六合拳源于明万历末年（1620），有一侠士张明，途经泊头清真八里庄（今红星八里庄），得了重病，村民曹振朋的家人将其接到家中，为其寻医问药，直至痊愈。张明见曹家中一男孩身体强壮，聪明过人，每日清晨刻苦练功，此人便是曹振朋。张明为报搭救之情，教了曹振朋好几年六合拳法，还给他很多卷拳谱，并嘱咐他"非为人忠厚且功底深厚者不得传之"。曹振朋后传其子曹寿，曹寿传石金可，石金可等在泊头镇开门授徒。

六合拳在沧州传有三分支，其一为沧州李冠铭授业于泊头镇，其师一说石金可、一说楚文泰。李冠铭艺成返沧，传其侄李凤岗，授徒王殿臣、刘玉亭等。李凤岗精于双刀，人称"双刀李凤岗"，李凤岗传其子李庆临，授徒王正谊、王国恩等。王正谊号"大刀王五"，清末在北京开办源顺镖局，助谭嗣同戊戌变法，扶危济困，名震京城。其二为田奎春，田奎春是四世传人石金可的十八弟子之一，他在沧州传于佟存、刘德宽等。佟存传其子佟忠义。佟存因擒获飞贼燕子李七，光绪帝赐其黄马褂。佟忠义曾任清廷禁卫军，后来又参加国民革命军，在保定军校任教官，授徒众多。其三为吴凤鸣，在沧州授徒王少孚，王少孚传其子王斌荣，授徒刘述仁、刘述来、张德润、尹光甫等。

中华人民共和国成立后，随着回族群体政治地位和经济状况的显著改善，民族自卫和谋生糊口的武术功能逐步弱化，而先祖尚武重义、侠肝义胆的精神内核却支撑着沧州回族武术一脉相传。与此同时，宽松的经济文化环境为沧州回族武术的发展提供了更大的平台，沧州回族武术在传承和扩展中也形成自己独有的文化积淀。[②]

[①] 王有凤：《非物质文化遗产视角下回族武术孟村八极拳传承的困境与对策分析》，《武术研究》2016年第2期，第29—31页。

[②] 李文博：《新中国以来沧州回族武术变迁研究——以六合拳世家三代人口述史为线索》，上海体育学院硕士论文2014年。

青萍剑（贾氏青萍剑）

黄骅是近代青萍剑术的发祥地。青萍剑术为江西省龙虎山天师府潘元圭道长所创，距今已有近300年历史。

贾氏青萍剑资料翔实丰富，训练体系科学完整。有古剑谱记载贾氏青萍剑的历代传承关系和剑术内容。其中，《学剑要诀》《练功八法》《剑批》《剑断》等是指导剑法训练和实战应用的理论基础。贾氏青萍剑招多式美，套路结构严谨，剑法规整，剑路近捷、变化多、少重势。全套剑术共有六趟373式，柔和、儒雅、舒展大方，适于健身；又雷厉风行，招不虚发，长于战阵，堪称武林瑰宝。原南京中央国术馆，就曾以该剑术第一趟为学员必修课。[1]

青萍剑原有六趟三百六十五招式，以体现周天天数。为了演练方便，分作六段，即人们所称的六趟。因而第一趟有开头无收尾，第二、三、四、五趟无头无尾，第六趟有收尾无开头，以保留一气呵成的体系。这就是六趟青萍剑无主次之分的原因。

"贾氏青萍剑"由浅入深，由易到难，一趟比一趟复杂、微妙、高深，特别是第六趟阴阳变化，奥妙无穷，可谓招中套招，式内藏式。其演练起来有苍龙搅海、别开洞天之感，更有风浪跃鲤、渊中求珠之妙。

"剑路短，无花招舞姿，招数多而精，极少有重势"，是该剑的宝贵之处，也是该剑区别于其他剑法最显著的标志，而且还是鉴别该剑法真伪的最主要的方法。该剑的每招每式都有其特定的实战意义，格斗中走最简捷的路线，注重腕内二三寸，突出体现了以近取胜的特点。剑法中既有取捷径追敌之招，又有破擒拿危中制胜之道；既有敌短兵进长锋之法，又有诱敌深入败中取胜之术。剑多连用，前一剑为后一剑设伏，后一剑奏前一剑之功。剑出虚实不定，欲左先右，欲右先左，出奇制胜。剑迹阴阳（上一剑为阳，下一剑为阴），阴阳交织，反正相扣，难以捉扑，如迎风挥扇、横扫千军、双蛇出洞、二马挑队、神龙摆尾、雪里寻梅、百鸟朝凤等招式，都体现了该剑的风格和特点。

"贾氏青萍剑"的每一个招式名称，不仅形象、生动、文雅、别致，而且预示着招式动作的意向。名称读起来朗朗上口，令人感到清新、隽永，耳

---

[1] 黄骅市地方志编纂委员会：《黄骅市志1986—2008》，方志出版社2013年版。

目一新。这种绝无粗俗、庸俗、低级辞藻的剑术名称，体现了中华文明古国的特点，值得骄傲。

"贾氏青萍剑"每趟六十余剑，既可单练，亦可一气呵成。它虽然招数繁多，但招招有用，不滥不杂。每一趟又都有自己突出的特点，犹如满盘玉珠，颗颗珍贵。

贾氏青萍剑术，动作严密紧凑，击法可刚可柔，不同年龄、不同体质的人都可以从事锻炼。体质衰弱和患有某些疾病的人，可以减慢速度，采取柔和的方法。体质好的人，可以刚柔结合，加快速度，增大运动幅度。①

五、传统技艺

生铁冶铸技艺（干模铸造技艺）

河北省泊头市的铸造业有1000多年的历史，是闻名全国的铸造之乡。千余年来，泊头铸造工艺日益精湛，由最初古老的干模铸造发展到硬模铸造和金属模铸造，后又建起十几米高的冲天炉冶铸生铁。

泊头出土的千年以上的铸造品都是以传统干模铸造工艺制成，这种铸造技艺包括制作内范、外范、减支、合型浇铸等一系列工艺。以黄土或胶泥制成要铸造的产品外形，谓之制作内范。制作外范时，先在内范表面涂上一层薄薄的蜡，再在外面覆上一层拌有碎麻头的麻刀泥，厚度视铸件大小而定。待外范晾干到一定程度，确定一个分型面，然后用锋利的刀沿分型面切开，刻上记号，使外层麻刀泥与内范脱开。减支是视铸件厚度，用刀、铲、钩、勺等锋利的工具削去内范表层。合型则是将外范按刻好的记号复原到内范外面，中间形成型腔，然后将分型面封死，做好浇铸口。在干模技艺铸造的基础上，发展出了半永久性铸型的硬模铸造技艺，其优点是可以一模多型、多模同铸、连续作业。这种铸造技艺的关键是制作硬模，行话叫"浆模子"。我国是世界上最早冶铸生铁的国家，始于公元前400年。干模铸造具有重要的历史和科学价值，目前，泊头使用干模铸造技艺生产的企业仅有一两家，传统的生铁冶铸技艺面临失传的危险，亟待保护。②

---

① 贾肇山：《秘传贾氏青萍剑》，黑龙江人民出版社1982年版。
② 《生铁冶铸技艺（干模铸造技艺）》，汉程网，2013-01-29。

CHAPTER 02

—— ■ 第二章 ■ ——

运河山东段

大运河山东段地处大运河中枢区段，沿线地区与苏、皖、豫、冀四省交界，是贯通运河南北的重要河段。大运河水波涟涟，滋养文化。作为儒家文化发源地的山东，由于大运河的开通，与江南地区及京城的联系更为直接和紧密，山东运河文化由此也呈现出包容与统一、扩散与开放的姿态。如今，带着历史和文化积淀，大运河"流淌"进新时代，非物质文化遗产历史悠久、内涵丰富、底蕴深厚，彰显出齐鲁文化的风韵，让千年运河重焕生机。

第一节　大运河济宁段的非物质文化遗产

山东济宁，一个蕴含着博大精深的儒家文化、史传千年的梁祝文化、融南汇北的大运河文化的历史文化名城，这里诞生了无数个满腹经纶的才子，也孕育了现代华夏文明。这里给我们留下了无数的奇珍异宝和令人叹为观止的文物古迹，不仅如此，还留下了柳子戏、梁祝传说等非物质文化遗产，这些文化瑰宝在济宁7000多年的历史长河中熠熠生辉（见表2.1）。

表2.1　京杭大运河济宁段非物质文化遗产

序号	编号	名称	类别	公布时间
1	Ⅰ-7	梁祝传说	民间文学	2006年
2	Ⅲ-136	阴阳板	传统舞蹈	2021年
3	Ⅳ-43	柳子戏	传统戏剧	2006年
4	Ⅴ-4	山东大鼓	曲艺	2006年
5	Ⅴ-21	山东琴书	曲艺	2006年
6	Ⅴ-39	山东快书	曲艺	2006年
7	Ⅴ-114	端鼓腔	曲艺	2011年
8	Ⅶ-129	鲁绣	传统美术	2021年

一、民间文学

梁祝传说

梁祝作为中国四大传说之一,其流传可以说是遍布全国各地,甚至在韩国、日本、越南等国家也有流传。[1]

梁祝传说在山东传播范围广,衍生品类多。20世纪80年代以前,梁祝传说在山东大地上主要以口头形式、戏曲形式流传。随着影视技术的迅猛发展,梁祝电影、电视剧后来居上。21世纪以来,在媒介融合共生的潮流中,各类衍生的梁祝文本缤纷陆离、互通互渗,形成了多元共生之势。同时,随着大众分化为各种受众群体,也出现了各类衍生的梁祝文本。

在识字率普遍较低、中学教育还不普及的岁月中,大部分人是通过口耳相传接触到梁祝传说的,老年村民以讲故事的方式将梁祝传说传给了后代,一代代村民在口耳相传的传承过程中又加入了自己的理解和诠释。

提到山东流传的梁祝传说,就不能不提济宁的马坡一带、潍坊的石桥子镇一带、青岛西海岸新区的祝家庄一带。在这些地方,梁祝传说流传不衰,当地人都坚信梁祝是当地人,梁祝传说来自他们祖祖辈辈生活的那片土地。山东省济宁市微山县马坡一带的百姓坚信梁祝故事就发生在他们的家乡。当地到现在还有梁祝墓、梁祝墓碑、九村(英台出生地)、十八里相送故道等历史遗存。从马坡镇还曾挖掘出土过一块明代正德年间的梁祝墓碑。

在山东流传的各个版本的梁祝民间口头传说中,地方方言的烙印非常明显。不同地区的人们在传承、转述梁祝传说时会把当地的方言土语融入到故事中,因此各种口头传说的版本都明显"增殖",融汇了当地的风土人情、自然物态,这使各个版本都因地域文化不同而产生了较大的差异。各种版本的梁祝传说其思想内蕴也具有明显的一致性和稳定性。反对封建、反对家长包办婚姻、高扬恋爱自由、追求男女平等、歌颂坚贞不屈的爱情,这是世代流传的梁祝传说的思想精髓。[2]

---

[1] 徐杰:《梁祝传说发源地初探》,《长江丛刊》2016年第26期,第58—59页。
[2] 秦凤珍、刘艺璇:《梁祝传说在山东的传播与衍生》,《河北民族师范学院学报》2021年第3期,第33—37页。

二、传统舞蹈

阴阳板

"阴阳板"最早起源于明代万历年间,在后八村一带广泛流传,最初由官府和商人进行组织,后来百姓自发举行,主要用来祭祀天地神灵,祈雨迎春。"阴阳板"没有固定时间,由天时而定。

"阴阳板"的出现总是离不开求雨,至清朝康熙乾隆年间,"阴阳板"发展至巅峰,动作形式更加规范完整,参与者甚众。在进行舞蹈时,有几百人甚至几千人参加,场面恢宏壮丽,成为当地一道特殊的民族文化风景。但在晚清时期,由于"阴阳板"的单一性,舞蹈逐渐没落。再后来,经过宋纪元、宋广才、宋景东家族的改进,"阴阳板"在原来的基础上进行了新的创造改良,他们将传统祭祀求雨改创成为一种娱乐活动,这样人们不只在求雨时可以跳,在节日庆典上也可以用舞蹈来表达人们内心的喜悦之情。"阴阳板"还在抗战胜利后用来庆祝。

根据传统,"阴阳板"在进行表演时一般分为两种形式:"行进"和"场子"。"行进"动作较为单调,主要是通过舞者在互相协调中组织出的阵型,一般被应用于请神的场合或在大街上进行舞蹈表演。而"场子"是指舞者拿着两块柳木所制的阴阳之板在搭好的神棚前进行敲击,发出混杂低闷的声音,直击为"阳声",响而脆,搓击为"阴声"。在进行舞蹈表演时,表演中还夹杂着男女对舞的动作。"阴阳板"的祭祀特点在行进与场子的表演内容上也有所体现,包括请神、祈雨、诵经、送神、夸官等。"阴阳板"发源于民间,它的背景音乐利用的是民间的传统乐器。

"阴阳板"是齐鲁大地求雨祭祀舞蹈的代表之一,集舞蹈、音乐、图腾崇拜和宗教信仰等多种文化形式于一体,它来源于民间的神话传说,结合当地的历史文化和动作形式等进行创作。但现在,"阴阳板"已不仅仅是为了祈雨祭祀而跳,已经发展成为当下大众熟知的、有标志性文化意义的、具有地域民族特色的舞蹈表演形式。它是古代劳动人民精神文化的代表之一,承载着劳动人民对美好生活的向往和憧憬,是一种重要的非物质文化遗产,具有很强的传承意义。[①]

三、传统戏剧

柳子戏

柳子戏，又名弦子戏，在黄河以北有"糠窝窝""吹腔"之称，是我国戏曲中古老的声腔艺术之一。柳子戏起源于元、明、清时期。早在明万历年间，就有相关史料对当时俗曲小令盛行情景的描述。至成化、弘治年间，"中原"地区流传曲牌众多，广大职业唱曲人在茶楼酒肆间轻歌曼舞，深得大众喜爱，诸小曲甚是流行。至嘉靖、隆庆年间更是不论男女老幼，人人习唱，口口相传。弘治时期的"中原"是以河南开封为中心的周围地带，即后来柳子戏、大弦子戏、卷戏等剧种的主要流行区域，由此可见，柳子戏主要是在元、明、清以来民间流行的俗曲小令基础上演变发展而成，这种由俗曲组成的地方戏曲在清初即已在山东境内流行。

清初柳子戏还曾在北京演出过，其中详细记述了乾隆五十五年（1790）之前北京梨园的情况。自明朝以来，各地经济发展迅速，人口流动较为频繁，不同的音乐也随之相互渗透，形成了诸多各具特色的戏曲声腔。其中，昆腔、弋阳腔、梆子腔脱颖而出。然而，在那时柳子腔就已被列入"一时称盛"的剧种，与昆、戈、梆相提并论，被称为"东柳、西梆、南昆、北戈"。然而，自乾隆五十五年徽班进京后，京剧逐渐在舞台上占据主要地位，柳子戏转而式微，退出城市，重回山东、河北南部与河南东部等地的农村表演。中华人民共和国成立后，在党和政府的关怀、扶持下，分散乡间的柳子戏民间艺人又集中起来，积极贯彻"百花齐放、推陈出新"的方针，使柳子戏又获新生，其演出水平也迅速提高并深受鲁西南广大观众的喜爱。[②]

[①] 舒永智：《民俗文化记忆中的祭祀舞蹈——以邹城"阴阳板"为例》，《艺术评鉴》2018年第23期，第72—75页。
[②] 季金凤：《浅谈山东柳子戏的文化特点及文学价值》，《音乐大观》2013年第9期，第202—203页。

四、曲艺

山东大鼓

山东大鼓又名"梨花大鼓"或"犁铧大鼓",起源于明末清初时期的鲁西北地区。山东大鼓从起初以敲击犁铧碎片伴奏演唱民歌小调的形式,逐渐发展为成套唱腔并有三弦伴奏的说唱表演形式,是具有典型地域文化特色的山东民间艺术。曾经兴盛一时的山东大鼓,不仅遍及山东省,还同样兴盛于京津、河南、河北、江苏、安徽等地,演出班社、演员众多,常游走于济南周边各省市之间。

大鼓文化曾灿烂一时,受到全国各地群众的喜爱,但历经战乱分合的流离,饱受多样文化的冲击,山东大鼓在自身条件局限和外部环境改变的双重夹击下,艺人流失,传承不济,鼓声渐渐沉寂。

山东大鼓是中国农耕社会生产方式的艺术产物,是百姓在物质生产过程中对文化娱乐的探索、沉淀,有着典型的农耕文明的艺术特征。山东大鼓音乐唱腔独特,内容蕴藏丰富,地方色彩浓郁。这直接促发了山东快书的形成,并对"乔派"河南坠子和西河大鼓等艺术形式的形成与发展产生重大影响,是中华文明艺术宝库中不可或缺的珍贵文化遗产。

山东大鼓在经历了清代的鼎盛之后,在20世纪20至30年代逐渐衰落。中华人民共和国成立后,虽然文化部门高度重视,进行了一系列的抢救和保护行动,在一定程度上传承了这一曲艺门类,但仍未挽救其衰落之势。

为使山东大鼓这一历史性艺术重获新生与发展,从中央到地方的文化保护部门都在奋力抢救保护这一起源于民间、兴盛于民间又衰落于民间的艺术品种。由于大鼓的衰落,受其自身的局限和外部环境影响较大,重振大鼓非一朝一夕之事,需要全社会、多部门长时间的共同努力。山东大鼓的传承和保护,不仅是传承一种器乐、一种唱腔,更是传承老一辈甚至数辈艺术家的辛勤耕耘、文化结晶。

山东琴书

山东琴书又称为"琴书",最初俗称"唱小曲"或"唱扬琴"。山东琴书为坐唱形式,演出人数一般为2—5人;伴奏乐器有扬琴、坠琴、古筝、软弓京胡、琵琶、三弦、板、碟子等。演唱者分饰角色,也兼乐器伴奏。传统的演唱讲究庄重大方,演唱者正襟危坐、仪态端庄、目不斜视,全靠富于变化的唱腔和伴奏配合来完成故事情节的表达和人物的刻画。随着历史和艺术本身的发展,山东琴书的演唱逐渐打破了中规中矩的定式,如面目表情可以由原本的"呆"转变为"传神",有时还可以加上手势,与观众进行即兴感情交流,但是演唱风格依旧保持稳重大方的基本特点。

受中华传统习俗的影响,部分文化的传承主要依靠老师与徒弟之间的口传心授,更多的是"一对一"的方式,虽能达到一定的精确度,但受众面较小。曲艺产生于民间,根植于群众土壤中,有深厚的群众基础。时代在不断更新,即使再深厚的文化也要不断创新,因此,山东琴书要培养新生力量,吸收新鲜血液。[1]

山东琴书作为根植于中华民族五千年优秀文化土壤中的民间音乐艺术,不仅是我国民族民间音乐中的璀璨明珠,而且也是世界艺术宝库中的瑰宝。它所蕴含的浓重的文化底蕴和独特的艺术审美价值,曾深刻地影响了人们的道德规范和行为方式。然而令人遗憾的是,自20世纪90年代以来,民间音乐艺术受到影视、现代媒体、人类经济意识等多重因素的影响,正逐步被边缘化,前景堪忧,每况愈下,甚至部分音乐种类面临着濒临灭绝的危险。[2]

山东快书

山东快书诞生于鲁西南地区,这种土生土长、幽默风趣、连打带说的形式受到人们的欢迎。山东快书以说唱为主,节奏性强,多为"二、二、三"七字句,表演形式多为站唱,伴奏乐器为演唱者左手打击鸳鸯板。

山东快书在发展过程中形成很多派别,行话称每满一百个弟子均可称为一派。影响至今的有三派,业内流行一句话"高派的架子,杨派的口,傅派的词"。

山东快书的明显特色就是它的地方色彩,构成地方色彩的主要因素是语音,流行区域以山东为主,其使用的多为山东省临清、兖州一带的土语,在北方同样有着广泛的适应性,后逐步流传到全国。为方便理解,山东快书除特定词句(如"脚"称为"jue")外,使用的语言逐步靠近普通话,因此,

---

[1] 王珊珊:《非遗视域下南路山东琴书的传承现状》,《戏剧之家》2021年第21期,第30—31页。
[2] 朱路阳:《对山东琴书发展与现状的几点思考》,《赤子(上中旬)》2017年第4期,第64—65页。

很多欣赏者表示"味"不如前。

　　山东快书主要流传于民间，迎合了农民对娱乐生活的追求，因此得到了广泛的传播。山东快书作为一种十分有价值的艺术形式，承载着广大劳动人民的道德风尚与价值追求。因灵活简便、易演易编的特点，山东快书在短时间内就能取得很好的传播效果。

端鼓腔

　　淮河流域微山湖的端鼓腔有着典型的湖区历史文化特征。端鼓腔作为一种由古老的民间祭祀活动发展演变而成的曲艺形式，具有丰富的文化内涵。端鼓腔大多是在逢会时演唱，而一年之中几乎每月都有会，这与湖区渔民的民俗生活和民间信仰有着极为密切的关系。它在长期的融汇磨合中复合而成，而且能在具体演出环境中因陋就简，随势而变，这显示出其独特的艺术魅力和顽强的生存活力。端鼓腔通过神灵文化展示出深沉的人文关怀、古朴豪放的表现形式，以及鲜明的地域、民俗特征。它所包含的丰富的音乐性及其他丰美绚烂的感官性因素，往往在演出中被充分地调动起来。端鼓腔在演绎情感、推进情节时往往运用富有象征意味的写意手法，获得了观众的积极反馈。[1]

　　端鼓腔真实地再现了湖区人民自古以来的生活状况和生活历程，承载着湖区许多重大的历史文化信息和发展轨迹，反映了微山湖区的社会风貌、风土人情。端鼓腔包含多种艺术表现形式，有民间音乐、戏剧、说唱、民间舞蹈、武术、杂技、剪纸、绘画等，是一种独特的综合性艺术。演员们表演时一般都边唱边跳，动作有"穿花""二龙出水""走八字""走灯""圆场"等，同时还有舞蹈、杂技、武术等表演；会场布置色彩鲜艳，外面神幡高挂，里面悬挂各种神像及神仙斩妖图，并装饰有剪纸图案；演员们在祭祀时还即兴表演舞蹈、杂技、武术等，整个表演活动洋溢着浓郁的远古文化气息。端鼓腔反映出了旧时微山湖渔民的生产、生活状况及信仰风俗，作为运河非物质文化遗产的一部分，加强对端鼓腔的研究、保护和传承，对研究淮河文化、弘扬运河文化具有重要意义。

---

[1] 高建军、张士闪：《微山湖渔民端鼓腔艺术探解》，《济宁师范专科学校学报》2002年第2期，第5—8页。

五、传统美术

鲁　绣

鲁绣是流行于山东地区的传统刺绣工艺，也是中国"八大名绣"之一。鲁绣刺绣内容丰富多样，刺绣风格粗犷豪放，带有浓厚的地方特色，既是齐鲁文化传承的重要载体，又是中华优秀传统文化的重要组成部分。

鲁绣历史悠久，早在春秋战国时期，山东地区的丝织绣品就已经远近闻名。到了汉代，山东地区依旧是全国重要的丝织品中心，为此，西汉朝廷特地在临淄设立服官，专门为皇家制作衣服。自魏晋南北朝至南宋，北方先后经历了五胡乱华、安史之乱、靖康之难等重大社会变动，北方人民被迫向南方进行了三次大规模的人口迁移，而山东人民则是迁出人口的主力军，这使得鲁绣的传承发生断裂。一方面，大规模的社会变动使鲁绣传承的文化土壤消失；另一方面，人口迁移也破坏了鲁绣传承的稳定性。元明时期，相对平稳的社会环境为鲁绣的发展提供了有利的条件。到了清朝，社会的稳定以及物质生活水平的提高，使得绣工们有更多的精力投身于鲁绣技艺的钻研和传承之中。现孔府旧藏的2000余件清鲁绣绣品，图案精美，色彩明丽，是鲁绣的典型代表。刺绣的图案和风格，在这一时期都有所创新与丰富，同时，由于商品经济的快速发展，鲁绣也不再局限于家庭，开始走向市场并行销全国，成为地方特色佳品。

鲁绣历经上千年的发展，如今形成了包括即墨花边、青州府花边、乳山扣眼、百代丽等数十种绣种，流行范围遍布山东的大部分地区和周边的河南、河北等地。鲁绣的纹饰大多源于民间，有玉兰花草、鸟兽虫鱼、梅兰竹菊等，大多是蕴含吉祥、祝福寓意的图案，寄托着对老人长寿、家庭美满、后辈进取的美好祝愿，是儒家文化的重要体现，表现了山东人民对美好生活的向往和追求。

鲁绣经过上千年的传承，并不是一成不变的，而是秉持着不断完善的开放、包容的进取精神。鲁绣博采苏绣秀美、粤秀浓艳、蜀绣华美、湘绣生动四大名绣之长，最终形成了自身质朴淡雅的艺术风格。[①]

[①] 刘大川：《鲁绣的流变、特色、传承现状与发展对策》，《人文天下》2022年第1期，第77—82页。

第二节　大运河聊城段的非物质文化遗产

千百年来，以黄河为代表的农业文明和以运河为代表的商业文明在山东江北水城——聊城相融共生。礼乐兴邦的齐鲁文化和慷慨悲歌的燕赵文化在聊城这片土地上碰撞融合，哺育出了独特而又多样化的民间文化艺术形态和人文风情，积淀了众多文化辉煌成就，构成了种类繁多、内容丰富、分布广泛的非物质文化遗产资源。临清贡砖、东昌木版年画、东昌葫芦雕刻、肘捶……这些多姿多彩而又十分珍贵的非物质文化遗产以浓厚的民俗风情，温暖了一代又一代人的记忆（见表2.2）。

表2.2　京杭大运河聊城段非物质文化遗产

序号	编号	名称	类别	公布时间
1	Ⅱ-123	锣鼓艺术（临清驾鼓）	传统音乐	2021年
2	Ⅵ-61	肘捶	传统体育、游艺与杂技	2011年
3	Ⅶ-61	葫芦雕刻（东昌葫芦雕刻）	传统美术	2008年
4	Ⅶ-65	木版年画（东昌府木版年画）	传统美术	2008年
5	Ⅷ-91	临清贡砖烧制技艺	传统技艺	2008年
6	Ⅷ-98	陶器烧制技艺（德州黑陶烧制技艺）	传统技艺	2014年
7	Ⅷ-233	德州扒鸡制作技艺	传统技艺	2014年
8	Ⅸ-4	中医传统制剂方法（东阿阿胶制作技艺）	传统医药	2008年

一、传统音乐

锣鼓艺术（临清驾鼓）

锣鼓音乐是我国民间乐器的重要组成部分，是音乐宝库中的珍品之一。它一直伴随着我国劳动人民的生活，真实地表达着人民的思想情感，深受民众的喜爱，成为劳动人民生活中不可或缺的一部分。[①]

[①] 董蕾、卢乃鑫：《丝绸之路的文化一隅——淄博传统文化中的芯子与锣鼓艺术》，《大舞台（双月号）》2009年第6期，第142—143页。

关于临清驾鼓的来历，都是口头相传，并无史册记载，众说纷纭，至今仍无定论。主要有三种说法：一是起源于东汉末（或更早）；二是南北朝时期由外族传入，唐代时盛行；三是清朝时期沿运河舶来。第三种说法最为流行，此种说法认为乾隆皇帝（清高宗）第三次下江南时，其所乘龙舟沿京杭大运河经临清时龙旗招展，鸣锣击鼓显示龙威。有一伙码头工人听鼓声悦耳，甚为好奇，便尾随龙舟暗学鼓技。他们以超人的记忆力记下这套鼓技，并脱下鞋子，用鞋底敲船帮来代替乐器。此后，茶余饭后休息时，他们也用土法击鼓的形式为乐。这一说法是说宫廷文化在民间的偶然性流布。

临清驾鼓是一种锣鼓合奏形式，所用乐器通常为大扁鼓、点锣、筛锣三种。近几年来，由于人手少，在鼓队中有时也用镲代替点锣以扩大音量来适应广场演出。

二、传统体育、游艺与杂技

肘　捶

肘捶产生于临清唐元乡瑶坡村望族张家，是医圣张仲景的后代。张东槐的父亲张汝滨为秀才，写得一手好字，颇得县令的赏识，张汝滨还精通易理和中医，是当地有名的大夫。张东槐出生后，跟随父亲学习周易和医术，还曾经跟随伯祖父学习拳脚。当时村里有两个恶霸，经常欺负当地的百姓，张东槐虽然很气愤，但武功不是对手，心中不甘，遂离家出走，遍访名师，学习武术，并自创一套功夫——肘捶。在学成归来后，他行侠仗义，惩治恶霸。当时百姓被这种厉害的功夫所吸引，被他的侠义之心所感染，于是，肘捶迅速被广大百姓熟知，并开始习练。[1]

1901年之前，肘捶一直处于鼎盛发展时期，到义和团运动结束后，张东槐无疾而终。其继承人在传承过程中，虽同为一师，但由于心得不同、文化水平不同等原因，出现功架、套路等的差异，因此各地所传承的肘捶也存在差异，给后人留下了许多对肘捶的猜想和遗憾。直到中华人民共和国成立后，肘捶再次焕发生命力。[2]

---

[1] 翟继萍：《临清肘捶的历史传承与保护研究》，山东体育学院硕士论文2016年。
[2] 马广林、孟薇：《临清肘捶传习流变研究》，《辽宁体育科技》2020年第1期，第95—98页。

聊城杂技

聊城杂技是中国杂技艺术的重要内容，是中国民间传统表演艺术实践的独特方式，为推动中国杂技事业的传承与发展发挥出重要作用。孕育发展于今山东省聊城市所辖区域的聊城杂技，注重腰功、腿功、顶功，具有朴实粗犷和英武雄健的地方风格。世代传承的聊城杂技，既是当地民众康健体魄、互动交流、丰富日常生活的社会实践，也是旧时人们走街卖艺，拓展传统农耕经济社会收入渠道的重要方式之一。[1]

聊城杂技人凭借着刚毅与执着将聊城杂技的种子播撒在全国各地。20世纪30至40年代，聊城北坝人付茂堂之子付延顺、付延表在上海创办了"花家马戏班"，之后，部分人并入上海市杂技团。聊城另一位知名杂技艺人张义成之子张振玉创建的"双盛杂技班"因在青海、新疆一带演出，演员分别参加了青海省杂技团、新疆维吾尔自治区杂技团。聊城人田官成创建的"聊城少林杂技班"于1949—1956年沿贵、赣、湘、两广地区演出，终落地云南，其子女六人分别在昆明军区杂技团、云南省杂技团从事杂技工作。随着时间的推移，他们将聊城杂技的元素与当地文化聚焦融汇，成为新中国杂技事业发展道路上的铺路基石。

聊城杂技因其深厚的历史渊源与广泛的群众基础在中国杂技史上占有特别的位置，因其大众性、丰富性、民族性成为齐鲁大地的特色文化品牌。聊城杂技是我国杂技艺术中的一片丛林，我们要守望好这片丛林，让它继续繁盛，充满生机。[2]

三、传统美术

葫芦雕刻（东昌葫芦雕刻）

东昌葫芦艺术历史悠久，因其有着深厚的民间基础、土生土长，备受人们的喜爱。相传宋朝有一个擅长绘画和雕刻的宫廷艺人王和尚，因年事已高，便告老还乡，回到现在的聊城市东昌府区闫寺。因当时闫寺一带盛产葫

---

[1] 李玥：《聊城杂技的保护实践研究》，中国艺术研究院硕士论文2019年。
[2] 王伟：《聊城杂技的保护与传承》，《杂技与魔术》2017年第1期，第48—49页。

芦，于是王和尚便在葫芦上雕刻精美的图案，用来蓄养自己喜爱的蝈蝈。后来当地人纷纷效仿，葫芦雕刻便由此流传开来。

清末民国时期，东昌府养蝈蝈的风气很盛，盛蝈蝈的容器都是小而圆的葫芦。由于葫芦是草本植物的果实，材质较软，在上面戳上小孔便是最佳的养蝈蝈容器。随着人们对雕刻葫芦的追求越来越高，刻片葫芦的技术就此发展起来。东昌葫芦雕刻用料极其考究，加工方式独特。技艺高超的艺人在创作时多是不打稿的，只是将葫芦细细凝神把玩，便能心中有数。他们先是用圆规在葫芦上、下或者腹部划出若干圆线用于固定刻画空间，而后用铁笔在葫芦上直接勾勒线条，只见其手中的铁笔运用自如，游刃有余，或疏或密。艺人们用笔下刀时紧时慢，时疾时徐，线条轻则如游丝，隐约含蓄，重则如高山坠石，触目心惊。或片、或刻、或镂，手法多变，运用自如，恰到好处。铁笔所到之处，人物栩栩如生，禽鸟展翅欲飞，一枝一叶雅致清丽，山山水水满目苍翠。少则半日，多则数天，一件佳作便跃然而出，真可谓铁笔走龙蛇，妙手雕神奇。

东昌葫芦是中国葫芦文化的重要组成部分，其用途广泛，可作食用、祭祀、入药、日常器具、雕刻等；其所反映内容题材在神话、民俗、工艺美术领域占有重要的位置；其寓意与仙道、宝贵、长寿、子孙繁盛等密切相关，文化内容极其丰富。[1]

木版年画（东昌府木版年画）

山东省聊城市东昌府区地处黄河之滨，是大运河养育了这方土地上勤劳质朴的儿孙。他们在打造物质文明的同时，还孕育出后世斑斓璀璨的大运河文化。特别是自明清以来，古运河成为南北交通的大动脉，聊城、临清成为漕运线上的明珠，被誉为"天都之肘腋，江北一都会"。东昌府木版年画就是运河文化精髓之一，与潍坊杨家埠木版年画并称山东两大民间画派，有"东潍西聊"的说法。东昌府木版年画分布于今聊城市东昌府区古城区内东关街、清孝街，以及堂邑镇许堤口、梁水镇大赵等城镇乡村。

东昌府木版年画的制作至今已有300多年的历史。明清时期，山西商人顺运河北上来到阳谷县张秋镇，开办了三家画店，经销年画、门神。因生意兴隆，业务发展快，这三家之一的"刘振升画店"迁往当时经济文化繁荣的

---

[1] 荀春艳：《东昌葫芦雕刻艺术的传承与发展研究》，重庆大学硕士论文2012年。

东昌府区东关街和清孝街的路口。到清末，东昌府的清孝街、铁塔寺一带有"五福祥"等作坊二十多家，其中有三个大作坊，即"羲盛恒""同顺和"和"同兴昌"。这些版画作坊，有的是农历六月，有的是农历九月、十月着手开始印刷。印刷最晚的作坊则是农历腊月初挂作坊牌子、整顿铺面、筹备货物，再开始营业。因为价廉物美，所以生意兴隆。这些画店地处大运河岸边，南来北往的船队载着各地的商贩纷纷前来订购，有的商贩根据自己当地的风俗，拿着准备好的画样找刻板艺人刻板印刷。东昌府年画近的销售到鲁南、鲁西、鲁北各县，远的可达河南、山西、河北、东北等地。民国时期，东昌府木版年画刻板印刷工艺达到鼎盛，从东昌府到山东各地，甚至山西、安徽、江西、东北三省，都有东昌府木版年画的销售市场。多少年来，它以独特的艺术魅力吸引着广大群众。东昌府木版年画是中国传统民间木版年画中最优秀的艺术作品之一。

东昌府木版年画的刻板工艺具有显著的地域特点，在全国木版年画行业独树一帜。其雕刻木版所选用的板材多为棠梨木与梨木，木质细腻、光滑，不容易变形。不仅如此，东昌府木版年画的构图简洁，人物突出，刻画夸张。刻板的时候要掌握运刀技巧，使刀迹自然生动，弧线与直线并用，转折造型用刀大胆，归纳、概括形成直角、三角形体，产生的节奏和韵味，颇具现代感。东昌府木版年画的印刷工艺方面，在明清乃至民国时期采用的是我国传统的印刷方法，即"木版水印"或"印花套板"。印制年画的用纸也非常讲究，多用传统的生宣纸，所用的圆锥形色刷，是用当地野生植物顶端的茸毛和棕捆扎而成，老艺人们把这种色刷叫作趟子。东昌府木版年画在印画时采用"双拉"技艺，这一点在全国的木版年画的印画上也是不多见的。[①]

东昌府木版年画历来只有"草版"，即只印不画，全部用木版分色套印，可用红、黄、灰、青、黑5种基本色。最多的为七色八版，整个画面五彩缤纷，装饰性强。人物面部不着色，使其形象更加突出醒目。东昌府木版年画从取材上讲，其范围非常广泛，大致分为四大类：第一类是古代神话、民间传说和历史人物；第二类是求福纳祥传统题材；第三类是反映现实生活的题材；第四类是各类戏曲的故事题材。东昌府既传承了中国传统木版年画的精髓又具有其代表地域特色的艺术特点，是中国木版年画史上的一朵奇葩。保护与发展东昌府木版年画对推动我国文化发展与繁荣将起到非常重要的作用。[②]

---

① 黄玉松：《浅析东昌府木板年画的历史发展与工艺特色》，《大众文艺》2012年第13期，第206页。
② 樊艳慧：《探寻东昌府木版年画的文化内涵》，《文物鉴定与鉴赏》2020年第20期，第58—59页。

四、传统技艺

临清贡砖烧制技艺

临清贡砖又名青砖，烧制贡砖是临清一种古老的手工技艺。古时，京城皇族"衣食住行"所需大都是从富庶的江南地区通过京杭大运河运送而来，其中"住"的主要部分，即营建北京皇城的贡砖，则大都出自临清。

临清贡砖始烧制时间是明永乐初到清末，其烧制技艺是临清当地劳动人民在生产实践中积累的独特经验。明清两代时，临清为州，后升为直隶州管辖夏津、武城、邱县、馆陶四县。官窑的分布以临清为中心，南至现河北馆陶境内，北至现山东德州武城县、夏津县，东至现临清魏湾乡（原清平县的漳卫运河及会通河两岸）。砖窑数百座分布在长约六七十里的运河沿岸。砖窑属官办，称"皇窑"，当年曾在临清设"工部营缮分司"督烧。

临清贡砖质地好，色泽适宜，形状各异，不碱不蚀，敲击有声，跨越了500余年的发展历史。北京故宫、天坛、地坛、日坛、各城门楼、钟鼓楼、文庙、国子监及各王府营建中所用的砖很多都是临清贡砖。直到清末，临清贡砖才停止烧制。

陶器烧制技艺（德州黑陶烧制技艺）

德州黑陶烧制技艺分布于山东省德州市境内，它以独特的"高温焙烧渗碳还原法"而著称于世，历史可追溯到距今四千多年前的夏朝，当时德州被称为"有鬲氏之国"。后随着青铜器的出现，黑陶的官方用途被代替，但在民间一直流传使用。德州黑陶工艺流程由选原料、成型、修坯、无釉压光、雕刻、自然阴干、装窑、烧制八个环节组成。德州黑陶为传统手工艺品，选用京杭大运河两岸特有的红胶泥为制作原料，采用压光、雕刻、焦烟渗碳等处理方法，烧制出来的陶器具有黑如漆、亮如镜、望之似金、叩之如磬等艺术特征，是民族文化的继承、创新与展示，被当今社会各届誉为"土与火的艺术，力与美的结晶"。[1]

---

[1] 杨冬梅、胡建华：《虚拟现实技术与德州黑陶文化传承创新》，《科技传播》2019年第6期，第159—160页。

德州扒鸡制作技艺

德州扒鸡发展至今已有300余年历史，其独有的制作技艺不但将扒鸡变成了一种著名小吃，同时还形成了一种饮食文化。德州扒鸡见证了德州的发展，作为第一批的中华老字号，为政府和相关研究者研究中华老字号提供了珍贵的历史依据，在中国传统饮食文化中有着十分重大的意义。

德州扒鸡作为扒鸡创始技艺，同时也是鲁菜的主要代表。后来，其在传统的技艺上进行改良，由最开始的大锅熬煮、大火煮小火焖，到后来的加热器烹饪。在包装方面，由最开始的荷叶包裹到之后的真空包装，这些都对鲁菜的饮食文化传承及发展有着重要的意义。

德州扒鸡的制作方法为先炸后炖，其成品有独具特点的外观和风味。首先，德州扒鸡原料考究。制作德州扒鸡所用的鸡为出生45—60天、光鸡重量在0.5—0.8千克左右的肉杂鸡。其次，德州扒鸡有造型独特、油亮饱满的外形特征。德州扒鸡是以整鸡为原料进行加工制作而成的，其造型的独特性源于德州扒鸡加工制作前给整鸡所做的造型——将鸡翅由喉门插进伸出嘴外，鸡腿盘入腹腔之中，呈卧体含翅状。而制作时采用的先炸后煮的复合加热法，可以赋予制品金黄油亮、光滑饱满的外观。再次，德州扒鸡具有独特的五香味型。德州扒鸡的味型为山东传统的五香味型。其汤汁在熬制时加入多种药食两用的中药材，形成其特有的五香味。五香味型是德州扒鸡的灵魂，传统的扒鸡制作坊，每家都有其独特的配方，做出的扒鸡香气醇厚，味透骨髓，入口香嫩，沁人心脾。最后，德州扒鸡的口感特点为肉质软烂脱骨。德州扒鸡口感细嫩醇厚，制成的德州扒鸡提起鸡腿一抖，肉骨即行分离，故亦谓之"脱骨扒鸡"。其软烂的口感也扩大了食客范围，可谓是老少皆宜之佳品。[①]

在清朝时，贾家的扒鸡在德州已经有了一定的名头，而此时德州扒鸡主要是以家族的方式传承，德州扒鸡的前三代传承人都是贾家的家族成员。因为家族传承对于传承人选方面有着较高的要求，所以这种传承模式有狭隘性。等到第四代传承人时，便出现了家族以外的人选。待到清朝中期，德州扒鸡的传承也开始转变成家族传承以及行业传承共存的格局。行业传承主要体现在师徒传承，传承候选人并不一定在家族内部人员中，只要是精通扒鸡

[①] 田憬若、王强：《德州扒鸡的历史发展与研究现状》，《科技视界》2019年第34期，第203—204、221页。

技艺的师傅都可以收徒。在20世纪时，由于津浦铁路的修建，德州的人流量和往来商人的数量增长十分迅速，而此时的德州扒鸡传承局面已经是遍布德州大街小巷。德州扒鸡的制作技术已经传承到了第八代，当时扒鸡行业人才济济，多家老字号店铺也相继涌现。[①]

五、传统医药

中医传统制剂方法（东阿阿胶制作技艺）

阿胶作为中国独有的传统滋补药品，因出自东阿而成名。阿胶有文字记载的历史有2000多年。最早记载阿胶的是西汉《神农本草经》。阿胶作为历代皇家进贡之物，在古代多部医书和唐宋诗词中都有记载。阿胶与人参、鹿茸齐名。阿胶的独特之处在于，其主要原料是驴皮，而产生奇效的原因在于其独特的炼制工艺和东阿的地下水。20世纪80年代，山东地质考察队研究表明，东阿地下水发源于泰山和太行山两山山脉的地下潜流，大雨落下来，渗透进泰山、太行山的石缝，且两相交汇，成了地下河。此水经地下岩石与沙砾，溶入了钙、钾、镁、锶等稀有元素，故"清而重"。

制作阿胶的另一种基本原料是驴皮。首先，在熬制过程中，杂质上浮，炼制的成品东阿阿胶质地纯粹，胶香浓郁。其次，东阿地下水中的大量矿物质与驴皮协同作用，可助药性发散，提升阿胶疗效。阴阳互根、水火互济，东阿地下水与驴皮可谓"天造地设"的一对。东阿阿胶的前身是始建于清嘉庆五年（1800）的同兴堂。古法工艺仍沿用同兴堂创始人创造的炼胶工艺，至今已传到第八代。

东阿阿胶始终把科技创新作为保证品质的核心手段，率先在行业采用清洁化驴皮前处理工艺、现代浓缩新技术，发明了阿胶杀菌干燥机。不仅如此，东阿阿胶还采用现代技术进行工艺固化，确保每一批产品都具备了最佳品质。[②]

[①] 姚常珠：《关于德州扒鸡文化的传承和保护研究》，《中国集体经济》2020年第15期，第142—143页。
[②] 秦玉峰：《东阿阿胶独特之处》，《中医健康养生》2015年第9期，第22—23页。

CHAPTER 03

— ■ 第三章 ■ —

运河江苏段

大运河江苏段全长约690公里，江苏60%的人口沿运河而居。大运河记录着千年岁月里漕运的辉煌，也见证着这个运河大省的发展变迁。江苏作为孕育大运河的摇篮，被运河滋润的历史最久。在长期的历史积淀中，其特定的地理、人文环境孕育了各类大放异彩的文化瑰宝。京杭大运河江苏段主要包括苏州、无锡、常州、镇江、扬州、淮安、宿迁、徐州等城市。从楚风汉韵的苏北到吴侬软语的苏南，是运河遗产资源最密集的省份。

第一节　大运河苏州段的非物质文化遗产

大运河苏州段，北起苏州与无锡交界的望亭镇五七桥，南至江浙交界处的吴江鸭子坝，全长82.35公里，是江南运河中重要的一段，其文化遗产十分丰富，且有鲜明的地方特点。大运河苏州段的非物质文化遗产主要有制扇技艺、剧装戏具制作技艺、宋锦织造技艺、苏州缂丝织造技艺、香山帮传统建筑营造技艺、苏州御窑金砖制作技艺、明式家具制作技艺、桃花坞木版年画、苏绣、苏州评弹、苏剧、昆曲、苏州玄妙观道教音乐、吴歌、雷允上六神丸制作技艺、苏州泥塑、苏州灯彩、苏州玉雕、苏州民族乐器制作技艺、光福核雕、苏州书画装裱修复技艺、苏州轧神仙庙会、吴地宝卷、圣堂庙会、绿茶制作技艺（碧螺春制作技艺）、苏派盆景技艺、国画颜料制作技艺（姜思序堂国画颜料制作技艺）等，无不展现出其深厚的文化底蕴和宝贵的艺术价值（见表3.1）。

表3.1　京杭大运河苏州段非物质文化遗产

序号	编号	名称	类别	公布时间
1	I-22	吴歌	民间文学	2006年
2	II-68	苏州玄妙观道教音乐	传统音乐	2006年
3	IV-1	昆曲	传统戏剧	2006年
4	IV-55	苏剧	传统戏剧	2006年
5	V-1	苏州评弹（苏州评话、苏州弹词）	曲艺	2006年
6	VII-3	桃花坞木版年画	传统美术	2006年
7	VII-18	苏绣	传统美术	2006年

续表

序号	编号	名称	类别	公布时间
8	VII-47	泥塑（苏州泥塑）	传统美术	2008年
9	VII-50	灯彩（苏州灯彩）	传统美术	2008年
10	VII-57	玉雕（苏州玉雕）	传统美术	2008年
11	VII-59	核雕（光福核雕）	传统美术	2008年
12	VII-94	盆景技艺（苏派盆景技艺）	传统美术	2011年
13	VIII-14	宋锦织造技艺	传统技艺	2006年
14	VIII-15	苏州缂丝织造技艺	传统技艺	2006年
15	VIII-27	香山帮传统建筑营造技艺	传统技艺	2006年
16	VIII-32	苏州御窑金砖制作技艺	传统技艺	2006年
17	VIII-45	明式家具制作技艺	传统技艺	2006年
18	VIII-81	制扇技艺	传统技艺	2006年
19	VIII-82	剧装戏具制作技艺	传统技艺	2006年
20	VIII-124	民族乐器制作技艺（苏州民族乐器制作技艺）	传统技艺	2008年
21	VIII-136	装裱修复技艺（苏州书画装裱修复技艺）	传统技艺	2011年
22	VIII-148	绿茶制作技艺（碧螺春制作技艺）	传统技艺	2011年
23	VIII-198	国画颜料制作技艺（姜思序堂国画颜料制作技艺）	传统技艺	2011年
24	IX-4	中医传统制剂方法（雷允上六神丸制作技艺）	传统医药	2008年
25	X-84	庙会（苏州轧神仙庙会）	民俗	2014年

一、民间文学

吴 歌

吴歌是传唱于"自江以南，自浙以西"一带的民歌民谣。吴歌最早的文献记载见于屈原的《楚辞·招魂》"吴歈蔡讴，奏大吕些"，东汉王逸注曰："吴、蔡，国名也；歈、讴，皆歌也。"可见，那时的吴歌被称为"吴歈"，"吴歈"即吴歌。

吴歌虽然曾经有过与唐诗、宋词、元曲并列文学之林的辉煌，却与它们"阳春白雪"的风格截然不同，吴歌是"下层劳动人民为了表达自己的思想、感情、意志、要求和愿望而集体创作的一种代代相传的口头文学艺术样式"。关于苏州吴歌的题材，可以分为生产劳作、社会世情、时俗风物、爱情婚姻和长篇叙事山歌，而稻作、舟楫、吴语和民俗则构成了苏州吴歌的典型文化元素。①

吴歌孕育于江南"鱼米之乡"古老的农耕文明和丰富多彩的民俗活动之中，"唱农村插秧、耘田、车水……码头搬运、叫卖小贩，城乡多种劳动；唱劳动苦情、劳动情景、劳动乐趣，多样的劳动生活"。这彰显出浓郁的农耕民俗、节日民俗和人生礼俗等文化风情，成为江南民俗记忆的"活化石"。②

二、传统音乐

苏州玄妙观道教音乐

苏州玄妙观始建于西晋咸宁二年（276），距今已有1700多年的历史，是江南重要的道教宫观之一。苏州道教在唐宋时期已经初具规模，到目前，苏州地区的道教主要是正一道，以玄妙观为代表，观内道士具备念、吹、弹、打、写等做法事的基本技能。

中国道教音乐与道教的斋醮科仪相应而生，到唐宋时期日趋完善。中国道教各大名山和历史著名宫观，都随着历史的发展和地域的不同，形成了不同特色的道教音乐，并培养出一些颇具风格的民族器乐家。苏州玄妙观的道士们，不论是在早朝、午朝、晚朝、表朝、开坛、解坛、散坛等法事活动里，或在超度、祈祷的斋醮科仪中，都有独唱、吟唱、齐唱、鼓乐、吹打乐和器乐合奏等多种音乐形式。这些音乐形式在法事中不断变换并灵活地组合，恰到好处地表现出召神、遣将等声势磅礴的场面，镇压邪魔时剑拔弩张的威风，以及百姓盼望风调雨顺、求福祈愿的心情，体现出道教清静无为、仙境缥缈的意境。

苏州玄妙观在历史上不断汲取了民间曲牌特点，并将其应用于道教礼仪中，创造了具有独特风格的吹打道乐。苏州玄妙观道教音乐善于使用二胡、

---

① 王松：《苏州吴歌的保护与传承研究》，苏州科技大学硕士论文2015年。
② 倪淑萍：《唯乐不可以为伪——江南吴歌探微》，《四川戏剧》2021年第9期，第112—115页。

笛子、箫、笙、长尖、大鼓、双青、云锣、大锣、小锣、钹、三弦、琵琶、古提琴等民间乐器，可演奏一百多种曲牌。①

三、传统戏剧

昆 曲

　　昆曲源自元朝末年苏州昆山地区的昆山腔。在明朝嘉靖、隆庆年间，经过昆山戏曲音乐家魏良辅等人的悉心改革，除保留原先"流丽悠远、殊为可听"的特点之外，又借鉴了北曲曲调的长处，再配以伴奏乐器笙、管、笛、琵，获得了士大夫和广大市民的喜爱，尤其是梁辰鱼创作《浣纱记》传奇予以配合以后，昆曲的舞台演出日益兴盛。由于昆曲在剧目创作上继承并发扬了民族文化的优良传统，使其在艺术体系上日臻完善。发达的市民经济、良好的戏曲发展环境、政府和上层社会的功利与喜好，为昆曲的发展提供了制度保障。于是，从明朝中叶开始，凭借自身独特的艺术价值和上层社会的崇尚追捧，昆曲以苏州为发展中心，通过大运河这个载体，迅速传播到南北各地，在中国剧坛盛行200年之久。

　　自昆曲诞生以来至明朝万历年间，已形成"四方歌者皆吴门"的局面，并牢牢占据了北方新开辟的戏曲演出市场，在北京形成了刚健、豪放的"北昆"表演艺术流派，与江南苏州、昆山一带的"南昆"表演艺术流派形成了鲜明的对比，这便是昆曲艺术发展历史上著名的"南北分野"现象。大运河文化变迁对昆曲艺术传播的影响是至关重要的，昆曲艺术经过大运河的融合变得更加富有内涵，同时昆区艺术又进一步吸收了其他声腔的表演艺术特点，逐渐成为影响全国的戏曲剧种。

　　贯通北京与江浙的京杭大运河使得政治中心与江南经济中心得以互动，使沿线城市的经济繁荣发展，也推动了昆曲演剧人员分类与细化的进程。就社会属性而言，昆曲演剧人才大体可以分为三类，即宫廷昆班、职业昆班、家庭昆班，他们对昆曲演剧艺术的创作是相互补充、相互丰富的。如以家族成员为基础所组成的昆曲演剧班底，可以称之为家班；但若以职业演出为主要目的，则从演出属性来说应该属于职业昆班。京杭大运河戏曲演出鼎盛之

---

① 黄常伦：《苏州玄妙观道友继承发扬的道教音乐》，《中国道教》1988年第3期，第11—12页。

际，这些家班沿着大运河北上，成为宫廷演剧事业中不可或缺的部分，同时具备了宫廷昆班的属性。因此，大运河文化的变迁促使了昆曲演剧人员分类的细化与交叉，推动了"南北昆曲"的进一步繁荣。①

苏　剧

苏剧，作为苏州的地方戏，是20世纪40年代初形成的一个新兴剧种。苏剧的前身，即苏滩，原名对白南词，由南词、昆曲、花鼓滩簧合流而成，是一种围坐清唱的曲艺形式。表演时，五至七人围坐一桌，分别担任生、旦、净、丑等角色。清康熙、乾隆年间，南词与滩簧合流形成苏州滩簧。从清朝中叶时起，至20世纪30年代苏滩日渐盛行。苏滩分前滩和后滩两大类，前滩几乎全部改编自昆剧，剧本结构大体不变，对白基本依旧，唱词则由长短句改为七字句，将昆曲深奥的唱词通俗化；后滩大多采自花鼓滩簧。苏滩曲目丰富，曲调幽静柔和，唱腔婉转动听，具有强烈的江南地方色彩。②

苏剧的音乐唱腔主要有三个来源，一是昆曲曲牌，二是南词，三是滩簧曲调。因深受昆曲的影响，苏剧的音乐风格婉转清丽，细腻动人，同时保留苏滩通俗流畅的风韵。其伴奏以二胡为主，兼用江南丝竹。常用的传统曲调有太平调、弦索调、费家调、柴调、迷魂调、银绞丝、流水板等数十种。

苏剧的角色行当与昆曲基本相同，现有老外、老生、副末、冠生、巾生、雉尾生、穷生、老旦、正旦、作旦、四旦、五旦、六旦、净、副、丑等行当，演员往往一人兼几行。苏剧的表演亦充分借鉴了昆曲的经验，婉丽多姿，细致传神。

作为苏剧基础和灵魂的苏州滩簧历史悠久，传统深厚，资源丰富。近年来，流行文化和现代艺术对苏剧冲击很大，导致观众锐减，剧团生存艰难，抢救、保护这一重要的地方剧种迫在眉睫。③

---

① 陆德洛：《论昆曲在江苏的传播与保护传承》，《剧影月报》2021年第2期，第97—98页。
② 丁国蓉：《略论苏剧的遗产价值》，《艺术评鉴》2019年第2期，第130—133页。
③ 黄敏捷：《苏剧音乐唱腔的地域特色》，《美与时代：美学（下）》2016年第9期，第86—88页。

四、曲艺

苏州评弹（苏州评话、苏州弹词）

　　苏州评弹是苏州评话和苏州弹词的合称，俗称"说书"，评话为"大书"，弹词为"小书"。评话通常一人登台开讲，内容多为金戈铁马的历史演义和叱咤风云的侠义豪杰；弹词一般两人说唱，上手持三弦，下手抱琵琶，自弹自唱，内容多为儿女情长的传奇小说和民间故事。评话和弹词均以说表细腻见长，吴侬软语娓娓动听，演出中常穿插一些笑料，妙趣横生。弹词用吴音演唱，抑扬顿挫，轻清柔缓，弦琶琮铮，十分悦耳。经过长期的发展和积累，苏州评弹在艺术内容和表现手法上都获得了良好的价值提升，有效地提高了其艺术文化对民间生活的丰富度。不仅如此，苏州评弹也对历史知识进行了一定的传承和普及，提高了不同阶段的人民大众对于各种历史知识的探索兴趣。同时，苏州评弹对于各种英雄人物的塑造，使得人民大众的精神信仰得到了一定的提升，提高了人民的精神层面的丰富性。苏州评弹也是民间艺术发展的智慧结晶，彰显了民间艺术发展的生命力，具备鲜明的中国传统文化特色。

　　苏州弹词在发展的过程中形成了不同的派系风格，出现了较多的文化表现形式和手法。这主要是因为地区群众的兴趣偏好不同，导致了在进行艺术发展的过程中，以地区群众的喜好特点为背景的苏州评弹风格不断突出差异化的特点。书词中的散文部分，用"说"来表现；叙述和描写故事中人物的行为、思想和活动环境，称为"表"；人物语言叫作"白"；书词中以七字句为主的韵文，用三弦、琵琶自弹自唱，相互伴奏，称作"唱"和"弹"；在故事中穿插喜剧因素，称作"噱"。苏州弹词发展后期的一大特点就是展示说和唱的结合方式，同时配合表演过程中的各种乐器的配合衬托，以此打造出苏州弹词的表演氛围，调动听众的兴趣。说唱表演以更加宽广的艺术表现形式和感染力，实现了在表演形式和内心情感表达上的可塑性提升，使得人物剧情的打造具备更加良好的观赏性。在发展的过程中，苏州弹词还借鉴和融合了京剧和昆曲中的部分表达形式，通过不同的噪音变化，实现对于既定表达内容的表达效果升级，使趣味性、技巧性得到了充分的发展和提升。[①]

五、传统美术

桃花坞木版年画

苏州桃花坞木版年画是苏州地区传统民间艺术的代表之一。桃花坞木版年画的制作过程，就是艺人们赋予整张年画审美价值的过程。从画稿来讲，吉祥喜庆、驱鬼辟邪，或是时事民俗的主题，反映出吴地清丽温雅的艺术风格。其构图丰满而不壅塞，稳重而不板平，具有浓厚的装饰趣味；人物造型欢乐而安详，生动而稳定；线条挺秀而轻柔、简练而明快，富有节奏感；色彩鲜艳活泼、对比强烈、浓淡适宜，演绎着吴地人民的生活百态。

桃花坞木版年画的刻板体现出"细"的风格。吴地人民的细致不同于北方人的大开大合，这从刻板上就能清晰地体现出来。刻板用的"拳刀"虽然听上去是"刀"，但主要依赖于那细小刀尖上的功夫。"针剃""挑"这些技法听上去就让人觉得必须谨小慎微。而且，很多年画艺人能将木版的天然纹理把握得恰到好处，以游刃有余的刀工完成一块块刻板。[②]

苏州桃花坞木版年画的发展历史脉络清晰。元、明两代是苏州桃花坞木版年画的发展前期，之后，其逐渐成长为地区性民间艺术样式。这一时期，苏州一带先后有赵孟頫、唐伯虎和董其昌等一大批文人在此生活，他们以诗文、字画名动全国。此时的桃花坞木版年画也受到这些文人的影响，构图巧妙、风格典雅、层次分明的桃花坞木版年画发展成为江南年画的主要代表。

清朝雍正至乾隆年间，桃花坞木版年画达到历史上的鼎盛时期。此时的桃花坞木版年画已形成有别于北方地区同类年画的自身特点，它的刻工、色彩和造型，都极力追求富有江南地区民间艺术风格的精细、秀雅，民间称之为"姑苏版"。清晚期市民阶层的审美情趣虽然仍是苏州桃花坞木版年画的主要基调，但已呈现出日渐衰落的势头，其作品在风格上缺少了先前的古雅之风，技法上日渐粗疏。

民国初年，由于更先进的印刷术的引入，苏州桃花坞木版年画失去了城

---

① 张立梦：《新时代苏州评弹的传承与发展》，《剧影月报》2020年第5期，第42—43页。
② 杜煜皓：《苏州桃花坞木版年画制作工艺及传承发展》，《文化月刊》2019年第8期，第64—65页。

市市场，转而面向农村地区。为了迎合市场，早年"雅""洋"的特点已荡然无存，虽然贴近民俗，却依然少有人问津。

中华人民共和国成立后，苏州桃花坞木版年画受到了国家有关部门的重视，20世纪50年代，当时仅存的三家年画铺合并组成合作小组，开展年画合作化生产和销售。①

苏 绣

苏绣是苏州地区流行的极负盛名的手工技艺，也是苏州的城市名片之一。明代王鏊在《姑苏志》中描述"精、细、雅、洁，称苏州绣"，自此"苏绣"之名开始不胫而走，并在清代达到极盛。苏绣的构图清幽雅致、工艺卓绝、色彩和谐、寓意吉祥，体现了江南地区民众的审美情趣。在清代，苏州就已经成为远近闻名的"绣市"，不仅宫廷内有常驻苏州的买办机构，民间老百姓对苏绣也是爱不释手。

苏绣位列四大名绣之首，是享誉东方的一颗明珠。苏绣历史悠久，起源于有"人间天堂"之称的苏州，其发展和吴地先民有着密不可分的联系。《史记·吴太伯世家》《事物纪原》中均有记载，吴地先民有着"断发、文身"的习俗，这一习俗往后推演，逐渐变成画服，直至绣服，最后便形成了我们现在熟知的苏绣。

苏绣最早出现于汉代《说苑》中，书中描述了当地丝织品行业的繁盛，写到"有绣衣而豹裘者"。六朝时，南朝梁武帝提倡佛教和刺绣，宫廷中有罗绮、刺绣匠师等500多人。到唐宋时期，苏绣得到了较大的发展，其运用不仅仅局限于生活起居，甚至延伸到书画方面，出现了"画绣"这一新的形式，即将书画作品用刺绣的方式展现出来。画家提供稿件，艺人将稿件制作成刺绣，这种画绣蔚然成风。为了使画面效果更加逼真传神，刺绣的技巧在很大程度上经过了调整改进，这也推动了平绣针法和设色处理技巧的发展。当时的苏绣风靡一时，就连苏州城内街巷的命名很多也和苏绣有关。这一时期的刺绣开始分为两大流派，一派是由绣制佛像转化为模仿名人书画的画绣；另外一派是以日用品为主题的刺绣作品。

随着时间的推移，苏绣发展到了元代，此时绣局和罗局已经在全国范围内推广，刺绣的发展也逐渐贴合艺术化的审美和功用。由于此时的王公贵族

---

① 张律：《浅谈传统民间艺术的生存和再发展——以苏州桃花坞木版年画为例》，《美术教育研究》2019年第11期，第32—33页。

推崇藏传佛教，因此，佛像的绣制日趋精美。到明清时期，苏州出现了"家家养蚕、户户刺绣"的盛况，刺绣成为苏州女性广泛从事的行业。随着行业逐步发展，商品经济逐步发达，形成了"绣市"。随着绣市的不断拓展，苏绣的贸易逐步延伸至海外。苏绣不仅在国内广受消费者的喜爱，还受到了国外人士的青睐。

发展到民国时期，由于受到西方油画的影响，苏绣创立了"乱针绣"，其原理是借鉴油画层层叠叠堆砌的立体效果，利用多层的短线交叉叠加，使作品更有层次，效果更加逼真，画面更加柔和。后期由于政府格外注重保护和推广传统工艺，苏绣也因此得到了进一步的发展。[1]

泥塑（苏州泥塑）

魏晋南北朝至隋唐时期，以苏州为中心的江南地区佛教盛行，寺庙遍布各地，苏州泥塑佛像制作行业得以兴起和发展，但并未见确属的传世遗存。

宋代市井文化发达，城市商业繁荣，供人把玩和观赏的小型泥塑广泛流行，出现了"磨喝乐""黄胖"等与岁时节令、吉祥寓意相联系的经典泥玩形象，以及专门从事泥塑制作、销售的民间艺人。宋代苏州的泥塑佛像、小型泥玩均达到相当高的艺术水平。苏州瑞光寺塔发现的两尊宋代初期彩绘描金泥质观音立像、苏州东山紫金庵大殿左右两壁的十六尊罗汉像，皆为江南佛教泥塑艺术的代表作。宋代时期，苏州泥玩具制作兴盛，工艺精巧，有"摩睺罗惟苏州者极巧，为天下第一"的赞誉，涌现出袁遇昌、包成祖等泥塑高手。明洪武《苏州府志》记载：

> 袁遇昌，吴之木渎镇人，以像塑婴儿，名扬四方。每用泥抟埴一对，约高六七寸者，价值三数十缗，非预为钱以定，则经年不可得。盖其齿唇眉发与夫衣襦襞积，势似活动，至于脑颥，按之胁胁。

明清时期，苏州泥塑进入鼎盛时期，虎丘、山塘一带形成"耍货"（玩具）制作与交易市场，制售泥人者皆聚集于此，泥塑品种也得到较大发展。明清时期苏州昆剧的兴盛，更加拓展了苏州泥塑丰富的题材空间，出现了以手捏为主、表现戏曲故事情节、两人或三人为一座的戏文泥人。清末民初

---

[1] 陆秋澄：《浅析苏绣的传承与创新》，《文化产业》2021年第32期，第20—22页。

时，苏州泥玩业逐渐衰落，虎丘、山塘泥人店仅留老荣兴、老荣泰、金和城、汪春记四家，城中玄妙观也仅有吴记、周记等两家。至20世纪30年代，这些店铺已撑持不下，全部歇业。

苏州泥塑历经2000余年的传承与发展，形成了种类丰富、特色鲜明的艺术形态。根据功能用途、造型特征和规格尺寸的不同，可将其分为大型泥塑和泥塑小品两大类型，包括形神兼备、细腻传神的神佛塑像，惟妙惟肖、栩栩如生的捏相，品种繁多、各具特色的虎丘耍货，精巧细致、形象逼真的戏文泥人，等等。[1]

灯彩（苏州灯彩）

中华灯彩应该说是以长江流域为源、以苏州为宗的灯彩，史称"苏灯"。"苏灯"始于南北朝，盛于唐宋，在宋代，苏州灯景之盛不逊于汴京。宋《乾淳岁时记》称："灯品之多，苏福为冠，新安晚出，精妙绝伦。"又称："禁中元夕张灯，以苏灯为最。圈片大者径三四尺，皆五色琉璃所成，山水人物，花竹翎毛，种种奇妙，俨然着色便面也。"足见当时苏州灯彩制作技艺的高超水平，已然成为全国各地灯彩业中的佼佼者。宋代时期，中国灯彩分为四大流派——"苏""福""粤""京"，苏灯列于四大流派首位。

苏州灯彩之盛前所未有，从黄鹂坊桥开始，经吴趋坊、西中市、阊门、南濠至山塘一带蜿蜒十里，街两侧放置着各种彩灯供人观赏、购买。这一带既是灯会，又是历代上元盛会之地，白天为市，晚上放灯。灯市开市之日，商贾云集，达官贵人、乡绅农夫、文人雅士穿梭其中，官宦豪门还租用街楼搭起氍毹帘幕，作为眷属们观灯的场所。

灯有"龙灯""马灯""狮子灯""莲花灯""明角灯""宫灯""谜灯"等，巧丽精致，争奇斗艳，引人入胜。由于灯彩兴旺，还带来了相关的灯文化活动，有灯市、灯社、灯谜、灯游、灯宴、竞灯等。明代的江南才子唐伯虎赞美当时的苏州元宵灯会称：

> 有灯无月不娱人，有月无灯不算春。
> 春到人间人似玉，灯烧月下月如银。

---

[1] 慈玥剑：《苏州泥塑的艺术特色与历史发展》，苏州大学硕士论文2019年。

晚清诗人蔡立清作诗：

> 龙灯兴过马灯来，还托襄实搭彩棚。
> 中市前头濠上路，火为城腹锦为城。

苏州灯品众多，《姑苏志》记载的就有荷花灯、栀子灯、葡萄灯、鹿犬灯、走马灯、栅子灯、夹纱灯、琉璃灯等，制灯店铺主要集中在吴趋坊、皋桥和阊门南浩街一带，另外城中宫巷也有不少店铺制灯、售灯。①

苏州灯彩以造型优美、结构精巧、色泽秀丽、剪绘有法、装饰华丽、玲珑剔透而博得世人的称誉，历代都以张挂苏灯引以为荣，足以证明苏州灯彩在中国灯彩中占有举足轻重的地位。

玉雕（苏州玉雕）

苏州地区是中国玉器的重要发源地，在马家浜文化遗址中就发现了相当数量的玉器。苏州玉雕历史悠久，距今已有7000多年的历史。苏州玉雕鲜明的中华民族文化传统特征，体现出中华文明深远的历史文化底蕴。苏州玉雕的历史传承价值可以弥补官方历史典籍的不足、遗漏或讳饰，有助于人们更真实、更全面地去认识历史文化的本来面目。

苏州古代玉雕因为功用不同而分为礼乐器、仪仗器、丧葬器、佩饰等多个类别。在这些类别中作为礼器的玉器品种变化不大，其他几类都随时代变迁而发生了不同的变化，这反映了人们对当时自然与社会文化的认识。而现代玉器主要是一种继承传统的艺术形式，主要用于首饰、赏玩与收藏。玉雕行业有句行话是"玉必有工、工必有意、意必吉祥"，其造型图案各式各样，但大多是反映当时人们对客观现象的认识，是对当时文化与生活的一种反映。上古时期，人们的科学技术知识极其有限，对许多自然现象产生恐惧，继而顶礼膜拜，因此，人们创造了许多图腾图案用于祭祀祷告。各个时代的生产发展水平不同，表现出来的玉石文化也各不相同，如商周的威仪与神秘、秦汉的质朴与雄健、隋唐的丰满与富丽、宋元的秀丽与典雅、明清的纤细与精巧，莫不令人惊叹。苏州玉雕内含的历史文化价值，使其能够长期传承并保持繁荣，就像"长流不息的水，而不是凝固的冰，即使它一时结成

---

① 汪莉秋：《苏州灯彩历史发展研究》，《苏州工艺美术职业技术学院学报》2019年第2期，第78—83页。

了冰，也总有解冻的时候"。[1]

核雕（光福核雕）

核雕是在核桃壳及各式果核上进行雕镂的一种传统民间工艺，长期以来一直流行于中国南北各地。早在新石器时代，中国的雕镂技艺即已取得了不小的成就，核雕便是这项技艺的进一步发展。

光福核雕是一种以果核为材料的传统雕镂艺术，主要流行于江苏省苏州地区，苏州市光福镇和香山街道舟山村为发源地。在苏州舟山村，几乎每家门墙上都挂有"核雕""核雕工作室"字样的招牌，全村80%以上的家庭靠核雕谋生，村民不论老少几乎都能摆弄几下核雕。明清时期，苏州核雕达到很高的艺术水准。光福核雕主要以质地坚硬但细腻的广东乌杭橄榄核为材料，外形基本保持果核原形，有珠串式、坠件式和摆件式等主要样式，题材内容涉及神仙人物、民间故事、民俗生活、山水园林等。光福核雕工艺精巧细腻，线条明晰，立体感强，形象刻画生动传神，体现着苏州雕刻"精、细、奇、巧"的技艺传统。在经历了长时间的衰落后，自改革开放以来，核雕技艺在苏州又有复苏的趋势，出现了一些优秀的艺人，但其中年轻人不多，技艺高超者更少，政府和有关部门亟须加强保护和扶持力度，促进光福核雕的振兴和发展。

盆景技艺（苏派盆景技艺）

苏派盆景技艺主要分布于江苏省苏州市及其周边地区，有着独特的造型结构和艺术风格，是中国盆景的主要流派之一。

相传苏派盆景技艺起源于唐代，兴盛于明代，成熟于清代。苏派盆景技艺是通过艺术加工与精心培养，逐渐形成清秀古雅的独特风格。苏派盆景技艺的主要素材是树木材料、盆钵、棕丝或铝丝等，主要工具为剪刀、木锯等。苏派盆景的树种多以乡土树种为主，"六台三托一顶"是其传统造型，技术核心是"粗扎细剪，剪扎并用""以剪为主，以扎为辅"。

目前，随着社会的发展，创作周期长、创作素材稀缺、传承困难、后继乏人等诸多因素制约了苏派盆景的传承与弘扬，需要政府和有关部门对其采取保护措施。

---

[1] 张清雷：《浅析玉雕苏工的雕琢特点》，《艺术科技》2016年第9期，第172页。

苏州作为中国传统盆景的主要产地之一，其盆景发轫极早，晋唐以前已显端倪，如东吴时期，吴大帝孙权得贡橘一盆，一蒂十七果，群臣贺之。至晋唐时期，莳养植物和赏玩山石已成士人风尚，这为以后苏州盆景的发展奠定了基础。到宋元时期，苏州盆景已趋成熟。明代的苏州盆景受画派影响，多以画理构思、剪裁，对布局、蟠扎、配石等已有一定的研究，除此之外，还注重景、盆、架的搭配。而清代盆景在明代的基础上又有进一步的发展。纵观历史，北宋以后的苏州盆景主要产于虎丘、山塘一带，且盆景类型众多，有树木、山水、树石、微型盆景等形式。尤其是明清时期，由于文人的参与和工匠的文人化，使得盆景达到了当时的最高水平。盆景是文人娴雅生活的一部分，对盆景的莳养、赏玩逐渐成为一种社会时尚，盆景也趋向市场化、商品化，形成了一定的产业，并产生了深远影响。

当代的苏派盆景作为中国盆景的五大流派之一，先后出现过周瘦鹃、朱子安等"中国盆景艺术大师"。然而随着苏州社会经济的高速发展，尤其是在旧城改造的过程中，部分传统工艺正在迅速消亡。如今，20世纪80年代家家户户在阳台上莳养盆景花木的景象早已不复存在，而对苏派盆景的一些造型技法（如传统的棕丝攀扎法等）娴熟者更是寥寥，再过一代人，一些技法甚至有可能消亡。

目前我国许多地方已把盆景作为花卉产业的重要组成部分，有的地区盆景已发展成相对独立的产业，成为当地的经济支柱。苏派盆景讲究结构和谐，能够很好地诠释苏式生活，是苏州不可多得的精神文化产物。在由物质消费转向文化消费的大背景下，苏派盆景无疑是苏州一张亮丽的名片，但是，由于生活方式、空间的改变，苏派盆景的发展确实也面临着诸多问题，需要得到政府的重视和扶持。[①]

六、传统技艺

宋锦织造技艺

宋锦是我国的三大名锦之一，至今仍焕发着独特魅力。苏州宋锦以图案

[①] 卜复鸣、胡建新：《苏派盆景技艺生产性保护策略研究》，《安徽农业科学》2015年第12期，第179—181页。

精致、色泽华丽、气质高雅为特色，独具传统韵味。它是在历史、政治、经济的共同影响下而造就的具有富丽典雅美学特色的织锦。

宋锦的生产工序复杂繁多，从缫丝、染色到成品，需要经过20多道工序。宋锦的织造技艺在继承唐代蜀锦织造技艺的基础上有所突破和创新，在组织结构上，应用经纬三枚斜纹，经纬线同时显花；在工艺技术上，经向应用接结经线，纬向应用抛道换色。

宋锦在继承唐代纬锦多重色纬显花的基础上，发展了抛道分段换色工艺，通过不断改变色线，使纬线色彩种数远超纬线重数，并跨越花纹循环的艺术效果。这是宋锦织造技艺的一大进步，这种技术既可以降低生产成本，又不增加织物的厚重之感，还使色彩更加丰富，甚至可以达到整匹面料流光溢彩的视觉效果。①

宋锦织造技艺制作精细讲究，融于道道工序中的是深厚的文化底蕴。经过历史的发展演变，其不仅仅只是一项技艺，更承载着中华民族悠久的历史。

苏州缂丝织造技艺

缂丝是我国古老的传统手工技艺，南宋时期达到鼎盛，至今已有1000多年历史。苏州缂丝在明代就已闻名于世，到清末，苏州成了全国仅有的保留这一工艺的地方。

宋徽宗赵佶曾亲手在一幅《碧桃蝶雀图》缂丝上题诗，盛赞缂丝的精美。

雀踏花枝出素纨，曾闻人说刻丝难。
要知应是宣和物，莫作寻常黹绣看。

在古代，缂丝多用于龙袍及官服制作和名人书画纺织等，因其做工精美、艳丽灵动，且费工费时，自古便有"一寸缂丝一寸金"的美誉。缂丝以本色的生、熟丝作经线，以彩色丝线作纬线，织造时采用"通经断纬"的方法，即经线贯通整个织物，再根据图案的轮廓，纬线局部回纬，分块织出图案的色彩，因此，每个图案边缘都有小的缝隙，犹如刀刻，故缂丝又称"刻丝"。②

苏州缂丝高雅细腻、精美富丽，凝结着诸多艺术元素，并与苏绣、宋锦

---

① 沈之娴：《苏州宋锦的前世与今生》，《中国艺术报》2015年7月3日。
② 何帆：《非物质文化遗产——苏州缂丝织造技艺》，《江苏纺织》2014年第9期，第31—32页。

等艺术相互借鉴启迪，蕴含着深厚的吴地文化元素。缂丝本是北方工艺，苏州并非缂丝的发源地，但苏州却成为缂丝的成熟地、发展地。

缂丝传到苏州是在宋室南迁时，当时有很多北方的能工巧匠来到了苏州。而吴中盛产丝绸，其丝有纤维长、强度高、弹性好等特点，是成就缂丝艺术的最佳材料。于是，优良的技艺与上佳的材料一拍即合，宋代缂丝比唐代缂丝更加精湛，尤以大幅的缂丝画为特色，其品格高雅，富贵气质十足，大多为宫廷所收藏。

到了元代，缂丝艺术一反南宋细腻柔美之风，呈现出简练豪放、古拙苍劲和浑朴写实的特点，而对华贵金色的偏爱使织物内加金线的做法引领一代风尚，独具时代特色。元代盛行制作与佛教和祝寿有关的缂丝挂轴。

明代缂丝制作只有苏州和北京两地，其中又以苏州最有名，苏州吴县张花村被称为缂丝村。《丝绣笔记》载明代王锜《寓园杂记》中写道：

> 吴中自号繁华……凡上贡锦衣、文具、花果、珍羞奇异之物，岁由所益。若缂丝累漆之属，自浙宋以来，其艺久废，今皆精妙，人性愈巧而物产愈多。

清代，苏州缂丝行业从城郊的陆墓、蠡口扩展到光福、东渚一带，苏州也成为全国的缂丝中心，江南织造局发办的缂丝活计均由南京派员前来苏州督办，做好后为皇室征用。清代缂丝新创了"缂绣混色法"，即将缂丝、刺绣和彩绘三者结合，以加强织物的装饰效果，丰富和提高缂丝作品的艺术表现力。《缂丝加绣九阳消寒图轴》就是典型的以"缂绣混色法"织制的艺术珍品。

清代以后，苏州缂丝行业趋向衰落，从业人数锐减，全国也仅苏州一地保存了此项工艺。民国以后，缂丝织品市场日益缩小，缂丝仿制技艺也一度失传，直到20世纪50年代，缂丝技艺才得以在苏州恢复和发展。[①]

香山帮传统建筑营造技艺

香山帮传统建筑营造技艺蕴含了丰富的文化要素。古人重视社会风俗和仪式，讲究礼仪，认为礼仪可以匡正社会秩序，引导人们的行为规范。这种

---

① 孙迎庆：《皇家大工匠：苏州缂丝织造技艺》，《中华文化画报》2012年第3期，第24—29页。

思想在历史发展中慢慢融入人们的生活，或者说是人们的生活在不知不觉中流露出当地的民风。古人认为置地安家是人一生中的头等大事，会有许多的禁忌、仪式、规矩等，如建造房屋除了请风水师前来相地选址外，在备料、择日、动工、上梁、落成、乔迁过程中都有大量的仪式规矩，这些仪式规矩环环相扣，丰富了当地的地域文化色彩，成为香山帮建筑技艺文化的重要组成部分。[①]

苏州的香山位于太湖之滨，距今有2500多年的历史，是吴文化的发祥地之一。香山帮是一个以苏州市吴中区胥口镇为地理中心，以木匠领衔，集泥水匠、漆匠、堆灰匠、雕塑匠、叠山匠、彩绘匠等古典建筑工种于一体的建筑工匠群体。

香山帮的营造技艺充分反映了江南地区的营造传统，是明清以来江南地区最重要的匠作系统代表之一。香山帮不仅在江南地区有着重要地位，而且作为我国唯一有营造文献保存的民间传统建筑营造技艺，它的影响力已经超过了其他任何一系民间传统建筑营造技艺。

香山帮传统建筑格局巧妙，呈现出中轴明确、层层递进的多重天井院落布局。进深方向以界计，梁枋大小与跨度成比例，高度方向则使用机面线控制构架；构架常用正贴、边贴两种贴式，特色鲜明的箍头榫使柱和梁共同承托檩条，体现出抬梁结构和穿斗结构深度融合的技术特征。此外，装饰艺术方面的地域性也十分鲜明，与精巧雅致的苏州文化一致。这些营造技艺对太湖周边地区都产生了深远的影响。

香山帮传统建筑营造技艺的演变及其在江南地区的传播，与江南地区的经济、文化、社会发展密切相关。近代，它受到江南地区传统营造业转型发展的影响，在江南地区文化和经济中心的转移过程中，随着社会发展大潮而跌宕起伏。幸运的是，香山帮传统建筑营造技艺始终薪火相传。[②]

苏州御窑金砖制作技艺

在历代工匠的探索实践中，"御窑金砖"的烧制已形成了一套完整且严格的工艺流程和操作方法。其工艺极为繁复，工序多至20余道，每道工序环环紧扣，一道不达，则前功尽弃。从选土练泥、制坯晾干、装窑点火、文火熏烧、熄火窨水到出窑磨光，往往需要18个月方能完成。

---

① 董菁菁：《香山帮传统建筑营造技艺研究》，青岛理工大学硕士论文2014年。
② 沈黎：《香山帮的变迁及其营造技艺特征》，《建筑遗产》2020年第2期，第18—26页。

陆墓是苏州城北的一个古镇，距苏州齐门外六里，因唐代宰相陆贽葬此而得名，1993年更名为陆慕镇，现属相城区元和街道。陆慕当地的土质源于阳澄湖底的湿泥，"干黄作金银色""粘而不散，粉而不沙"，非常适于做砖瓦，因此，陆慕在明代被选为烧制金砖的场所，这促进了该镇烧窑业的迅速发展。陆慕所产大型方砖专为皇宫烧制，其质细腻密实，其表色泽青黛、方正古朴、光滑可鉴，敲之其声如金玉石磬。因专运北京供皇室御用，故被称为"京砖"，后逐步衍化，统称为"金砖"。制造金砖的"余窑村"土质优良，烧制有方，所产的金砖颗粒细密，"敲之有声，断之无孔"，曾被永乐皇帝赐封为"御窑村"，这就是"御窑金砖"一名的由来。

苏州制砖历史悠久，在宋朝已颇具规模，到明永乐年间，明成祖朱棣迁都北京，大兴土木建造紫禁城，经苏州香山帮工匠推荐，陆墓砖窑被工部选中，自此，这里烧出的砖便被定为皇家建筑专用。

清代御窑金砖除供皇宫、官府衙门使用外，也为园林、道观庙宇和巨富达官的厅堂所用。清朝末年，因战事纷乱，御窑金砖生产时断时续，御窑村的烧窑业渐由正业转为副业，民国后则大部分御窑停产。1984年，金砖生产才得以恢复，并成为北京故宫、天坛和天安门城楼等古建修缮不可或缺的材料。[1]

明式家具制作技艺

明式家具堪称中国传统文化的完美诠释者。它不仅注重材料的质地、颜色和纹理，而且善于运用线条的起伏变化和构件的精巧设计来体现家具的简洁明快和典雅柔美。不仅如此，它还善于用结构来体现中国之"礼"以及对意境的追求。[2]

苏州明式家具是指自明代中叶以来以苏州为中心的江南地区的能工巧匠用紫檀木、酸枝木、杞梓木、花梨木等外来木材制作的硬木家具，也称为"苏州明式家具"，简称"苏式"。

苏州明式家具具有结构严谨、线条流畅、技艺精良、漆泽光亮的特点，其以鲜明的艺术风格和地方特色独树一帜。其中，结构严谨是指家具构成都是靠榫卯技艺，注重结构的整体性及力的平衡；线条流畅是指家具外观以线

---

[1] 冀洪雪：《苏州御窑金砖及其制作技艺》，《江苏地方志》2012年第4期，第8—11页。
[2] 许家千、沈易立：《论苏作家具的发展历程》，《苏州工艺美术职业技术学院学报》2014年第4期，第61—64页。

条为主，很少雕饰；技艺精良是指选料、配料、木工、打磨、漆工等每道工序均做工讲究，无懈可击；漆泽光亮是指家具上漆均采用生漆传统技艺，通过十几道工序的精工细作，达到似漆非漆的效果。

明式家具的历史文化价值在于，经过长期发展，其在日常使用的家具领域里取得了里程碑式的成就，其完美性、合理性、实用性、装饰性都达到了巅峰。在明式家具中，不论是椅子、茶几还是条桌、书架，其清秀的造型、匀称的比例、明晰的线条，充分体现了家具的文化内涵和艺术气质。它以结构部件为装饰部件，充分展现出天然材质的自然特性，精炼、合度和科学的榫卯技艺，更使其达到了尽善尽美的境地。[①]

制扇技艺

苏扇是苏州特产，以雅致精巧、富有艺术特色而著称。其历史悠久，驰名中外。苏扇包括折扇、檀香扇和绢宫扇三大类，统称为苏州雅扇。明清以来，苏州雅扇主要在苏州及周边地区广泛流传。苏州雅扇集各种精湛工艺于一身，包括造型、装裱、雕刻、镶嵌、髹漆等工艺。

南宋时苏州便有人自制折扇，到明代宣德年间设作坊生产，并出现名牌产品，如著名的乌竹骨泥金扇。清代顺治年间，苏扇成为皇家贡品，制扇业开始兴盛。苏州雅扇有不少名品，所谓吴中折扇，凡紫檀、象牙、乌木作骨为俗制，唯棕竹、毛竹为之，称怀袖雅物。折扇的扇骨制作以变化丰富和精工细致闻名，打磨后的竹折扇骨匀细光洁，高雅古朴。随着历史发展，水磨骨玉折扇的造型和装潢日趋精细文雅，扇骨从"十六方"改进和发展到修长素雅的"十八方"，花色扇头有排茄、古方、燕尾、玉兰、梅花和竹节等几十种。制扇艺人在竹骨上运用磨、漆、雕、嵌和浅刻、深刻等技巧，雕出花、鸟、虫、草、山水、人物、博古、仙女、钱币、钟鼎篆隶和诗词歌赋，再加上名画印章，使扇子显得更加秀美名贵。苏州又是檀香扇的发源地，檀香扇是从清末以檀香为骨的折扇衍化发展而来的扇种。以檀香制扇，散发天然香味，并采用拉花、烫花、雕花、画花工艺，在扇面上绘上山水花鸟景色，休闲雅致。自太平军占领苏州后，苏扇手工艺开始走向衰落。民国初年，日货深入中国东北和华北市场，给苏扇在这些地区的销售带来了一定的影响。随着抗日战争的胜利，濒临绝境的苏扇手工艺获得了新生。中华人民

---

① 向煜：《文雅端秀惜料如金 明式家具传统技艺中的精雕细刻》，《现代苏州》2016年第35期，第54—55页。

共和国成立后，由于手工业在国民经济中占有较高比重，苏州又是手工业繁盛的地区，在国民经济恢复时期，政府对手工艺行业的生产提出保护、发展、提高的方针，积极辅助手工业者恢复和发展生产，帮助他们克服人力、财力和生产经营上的各种困难。有关部门通过各种渠道寻访艺人，组织归队，拯救濒临绝境的手工业技艺，苏扇工艺开始恢复生产。国家政策的实施，使苏扇在民间工艺中的地位逐渐稳固。[1]

剧装戏具制作技艺

剧装，又称戏衣，吴语称"行头"。戏具则是剧中人物的用具，如刀枪把子、云帚等。苏州剧装戏具的兴起与苏州昆腔的兴起密切相关。苏州的剧装戏具行业伴随昆曲的繁盛而兴盛。苏州不仅是全国的戏剧中心，还是全国的戏衣业中心。

明代万历年间，袁宏道所作的《迎春歌》描述了当时的盛况：

> 梨园旧乐三千部，苏州新谱十三腔。
> 假面胡头跳如虎，窄衫绣裤槌大鼓。
> 金蟒缠胸神鬼装，白衣合掌观音舞。

至清代乾隆时，昆腔更是盛极一时，宫中演出的传统戏和新编戏有十分之七是昆腔。故宫博物院现今收藏的从明代至清代各朝的戏衣中，有大量是乾隆、嘉庆、道光、咸丰年间的成品。苏州织造和苏州匠户为宫廷戏班制作的戏衣是不惜工本的，戏衣图案绣得很精致，有的戏衣上还绣制了瓷器上的图案。苏州阊门内西中市和吴趋坊一带在清代同治以前便是剧装戏具的集中地，戏衣、戏帽、戏靴、刀枪口面、绒珠点翠等各种戏剧用品应有尽有，各地戏班均到苏州采购戏衣和道具。同治以后，徽剧和京剧相继兴起，苏州剧装戏具的销路更是遍及江浙皖等省，苏州的剧装戏具铺坊亦有进一步的发展。[2]

剧装在刺绣用线和针法上跟一般的刺绣用品不同，剧装的刺绣用线有丝线、花线、金线。丝线一般用来绣制低档剧装，行业内称"官众货"。花线是用真丝合并成两股，弱拈而成，剧装刺绣将一根线一分为二，再把线

---

[1] 王丽：《苏扇传统手工艺现代发展研究》，苏州大学硕士论文2012年。
[2] 冷坚：《第一批国家级非物质文化遗产——苏州剧装戏具》，《上海工艺美术》2007年第2期，第14—17页。

捻松后合并而绣，其线条虽粗，却光彩熠熠。金线在剧装中则主要是用来绣蟒袍。在针法上，剧装图案刺绣多用苏绣传统针法，用金线绣制的龙、麒麟、凤，均具有很强的立体感。苏绣的技艺使苏州剧装光彩夺目、满台生辉。[1]

民族乐器制作技艺
（苏州民族乐器制作技艺）

苏州的民族乐器制作历史悠久、品种繁多、技艺精湛，以造型优美、简练、结构合理、不烦琐，做工精巧、一丝不苟，格调典雅、不落俗套，音色甜美、纯净等鲜明的艺术特色和独特的地方风格而闻名全国。苏州民族乐器制作技艺是传统手工制作的一种特种工艺，虽然现在在木材开料、配料等工序上，已不同于古代，由部分机械替代，但在木工、雕刻、漆工等大部分工序上，仍需要通过手工制作完成。

随着市场经济的发展和全行业的企业改制，到20世纪90年代中期，苏州民族乐器行业逐渐凸显出深层次的结构性矛盾，生产规模不断缩小，人才大量流失，仅有小部分企业能够正常生产，有的技艺面临失传，传统产业形势严峻。[2]

苏州乐器制作最早可追溯到春秋时期。在数千年的发展传承过程中，能工巧匠们不断改良技艺，终使之享誉全国。苏州制作的乐器品种繁多，二胡、阮、古筝、琵琶与一度失传又恢复制作的箜篌、编钟是其中的典型代表，苏笛、苏箫、苏锣、苏鼓等一批用"苏"字命名的民族乐器更是具有苏州地域特色的乐器。这些乐器以造型优美简练、结构合理、做工精巧、音色甜美纯净而闻名。苏州民族乐器制作技艺精湛，一件乐器的完成需要经过开料、配料、木工、雕刻、漆工、镶嵌、校音等多个环节，制造打击乐器（响铜乐器）需要选料、熔炼、制片、成型、拷音、车刮、定音等多道工序有序配合，每道工序都有独立的技艺。现在除木材锯料、开料、配料等部分工序已用机械替代人工外，木工、雕刻、漆工等大部分工序仍需通过手工完成。

明代，中国戏曲蓬勃发展，尤其是昆曲的繁荣，迅速地促进了苏州乐器行业的大发展。

---

[1] 韩婷婷：《苏州剧装业百年传承——以苏州李氏家族三代传人技艺传承为代表》，苏州大学硕士论文2010年。
[2] 张丽娜：《苏州民族乐器发奋中兴》，《消费日报》2008年3月13日。

清代，江南评弹、京剧等曲艺的诞生和昌盛，使苏州乐器业又发展到一个鼎盛时期。中华人民共和国成立后，二胡和笛子等制作得更加出类拔萃。在长期的改革创新中，苏州乐器业恢复了早已失传的箜篌，创制了定音鼓，成功研制出了战国时期的青铜编钟乐器。那是真正的"金石丝竹，无不具备"。①

装裱修复技艺（苏州书画装裱修复技艺）

苏裱又称"吴装""姑苏装"，是我国书画装裱的主要派别之一，流行于以苏州为中心的江南地区。因其起源于宋代，最初由宫廷传出，所以也有"故京裱"之称（此处"京"指的是当时北宋的都城汴京）。从技法上来说，苏裱虽然继承了宣和装、绍兴装等宋代的装裱形式，但摆脱了根据绘画品级选定特定装裱材料的装裱定式，具有更多的自主性。

苏裱的起源与发展与当时的历史背景密切相关。北宋王朝的建立结束了五代十国的战乱纷争，稳定的政治局面使经济文化空前繁荣。北宋建都汴京（今河南开封），设立翰林图画院，聚集原西蜀、南唐的画家，成为继长安、洛阳后的又一艺术中心。北宋时，苏州初称平江郡，复改苏州，辖吴县、长州、昆山、常熟、吴江五县，优越的地理环境与安定的生活状态使这一地区在文化方面积蓄深厚。靖康之变后，宋室南迁，政治、经济、文化中心南移，基于地缘因素，江南地区文化较之前更为繁盛，这直接增加了人们对艺术品的需求。职业画家增多，苏州地区书画交易随之发展。

苏裱技艺的传续以口耳相传的示范教学为主，早在宋代，吴地装裱作为具有区域特点的工艺便已驰名天下。至明朝，出现了专门介绍装裱的著作《装潢志》，系统地呈现了吴地装裱技艺的面貌。

明朝是苏裱走向鼎盛的重要历史时期。明初朱元璋一统天下后，改平江府为直隶苏州府，属州改县，增辖崇明县。此时的苏州在稳定的环境中得以大兴水利，种桑植棉，发展农副业和以丝织业棉织业为主的手工业。就材料上来说，各路刺绣、织锦门派并举，扩大了书画装裱中可供使用的材料种类。就文化上来说，经济的发展带来了更多的文化交流，苏州地区的文艺发展空前繁荣，吴门画派画家创作了大量的书画作品，文人们对宋元诸家的追崇，使得书画收藏十分兴盛。作为书画的延展，装裱也被列为书画作品的一部

---

① 苏州日报社《指尖传奇》编写组：《指尖传奇》，古吴轩出版社2018年版。

分，从这一角度出发，许多文人开始指定装裱师，与固定装裱师往来。除大量书画的装裱外，古书画修复也为社会大量需要，苏裱的重要作用日趋凸显。

清朝时，苏裱开始在全国发展，影响广及扬州、北京、山东等地。乾隆年间，宫中大量藏画需要装裱，苏裱工匠受在京官员举荐进京，现《清明上河图》有乾隆皇帝诗一首，诗云：

> 蜀锦装全璧，吴工聚碎金。
> 讴歌万井富，城阙九重深。
> 盛事诚观止，遗踪借探寻。
> 当时夸豫大，此日叹徽钦。

民国时期，装裱技艺大多以子承父业的形式传续。因为当时社会上书画作品的用途不仅仅限于文人清玩，所以装裱店铺也开始根据市场需求而细化，分为红、白两帮。红帮做婚丧嫁娶之用的书画装裱，白帮依然为书画家与藏家装裱、修复书画。这一时期裱画店铺兼有画廊展示、销售的功能。

中华人民共和国成立后，合作化大生产兴起，书画装裱被纳入合作社，1956年苏州成立裱画生产小组，将原来仅剩的8户从业人员组织起来。在这一时期，私人装裱店的装裱师们齐聚一堂，为博物馆、书画院修复旧画、装裱新画。由于书画装裱需要大量实际操作积累经验，所以这时的技艺传承方式依然是师徒相授。

随着时代的发展，文博机构与高校加大对装裱技艺的重视。作为传统书画装裱的重要一支，苏裱得以扩展传播。就文博机构来说，北京故宫博物院、南京博物院、苏州博物馆、山西博物院均有苏裱传承人。[①]

绿茶制作技艺（碧螺春制作技艺）

碧螺春茶产于苏州太湖的洞庭东山、西山。碧螺春茶的采制流程全部由手工完成，至今仍完全采用传统的采制技艺。其制作技艺分"采摘、拣剔、摊放、高温杀青、揉捻整形、搓团显毫、文火干燥"七道工序。"摘得早，采得嫩，拣得净"和"手不离茶，茶不离锅，揉中带炒，炒揉结合，连续操作，起锅即成"是洞庭山碧螺春采制技艺的技术要领。

---

① 顾瑜堃：《苏裱研究》，南京艺术学院硕士论文2020年。

经传统采制方法制成的洞庭山碧螺春具有"条索纤细、卷曲成螺、茸毛披覆、银绿隐翠"之外形及"汤色碧绿、清香高雅、入口爽甜、回味无穷"之内质,以"形美、色艳、香浓、味醇"四绝闻名中外,有"一嫩(芽)三鲜(色、香、味)"之称。

碧螺春因其香味浓郁、芽叶纤细、颜色碧绿、外形瘦长、外形卷曲貌似田螺而得名,深受广大消费者青睐。碧螺春通常套种在果园当中,茶树吸收果香精华,造就了碧螺春茶独特的风味特点。碧螺春通常采用上投法冲泡,茶叶入杯后立即出现"白云沸腾,雪花乱舞,清香阵阵"。"汤里轻舒薄袖,壶中漫展心花",持杯在手,看雪浪喷涌,游龙走蛇,杯底春色满园。头酌色淡、清香、雅淡,二酌翠绿、芬芳、味醇,三酌碧清、浓郁、甘甜;仿如天珍,沁人心脾,让人感到心旷神怡、神清气爽,实乃茶中之珍宝。

碧螺春茶制作工艺流程十分复杂,工艺制作方法及细节流程对碧螺春的品质有很大的影响。在杀青过程中,要保证碧螺春的外形美观,就需要合理控制炒锅的温度、茶叶翻炒速度、投叶量等基础性因素;在揉捻及搓团过程中,手握茶叶松紧应适度,太松不利紧条,太紧茶叶溢出,易在锅面上结"锅巴",产生烟焦味,使茶叶色泽发黑,茶条断碎,茸毛脆落。总体来看,经过一代代的传承和创新,碧螺春已形成一套科学化的工序,各个制作环节都有诸如温度、茶叶含水量以及制作时间等参数标准作为参考。[1]

国画颜料制作技艺
(姜思序堂国画颜料制作技艺)

苏州姜思序堂国画颜料、书画印泥是具有我国民族风格的传统文化用品,在中国文房"四宝"中享有特殊盛誉。太平天国时期,苏州遭遇战火,姜思序堂一度停业。后几经周折,由姜氏后裔姜少甫再度恢复姜思序堂,开设于东中市崇真宫桥西首。

苏州的传统中国画颜料经历代能工巧匠的创造,形成了独特的地方风格和工艺特色。其选料纯正、制作精良、品种繁多,制品有浮现光泽、色泽鲜净、入水而化、与墨相融、着纸能和、多裱不脱和经久不变等特征。[2]书画印泥则有不渗油、不嵌章、耐晒、色泽庄重的特点。其工艺大多依赖手工,是

---

[1] 陈俊杰:《中国茶传统技艺与文化传承——以碧螺春为例》,《食品工业》2019年第6期,第259—262页。
[2] 徐耀新主编:《历史文化名城名镇名村系列》,江苏人民出版社2018年版。

一门独特的手工制作技艺。[1]

明清以来，苏州吴门画派名人辈出，传统中国画颜料的需求增大。明末清初，阊门都亭桥开了一家制作传统颜料的姜氏"思序堂"店铺。其品种较全，选料讲究，研漂精细，制造精良，近代任伯年、吴昌硕、徐悲鸿、齐白石等著名画家不少传世名画上运用的颜料，均出于姜思序堂的乳钵之中。

姜思序堂国画颜料的生产原料可分为矿物性、植物性、动物性、金银和化工合成五大类。原料不同，制造方法各异：有的要推磨，有的要浸泡，有的要取其实质，有的只需上提浮膘。即使同一原料也有优劣品位之分，必须由艺人善加选择，再使用粉碎、水漂、研磨、下胶、沉淀、革脚、煎煮、摊膏、剪膏、冷干、称量、包装等十多道工序制作而成。

七、传统医药

中医传统制剂方法（雷允上六神丸制作技艺）

雷允上特别钦佩医圣张仲景"勤求古训，博采众方"的治学精神。为了扩展眼界，博采众长，雷允上北上京城遍访名医。沿途游历山东、河北，拜会同行，切磋医术。偶或采药于深山林壑，问学于古刹寺院。归乡后，他走街串巷为百姓治病，药到病除的医术使他赢得了百姓的信任，名气传遍苏州。在行医中，他注重搜集和研究民间的单方验方，试制丹散成药。当时正流行咽喉部疾病，但一直没有治疗咽喉疾病的特效药。雷允上苦思良久，在"以毒攻毒"思想的指导下，用一种乳白色液体"蟾酥"配伍其他药物炼制、试验，获得成功。因此药由6味药物组成，故取名"六神丸"。"六神丸"的诞生对各种咽喉病有立竿见影之效，再没有人因咽喉传染病而死亡，所以，老百姓把"六神丸"叫作"救命药"。中华人民共和国成立后，政府把雷氏六神丸的制造工艺作为国家级秘方加以保护。[2]

雷允上对"六神丸"的配方是保密的，只传儿，不传女，几百年来，一直保持着独家经营的垄断地位，声誉日高。抗日战争时期，日本商人对"六神丸"的研制煞费苦心，但终未成功，曾不惜以日本的王牌货"仁丹"的配

---

[1] 王永强：《苏州传统国画颜料及其制作技艺》，《苏州工艺美术职业技术学院学报》2020年第4期，第64—67页。
[2] 肖姗：《雷允上与他的六神丸》，《中国中医药现代远程教育》2004年第5期，第47页。

方作为交换。雷允上后裔为保护祖传秘方,拒绝了日商的利诱。"六神丸"虽小如芥子,但可以从中看到我国光辉的民族传统文化、医药文化对世界的贡献。①

八、民俗

庙会(苏州轧神仙庙会)

庙会是中国一种古老的传统民俗文化活动,集祭祀、娱乐和贸易于一体,尤其与道教、佛教等宗教活动联系十分密切。庙会形成的源头和发生核心主要是在宗教场所,而宗教信仰是庙会的主要组成部分。民间传说农历四月十四是吕仙的生日,当天吕洞宾要化身下凡,来点化世人,因此大家都到福济观(俗称神仙庙)去进香,为吕仙庆寿,希望"轧"到神仙,消灾祛病,交上好运,后来在苏州阊门一带,逐渐发展成了苏州特有的"轧神仙"民俗庙会。顾禄的《清嘉录》中对"轧神仙"庙会有具体记载,"轧神仙"庙会距今已有800余年历史。②

苏州四时八节的民俗活动中,以农历四月十四的"轧神仙"最具吴地特色,为其他地方所未有。每年的这一天,苏州神仙庙都会举行祭祀活动。传说吕纯阳也会来到神仙庙,混迹于乞丐、小贩中,"与民同乐",上庙进香的只要有缘看到他,就会给自己带来好运,吕纯阳也乐于在这天"济世度人"。后来故事越传越神,于是每年的农历四月十四,市民及附近城市的信士都会争着去神仙庙进香。因人群熙攘,挤来挤去,人人都祈求遇到吕仙,故称"轧神仙"。③

---

① 何淑云:《雷允上与六神丸》,《中华医史杂志》2003年第1期,第29页。
② 冯菲:《"轧神仙"庙会文化保护与传承的当代价值》,《大众文艺》2016年第7期,第1—2页。
③ 胡梦飞:《苏州神仙庙庙会》,《寻根》2019年第6期,第30—36页。

第二节　大运河无锡段的非物质文化遗产

无锡古运河是京杭大运河最古老的河段之一，具有独特的魅力和个性，蕴含着极其丰富的历史文化遗产，各地的技艺和好物在无锡古运河畔会集。无锡古运河地区非物质文化遗产进入国家级非遗名录的就有惠山泥人、无锡精微绣、无锡留青竹刻、无锡道教音乐、泰伯庙会、锡剧等，基本涵盖了联合国教科文组织公布的《保护非物质文化遗产公约》所涉及的口头传说、表演艺术、节俗礼仪、传统工艺等各项内容（见表3.2）。

表3.2　京杭大运河无锡段非物质文化遗产

序号	编号	名称	类别	公布时间
1	II-139	道教音乐（无锡道教音乐）	传统音乐	2008年
2	IV-103	锡剧	传统戏剧	2008年
3	VII-18	苏绣（无锡精微绣）	传统美术	2008年
4	VII-46	竹刻（无锡留青竹刻）	传统美术	2008年
5	VII-47	泥塑（惠山泥人）	传统美术	2006年
6	X-84	庙会（泰伯庙会）	民俗	2014年

一、传统音乐

道教音乐（无锡道教音乐）

道教音乐又称"道场音乐"，是道教斋醮科仪活动中使用的音乐。作为一种滋养心灵的文化形式，道教音乐同道教自身的缘起、绽放、再生相依相伴，在传道慰藉、文艺中兴中留下了内涵丰富的文化遗产。

在源远流长的中国道教音乐长河中，有一个重要支脉不可小觑，这就是曾诞生民间音乐大师阿炳、琴家阚献之、中国"南鼓王"朱勤甫，以及闻名华东的道乐班社"十不拆"等的江苏无锡道教音乐。无锡道教音乐距今已有1400余年的历史，它承袭中国道教经典音乐传统，在发展过程中又吸收了当地民间音乐、苏南地方戏曲尤其是昆曲等的艺术元素，逐渐形成了返璞归真、超凡脱俗的鲜明艺术风格。

位于中国长江三角洲腹地的无锡，北倚长江，南濒太湖。这片拥有着江、河、湖、海、涧、泉、溪等水体的灵气之地，自古以来就是道家的洞天福地。"大音希声，大象无形。"无论朝代如何更替，隐匿于山水之间的道教文化，一直连绵不绝。吴地风俗信鬼好巫，加之各朝各代统治者的尊崇或默许，道教音乐在江南一带的流传极为普遍。作为江南道教音乐的重要组成部分，无锡道教音乐所做斋醮科仪，均呈现龙虎山天师派的模式，并吸纳茅山上清派特式与江南地理民俗，形成了自己特有的道教科仪。

建于南朝梁天监年间的洞阳宫，是无锡最早的道教宫观。由洞阳宫始，发端于古代巫觋歌舞祭祀音乐的无锡道教音乐，才拥有了真正意义上的地面建筑载体。随着一些有规模、有影响力的道观涌现，醮事活动不断，城乡道士乐班尤为活跃。受苏南十番锣鼓、江南丝竹、吴歌、昆曲、滩簧、小调等民间音乐的影响，无锡道教音乐在承袭中国道教经典音乐精华的同时，又不墨守成规，广泛吸收宫廷音乐、地方民间音乐、苏南地方戏曲的优点，形成了颇具太湖地域风格和地方特色的音乐流派，深受当地群众的喜爱。[①] 经千余年的发展，至明清时期，锡派道乐日臻完善。由清末到民国，无锡道教音乐迎来前所未有的发展。

二、传统戏剧

锡 剧

锡剧是江苏的主要地方剧种之一，锡剧又称"常锡文戏"，是江苏最具有代表性的地方剧种之一，迄今已有100多年历史，享有"太湖一枝梅"之誉。

锡剧发端于古老的吴歌，萌芽于清代中期，其一支起于无锡东乡羊尖、严家桥一带太湖沿岸的农村，另一支则起于常州市武进区一带，主要表现形式是乡间山歌、道情、宣卷、花鼓等融合而形成的"滩簧"。民国初年，锡剧以"滩簧"形式进入上海，进沪的第一人是袁仁仪。20世纪50年代是锡

---

① 薛中卿：《无锡道教音乐——返璞归真的瑰宝》，《中国宗教》2020年第9期，第74—75页。

剧蓬勃发展的时期，其影响已遍及江苏、上海、浙江和安徽等地，正式名为"常锡剧"，锡剧是其简称。1954年在上海举行的戏曲会演中，锡剧、越剧、黄梅戏并列为华东三大剧种。

迄今，锡剧最具代表性的经典"必谈"有二：一是《双推磨》，它是由《磨豆腐》和《小寡妇粜米》两出小戏发展而来的。1953年，江苏省锡剧团以全新方式创演了《双推磨》，该剧承袭了锡剧早期"对子戏"贴近生活、健康明快的传统，戏曲语言生动、唱词简练，男女主人公短衫短袄，风格朴实，载歌载舞，演出广获好评。1954年，上海电影制片厂著名导演黄佐临将该剧拍摄成戏曲艺术片并搬上银幕。二是锡剧代代相传的精品《珍珠塔》，该剧成就了无数表演名家。1962年，南海影业公司将无锡市锡剧团版的《珍珠塔》搬上银幕。[1]

2014年岁末，作为锡剧界领军者的江苏省演艺集团锡剧团联合南京博物院"非遗馆"共同举办了锡剧联盟大会演。通过创立联盟大会演的形式，联合锡剧界的中坚力量，全力推进"大锡剧"概念，以改善当前锡剧的生存环境，向更多的民众推广和宣传锡剧这一传统戏曲样式的无穷魅力。[2]

三、传统美术

苏绣（无锡精微绣）

江苏无锡是苏绣的重要发源地之一，无锡刺绣又称"精微绣"，早在2500多年前，无锡就已出现刺绣服饰。明代中叶，俞氏创制的堆纱绣因巧夺天工而被选为贡品。清代，无锡精微绣得到进一步发展，创造出了"闺阁绣""切马鬃绣""堆纱绣""填色稀铺法""乱针绣"等独特的技法。20世纪80年代初，在继承传统的基础上，无锡精微绣发展出了"双面精微绣"，成为举世公认的优秀艺术品种。

无锡精微绣的艺术特色极为突出，它卷幅微小，造型精巧，绣技精湛，往往能在很小的画面内绣制人物、场景、文字、图案等，呈现出所谓"寸人豆马，蝇足小字"的奇观。与一般双面绣相比，精微绣的技艺要求更高、难

---

[1] 严亚茜：《锡剧艺术渊源与发展研究》，《戏剧之家》2020年第4期，第40页。
[2] 包静：《试分析锡剧表演的艺术形式》，《大众文艺》2021年第7期，第120—121页。

度更大，在用料、用色、用线、用针上更加讲究。它要求刺绣艺人不但绣艺高超，而且要具备较高的艺术素养。艺人绣制精细局部时，要将一根丝线劈成八十分之一，有时人物头部只有绿豆大小，五官无法用笔墨勾勒，艺人需手眼相通才能绣成。在长期的发展过程中，无锡精微绣与书画紧密结合在一起，焕发出独特的艺术魅力。精微绣艺术是中国最早在理论上得到总结的刺绣品种，它体现着中华民族悠久的服饰文化和日用装饰文化，深受文人雅士及国内外艺术爱好者、收藏者喜爱。

无锡精微绣作为国家非物质文化遗产的一种，获得了世人的尊重与认可。精微绣不仅美丽，而且有着画幅微小、艺术精湛的特征，具有难以想象的精细度，不仅费时费力，而且对艺术的要求非常之高。尤其是在当下，精微绣作为一种民间艺术品，其实用功能已经逐渐消退，艺术功能却越来越被强化。精微绣艺人不仅需要具有高超的刺绣技术，还需要具有较高的艺术修养与精湛的绣制策略，这样才能使得寸马豆人的刺绣作品达到笔意自然、色彩丰富、神采飞扬的艺术表现效果。精微绣以线为墨、以针为笔，刻画入微、形神兼备，在丝绸材质上书写着光辉，传达了世间美丽。[1]

竹刻（无锡留青竹刻）

留青竹刻，又称"皮雕"，即在竹皮青筠上雕刻出微凸的平面图纹，刮去图纹之外的青筠，露出淡黄色竹肌，通过青筠去留的多寡产生渲染般的微妙渐变，自然生成丰富的视觉艺术效果。

无锡留青竹刻属于"阳文雕刻"（平面雕刻），是千百年来竹刻领域中的一种独特雕刻艺术形式。其雕工之精致、色泽之清雅，装饰感极强，主要以留青、浅刻和浮透雕等雕刻技艺为表现手法，具有浓郁的中华文化特色，其艺术形式语言凝结了传统文人思想的美学趣味，具有无可替代的艺术价值。就质地而言，竹面留存的竹筠如丝绸般光润，裸露的竹肌坚韧细密，粗糙紧致的竹肌带着一丝丝纤维痕，假以岁月沧桑，其色愈凝重，不经意中由天然的青润色缓慢变幻为凝厚的金黄色，无论色泽还是质感均渐入佳境，神奇日显。

自古中国文化认为"竹"无牡丹之富丽，无松柏之伟岸，无桃李之娇

---

[1] 张晓梅：《寸马豆人神飞扬——无锡精微绣艺术探微》，《艺术科技》2016年第10期，第60—61、117、125页。

艳，可它却"虚心文雅""高风亮节"，从而成为中国历代文人乃至中华民族品格和美学精神的象征。明清以来，文人雅士与竹刻艺人紧密合作，在当时的都市社会，但凡有身份的男士都喜好把玩折扇，除了讲究扇面上的书画外，还讲究扇骨的制作手艺和雕刻技艺。[①]

泥塑（惠山泥人）

在人们耳熟能详的民间泥塑中，北有天津"泥人张"，南有无锡"惠山泥人"，可见，惠山泥人是南方泥塑中最为典型的代表。惠山泥人是由"捏塑"与"彩绘"两部分工艺组合而成的。"捏塑"表现了泥人的动作、神态与作品的整体构图样式，"彩绘"则更突出泥人的神态，增添泥人形象的生动性，表现更为完整的画面效果。"以塑为基础，以彩为效果"，"彩"和"塑"的结合是惠山泥人的形式特征。

惠山泥人，色彩是第一要素，在我国民间彩塑艺术中占有重要的地位，是我国彩塑文化中一颗璀璨的明珠，被称为"最具东方色彩的民间彩塑艺术"。同时，其创作题材丰富，取材多与人民群众生活密切相关，扎根在广大人民群众中久盛不衰，有着顽强而旺盛的生命力，是民间传统文化和传统手工艺的优秀代表。[②]

惠山泥人艺术形式丰富，品类繁多，一般按照制作方式的精细程度进行区分，可大致分为两大类。第一类是用模具压制而成的"粗货"，也称"耍货"（泛指除了细货外的泥人类型），主要以印模压印泥土制成底坯后，加以彩绘制作而成。粗货之所以称为"粗"，不是因为内容或形式粗俗、简单、低级，而是因为粗货在艺术风格上，造型粗犷朴拙，用笔粗放，用色明快强烈，装饰夸张写意。第二类是手捏而成的"细货"，也被称为"手捏泥人"，以"手捏戏文"为代表，是惠山泥人技艺表现的精华所在，由惠山泥人艺人们精心手工捏塑而成，无须模具，上彩装饰时讲求色彩搭配和纹饰描绘。细货的艺术风格更偏写实、细腻。[③]

[①] 马永伟、曹海洋：《"无锡留青竹刻"传统工艺的技术与艺术内涵研究》，《文化创新比较研究》2018年第6期，第38—40页。
[②] 陈依婷：《非遗视野下惠山泥人色彩的成因探析及传承创新研究》，江南大学硕士论文2020年。
[③] 臧小鹿、李黎：《无锡惠山泥人艺术特征研究》，《艺术品鉴》2019年第33期，第24—25页。

四、民俗

庙会（泰伯庙会）

无锡泰伯庙会由来已久，源于古代吴地对于泰伯的崇敬信仰。泰伯"三以天下让"的至德品行，从古至今都受到人们的推崇，孔子赞美他"至德"，人们称他为"让王"，赞颂他谦让的品质和开拓江南的丰功伟绩。因此，泰伯庙被称为让王庙。泰伯庙于东汉永兴二年（154）在泰伯故居的旧址上修建而成，为人们祭祀泰伯提供了场所。现存的香花河桥、至德殿、棂星门、"至德名邦"石牌坊等是在明代弘治十三年（1500）翻修建成。

泰伯庙会是江南地区的第一个庙会，始于何时，不得而知，但其形成来源于对泰伯的信仰这是可以肯定的。每年泰伯庙会期间都会有众多民众去摸德鼎，以此来感怀泰伯的至德精神，也希望能够得到泰伯的保佑。

在泰伯庙会中，民众能听到《泰伯奔吴》《开辟江南》等传说故事，从建筑和碑碣能够了解泰伯的历史文化，感知泰伯的至德精神。泰伯已在潜移默化中进入到民众的记忆中，泰伯的至德谦让精神也被吴地民众所继承，更成为吴地民众的民间信仰，所以每到农历正月初九这一天，都会有数万的民众前来拜祭泰伯。[①]

[①] 夏俊：《历史记忆与民间叙事的表达——以无锡泰伯庙为例》，云南大学硕士论文2017年。

第三节 大运河常州段的非物质文化遗产

常州古运河地区非物质文化遗产进入国家级非遗名录的就有常州留青竹刻、梳篦、吟诵、天宁寺梵呗唱诵、小热昏、蒋塘马灯舞、象牙浅刻、乱针绣等，基本涵盖了联合国教科文组织公布的《保护非物质文化遗产公约》所涉及的口头传说、表演艺术、节俗礼仪、传统工艺等各项内容（见表3.3）。

表3.3 京杭大运河常州段非物质文化遗产

序号	编号	名称	类别	公布时间
1	Ⅱ-137	吟诵调（常州吟诵）	传统音乐	2008年
2	Ⅱ-138	佛教音乐（天宁寺梵呗唱诵）	传统音乐	2008年
3	Ⅲ-44	竹马（蒋塘马灯舞）	传统舞蹈	2011年
4	Ⅴ-38	小热昏	曲艺	2011年
5	Ⅶ-18	苏绣（常州乱针绣）	传统美术	2021年
6	Ⅶ-27	象牙雕刻（常州象牙浅刻）	传统美术	2014年
7	Ⅶ-46	竹刻（常州留青竹刻）	传统美术	2008年
8	Ⅶ-68	常州梳篦	传统美术	2008年

一、传统音乐

吟诵调（常州吟诵）

常州吟诵是一种具有悠久历史和地方特色的文学艺术形式，在促进传统文化、丰富当地文化表达思想感情方面发挥了重要作用，具有一定的社会影响力。

常州吟诵植根于常州，以常州方言为基础。常州的教育非常发达，明清末期，常州有20多所具有一定规模和影响力的学院。常州吟诵是学习古代诗歌的有效传统教学方法，也是阅读的基本技能。[①]

---

① 樊婧：《常州吟诵的现状与保护传承分析》，《北方音乐》2019年第17期，第76、79页。

吟诵涉及文学、音乐学、语言学、历史学、教育学、人类学、非遗学等多种学科。以口传形态存在的吟诵，虽然在国家级非遗名录里归类于"民间传统音乐"，其文化形式实则横跨文学、音乐学、语言学等多种学科，是文学、音乐学、语言学的融合。吟诵在传播和传承中华优秀传统文化过程中发挥着重大作用，其影响遍及神州各地、海外华人界，以及深受汉文化影响的日本、韩国及东南亚诸国。

常州文化底蕴深厚，当代"常州吟诵"的代表性传人赵元任、周有光、屠岸等均为我国文化界大家，钱璱之等传人也都出自儒学名门，他们的吟诵各有所宗。"常州吟诵"内容丰富、风格多样、异彩纷呈。常州方言的声调体系与中古汉语声调体系接近，常州吟诵较多、较好地保留着唐诗宋词等古典文学的音韵美。由于赵元任、秦德祥等先生的努力与贡献，"常州吟诵"得以发掘、整理和研究，使其保护与传承具有坚实的基础。

吟诵早在20世纪初就被称为"绝学"。幸而"常州吟诵"至今还没有完全绝迹，抢救、保护，天假于时，地假于利，"常州吟诵"被列为国家级非物质文化遗产名录。

"常州吟诵"静态保护工作的完成以2015年出版的《常州吟诵三百例》为标志。此书选录了"常州吟诵"32位传人305篇/首吟例。其中，赵元任先生的吟诵录音，由美国明尼苏达大学刘君若（经赵元任次女赵新那）提供；周有光先生所吟《月下独酌》一诗，由朱立侠提供；其余吟例从采录的600余篇/首中选出，由秦德祥先生记谱。

"常州吟诵"的采录，自1987年至2013年的27年间，可分为两个阶段：1987—2004年，秦德祥使用录音机采录； 2005—2013年，常州市非物质文化遗产保护中心在秦德祥的配合下，以政府行为方式使用录像机采录。[①]

佛教音乐（天宁寺梵呗唱诵）

佛教音乐是佛教寺院在各种法事活动和节日庆典中使用的音乐。佛教传入中国后，来自印度与西域的佛教音乐在长期的发展过程中，不断吸纳、融汇中国民间音乐的艺术元素，由此形成了中国化的佛教音乐。

中国佛教音乐南北有所不同。北方的佛乐以笙管等乐器的演奏为特色，南方佛乐则以梵呗唱诵见长。"梵呗"是佛教中用来赞颂佛与菩萨的声乐作

---

① 刘红霞：《国家级非遗项目"常州吟诵"的内涵及其保护与传承》，《江苏理工学院学报》2020年第5期，第86—92页。

品，是佛教音乐的重要组成部分。它采取简短的偈子形式，有独唱、齐唱、合唱等唱诵方式，唱诵时还可用乐器伴奏。最具代表性的梵呗之一，当属"天宁寺梵呗唱诵"。天宁寺位于江苏常州，是中国佛教禅宗的著名道场，古时曾名列"禅宗四大丛林"之首。它始建于唐代，至今已有1000多年的历史。

天宁寺有序传承了南方梵呗，尽管经历了1000多年的发展，天宁寺梵呗的曲调一直都保持了齐梁时代的雅乐传统和江南音乐风格，有着较为统一的规范，节奏沉稳扎实，唱腔悠扬潇洒，韵味古朴清雅。由于保持着比较规范、完整的传统曲调，各地寺院很多都以天宁寺唱谱为标准，全国各地的僧众也有到这里学习梵呗唱诵的传统。自明清以来，天宁寺梵呗就被誉为唱念"正宗"，因此佛教界流传有"天宁寺唱念盖三江"的说法。尤其是在20世纪40年代前后，几乎每年都有一百多位僧人在当时的天宁寺佛学院学习后分赴各地，再加上寺内一批僧人先后到海外担任寺院住持，天宁寺梵呗唱诵从此传遍海内外。无论是中国还是东南亚各国及美国佛教寺院的梵呗唱诵，都以天宁寺梵呗作为范型。[1]

天宁寺梵呗的音乐风格哀婉、清逸，是佛教文化与吴文化结合的产物，具有佛教音乐的鲜明特色和江南民间的音乐风味，记载了南北朝以来佛教音乐逐渐中国化的历程，具有宗教学、民族音乐学等方面的研究价值。此外，数百年来，常州天宁寺梵呗唱诵经几代传承人的共同努力，已经传遍了世界各地，这对于增强海外华人的文化认同感具有积极的促进作用。

不过，随着时代的发展，天宁寺梵呗唱诵也逐渐出现了断层倾向。尽管梵呗长期在天宁寺内有序传承，但是对于大部分人而言，这是小众、专业性强的项目。此外，国内研究宗教音乐的专家较少，要寻找相应的学术支撑比较困难。因此，政府及相关部门有必要采取措施，善加保护。[2]

二、传统舞蹈

竹马（蒋塘马灯舞）

溧阳蒋塘马灯舞是流传于江苏省溧阳市社渚镇蒋塘村一带的传统舞蹈，始于明朝嘉靖年间，传承至今有近500年。蒋塘马灯是用竹篾仿马扎型，形神

---

[1] 袁瑾：《常州天宁寺梵呗：唱念盖三江》，《中国民族报》2020年6月23日。
[2] 赵芳：《天宁寺梵呗唱诵 千年佛乐 齐梁遗风》，《中国宗教》2019年第10期，第68—69页。

兼备，栩栩如生。随着社会和经济的快速发展，马灯驱邪避灾的本意已被人们所忘却，现如今已发展成为人们欢庆国家繁荣昌盛、抒发喜悦心情、增加节日欢乐气氛的民间娱乐活动，在寄托了人们对未来美好生活憧憬的同时，也给文娱生活枯燥乏味的乡村带来了欢乐和喜悦。

"竹马"起源于儿童游戏，"儿童骑竹马"最早出现在我国北方汉族地区，后流传至全国各地。竹马舞在不同地区又称为竹马、跑竹马、竹马灯、马灯舞等，是我国一项传统的民间歌舞活动。竹马舞的音乐主要有两大类，一类是锣鼓场，一类是采茶调。

竹马舞不仅仅是一项单纯的民俗表演活动，其游戏娱乐、体育训练、社会交往、祭神拜祖、文化记录等五大功能，既能满足劳动群众对一般娱乐性精神文化生活的需求，也能满足人们向神灵祈福对话的心灵需求。而它可简可繁的表演道具，亦能够适应不同年龄层次主体的需要，幼儿耍之可"以竹为马、以梢为鞭"，成年人演之可令其阵容庞大、锣鼓喧天，甚至可以成为地方小戏。笔者以为，在某种程度上，正是因为竹马活动社会功能的兼容性与丰富性，使其在不同历史时期、不同地区乃至不同民族中，始终能够找到自身存在的空间，不断地演变，这也显示了其强大的内在生命力。此外，在竹马舞的流传变迁过程中，其原有的某些社会文化功能因文化制度、社会科技等文化生态的转变日渐式微，而新生的竹马舞则因适应当代人的生活与审美需要而悄然兴盛——虽然这些变化有可能使竹马舞原有的文化品格发生改变，但它们毕竟与竹马舞所置身的当代文化生态环境紧密联系。总之，对于民间艺术的社会功能而言，只有适应时代和民众的文化需求，只有做到传统因素与革新因素的有机结合，才能满足现代生活的需要，才能更好地传承下去。[1]

三、曲艺

小热昏

"小热昏"是苏南一带的流动商贩为兜售梨膏糖而产生的一种表演形式。当初的卖糖人为了聚集人气，吸引路人关注，采用说笑话、唱新闻、讲

---

[1] 郭小刚、黄燕：《竹马舞的社会文化功能探微》，《音乐传播》2016年第2期，第36—40页。

故事的形式进行表演。每到关键时刻，众人正听得兴起之时，艺人便停止说唱，开始兜售梨膏糖，并说吃了糖有许多种好处。待其卖出适量糖块后，再接着表演。这样反复数次后，糖块就卖完了，卖糖人便结束表演收摊回家。后来，这种以说唱来卖梨膏糖的方式被广泛采用，其表演形式经过不断加工、提炼，演变为成熟的曲艺（说唱）艺术。

"热昏"在吴方言中的意思是"因高烧发热、头脑发昏而胡言乱语"，有贬人之意。当初，"小热昏"艺人说唱的内容大多是揭露社会时弊，嘲讽当时政府的阴暗面，有时也有表演者随意杜撰内容和情节，以增加趣味性。为了逃避问责，卖糖人便称自己是"热昏"了，不要把说唱的内容当真。清末民初，杭州卖糖艺人杜宝林自取艺名"小热昏"，由于杜宝林说唱技艺出众，表演逼真生动，其弟子在杭州、上海两地演艺界声望很高并遍及江浙沪地区。因此，江苏卖糖艺人也称自己表演的是"小热昏"，久而久之，"小热昏"便成了这种艺术形式的称谓，并一直沿用至今。[1]

常州"小热昏"的表演灵活简便，有"单档"（一人）和"双档"（二人）之分，一个架子上摆着装有梨膏糖的百宝箱，艺人站在长凳上说唱（有时也站在地上说唱），伴奏乐器有小锣、三巧板、莲花板等，边表演边自我拼奏。演唱程序主要有开场、卖口、唱曲、卖糖、唱篇、送客等。常州"小热昏"用常州方言表演，唱词大众化、口语化，具有灵活性、地方性、趣味性等特点。现代按"小热昏"演唱形式的内容有社会新闻、政治笑话、历史故事、家庭逸事，此外还有快板、绕口令、讲故事等，间或插科打诨，讲一段笑话，以调动现场气氛。后来，"小热昏"部分段子被移植或改编成独脚戏、滑稽戏等节目，可以说，常州"小热昏"是常州"道情""唱春""独脚戏""滑稽戏"等艺术形式的母体。[2]

四、传统美术

苏绣（常州乱针绣）

乱针绣是一种适宜绣制观赏品的中国刺绣工艺，由江苏常州杨守玉于

---

[1] 刘廷新、刘永慧：《江苏"小热昏"的遗存与考察》，《北方音乐》2016年第20期，第1、11页。
[2] 梁婷等：《常州"小热昏"文化生态保护的"四化"论》，《音乐时空》2013年第4期，第42—43页。

1915年首创。其针法一改"密接其针，排比其线"的传统针法，采用"交叉重叠，分层加色"，但又"乱而不杂，密而不堆"，绣制不同的物体时有不同的表现形式，立体感很强，兼有西洋油画的风格，被誉为当今中国第五大名绣。

但是传世近百年来，乱针绣一直是"藏在深闺人不识"，社会知名度并不高。长期以来，乱针绣只作为政府对外交往的礼品而存在，而且价格昂贵，市场占有率不高。因此，工艺美术研究所的经营模式已不能适应时代的发展，乱针绣的工艺传承极其困难。

乱针绣艺术是杨守玉独创的一种艺术形式。平绣所使用的是一种工艺语言，而乱针绣则采用绘画语言为情感表达方式，是以绣制者自己的情感和思想叙述主题的一门技艺。传统苏绣中每一针之间紧密相接，并且呈同一方向排列。但在乱针绣中，其针法长短不一、方向不同且互相交叉，并运用分层、加色的手法，使色彩更为丰富。乱针绣的出现，打破了传统刺绣中的平行、排比，将西洋绘画与中国刺绣融为一体，开辟出向更高美术层次迈进的道路。

目前，常州及周边地区开办有十余个大师级乱针绣工作室，多由国家级或省级工艺美术大师所创办，其传承模式主要有直系家族式传承（如母传女）、师徒式传承等。[①]

象牙雕刻（常州象牙浅刻）

象牙雕刻是一种古老的民间工艺美术。由于象牙光洁如玉、十分独特，所以历经数个朝代后，牙雕工艺在民间融众家技法之大成，成为一门独一无二的精湛艺术。清朝时期，牙雕工艺的技术水平、艺术创造，以及图样种类达到了巅峰，这一时期的牙雕工艺备受欢迎。

常州象牙浅刻起源于明朝时期的今江苏、上海等地，在明朝后期，由上海传到江苏省常州地区，并在清朝时期兴起繁荣，誉满天下。象牙浅刻又称象牙线刻、平刻，与中国山水画中的工笔技术有些相似，细笔精雕，山水人物、花鸟鱼虫，似如工笔刻描、线条流畅、泼墨写意、刀中有笔、笔中有刀、相辅相成。象牙浅刻虽为雕刻作品，但是它所表现出来的艺术效果与中国传统绘画的意境极为相似，山之沉稳，水之灵动，近景厚实，远景朦胧，

---

① 方雪明：《论常州非遗乱针绣在当代的传承与创新》，《天工》2019年第5期，第64页。

远近透视重叠，山水环绕穿行，仿若人间仙境，能让观赏者真切体会到天人合一的意境。①

作为常州牙雕艺术中的一抹亮色，常州猛犸象牙浅刻艺术具有独特的艺术魅力及传承价值，人们在沉浸于对其欣赏与品鉴的同时，更应该以长远及客观的角度思考其传承与发展的问题，使这门独特的艺术能够长久地保留下去，而不是昙花一现地存在于人们的视野中。②

竹刻（常州留青竹刻）

在我国悠久的历史进程中，中国竹刻艺术享有"艺术百花园中的幽兰"之美誉，其中最值得一提的就是"留青竹刻"。留青竹刻又被称作平雕、皮雕等，在竹子表面铲去部分竹青，露出竹肌，通过多留、少留等手法，让图案呈现出明暗、层次等艺术效果。

史传明代之时，来自常州的竹刻家张希黄在唐代技艺的基础上进行改进，开创了新局面，他也被称为"留青圣手"。到了清末，常州留青竹刻在国内享有盛名。但随着时间的推移，竹刻工艺衰退，留青名家也不多了。

常州留青竹刻艺术源远流长，形成了以白士风和徐素白为代表的两大流派，并且涌现出大量的常州留青竹刻传人。在两大流派之中，白氏一派的留青竹刻以工为主，胜在一个"实"字，这一流派对于任何一件作品都秉持着精益求精、一丝不苟的态度，青筠的半透明特性被利用得淋漓尽致，因此，白士风被称作"中国留青竹刻泰斗"。而他所创立的白氏流派留青竹刻，作品题材范围甚广，其中最为著名的就是刻梅，后来更是创作了史无前例的"竹简式"，为传统竹刻艺术赋予了新的生命力。时至今日，白士风及其后人的作品还陈列在艺术馆内。

"徐派留青"与"白派留青"最大的区别在于，徐派以写意为主，该流派的创始人为著名竹刻家徐素白。徐素白生于常州，学艺于上海，其留青技术综合了明清时期各家所长，在不断地学习与钻研中对传统留青竹刻艺术进行了大胆的创新，其作品中的花鸟鱼、肖像、山水既蕴含古风，又具有创新。③

---

① 高杜平：《浅析常州象牙浅刻艺术的特点及发展历程》，《名家名作》2019年第10期，第62—63页。
② 肖红波：《常州猛犸象牙浅刻艺术的传承与发展》，《名家名作》2021年第6期，第106页。
③ 谭文如：《浅谈中国竹刻艺术的流变与传承——以常州留青竹刻为例》，《名家名作》2020年第12期，第67页。

许多留青竹刻佳作不仅具备艺术观赏性，还兼具实用性，例如笔筒、茶叶罐、扇骨等，做到了文化和实用的结合创新发展。作为江南文化的优秀代表，留青竹刻所展现出的超凡脱俗的美学品位，不仅流露出传统文化的气息，也为中外文化交流提供了积极的帮助。[1]

常州梳篦

常州梳篦历史及文化古籍中大都写上古、太古时代的伟大人物创制梳子，中国在商周之后，梳篦制作就走向专门化。在苏南地区有句评价地方风物的谚语能表达出常州梳篦的品牌影响："扬州胭脂苏州花，常州梳篦第一家。"常州梳篦已经深入人心，其制作工艺形成于晋代，至今有1000多年的历史。常州梳篦被皇家钦定为御用珍品进入宫廷，从此戴上了"宫梳名篦"的桂冠。

在明清时期，常州梳篦业得到繁荣发展，制作工艺和生产规模都达到了相当高的水平，并成就了"常州梳篦"的品牌地位和历史影响。这时常州城中的景象被形容为"削竹成篦，朝京门内比户皆为"，特别是在城西门和南门的位置，家家户户经营梳篦生意，颇具规模。

常州梳篦成为驰名中外的梳篦品牌，不仅因为其选料精细、工艺精湛、制作精良、功能独特，而且与其悠久的历史文化、独特的民族风格和鲜明的地域特色都有很大关系。现在常州梳篦被誉为"常州三宝"之首，主要分布区域为常州市钟楼区、武进区。[2]

---

[1] 林涛等：《基于留青竹刻的传统技艺类非遗营销策略分析》，《西部皮革》2021年第9期，第49—50页。
[2] 杨祥民、王倩：《常州梳篦造物文化及其工艺审美特质研究》，《山东工艺美术学院学报》2021年第3期，第96—100页。

第四节 大运河镇江段的非物质文化遗产

镇江古运河地区非物质文化遗产进入国家级非遗名录的就有镇江恒顺香醋酿制技艺、白蛇传传说、梅庵琴派、董永传说、封缸酒传统酿造技艺等，基本涵盖了联合国教科文组织公布的《保护非物质文化遗产公约》所涉及的口头传说、表演艺术、节俗礼仪、传统工艺等各项内容（见表3.4）。

表3.4 京杭大运河镇江段非物质文化遗产

序号	编号	名称	类别	公布时间
1	Ⅰ-6	白蛇传传说	民间文学	2006年
2	Ⅰ-9	董永传说	民间文学	2008年
3	Ⅱ-34	古琴艺术（梅庵琴派）	传统音乐	2008年
4	Ⅷ-62	镇江恒顺香醋酿制技艺	传统技艺	2006年
5	Ⅷ-145	酿造酒传统酿造技艺（封缸酒传统酿造技艺）	传统技艺	2008年

一、民间文学

白蛇传传说

《白蛇传》是中国家喻户晓的故事。在汉民族的四大传说中，《白蛇传》内容最丰富，情节最曲折，人物形象最丰满，影响也最大。其最突出的特点还在于《白蛇传》故事的发生地最多，社会环境和人物活动背景最清晰，且至今有实际风物留存。镇江在唐代就有"法海伏白蟒"的传说，并有实物"法海洞""白龙洞"等留存，明代冯梦龙根据宋话本和镇江当地流传的《法海与白蛇》故事写成《白娘子永镇雷峰塔》，《白蛇传》基本定型。[①]

《白蛇传》故事起源于唐宋，经历了几个发展阶段，至明清基本定型。这期间，冯梦龙和方成培不仅使故事得以定型，而且加深了镇江与白蛇传故

---

① 邹晓华：《从大运河文化背景看〈白蛇传〉的形成和传播》，《江苏地方志》2019年第5期，第51—53页。

事的渊源。《白蛇传》故事在镇江的传承空间非常宽泛，传承形式纵横交错，文本资料的搜集、弘扬性活动的开展以及理论研究的繁荣，形成了一个立体的传承发展空间。

文本资料的搜集，不仅是口述文学研究的重要依据，同时还是探寻口述文学发展轨迹的指南针。由于受传统观念的影响，产生于民间的传说故事或说唱艺术是不登大雅之堂的"小道末伎"，所以在各种历史文献中很少看到有关传说故事或有关说唱的记载。目前所接触到最早、最多的《白蛇传》文本资料，是20世纪80年代普查记录的。①

董永传说

流传至今的孝子董永卖身葬父、天仙女下凡婚配的传说，是中国古代脍炙人口、感人至深的汉族民间传说。其情节大体是董永年少丧母，与父亲相依为命。父亲去世后，董永为葬父，只好卖身为奴。在守孝三年去债主家为奴还债的路上，董永遇到一位女子说："我愿意做你的妻子，不嫌弃你贫贱。"于是董永带她到债主家，债主就要求他妻子织一百匹缣来偿还借给董永葬父的钱。董永妻只用十天就完成了。在回家的路上，那女子向董永辞别说："我是天上的织女，看到你如此孝敬父母，天帝命我下凡来帮你偿还债务。现在你已还了债，我便不适合久住人间。"说完便凌空飞走了。董永遇仙传说流传广泛，还有多种异文，但对这个传说留存下来的文献却十分单薄。

董永传说中所包含的传统价值观念在今天还值得我们传承，它的文化价值观核心是"孝"，孝是农业文明的产物，也是中国的传统美德。②

董永故事的早期文本，出自汉代刘向的《孝子传》，但均为他书所引，并非原作。还有出自敦煌石室的句道兴本《搜神记》，以及唐写本《孝子传》等古籍，也引录了刘向《孝子传》或《孝子图》，文字虽略有出入，而内容却完全相同。它们均系董永故事据以传世的流行文本。曹植《灵芝篇》中的"天灵感至德，神女为秉机"，即咏此事，可见这一故事在当时的广泛影响。元代郭居敬将它置于二十四孝之列，使其更加广为人知了。③

---

① 金璐明：《白蛇传在镇江的立体性传承和保护》，《民间文化论坛》2012年第2期，第53—58页。
② 黄霜：《董永传说研究述评》，《文学教育（上）》2013年第7期，第134—137页。
③ 刘守华：《董永传说及其魅力探寻》，《长江大学学报（社科版）》2015年第1期，第16—18页。

二、传统音乐

古琴艺术（梅庵琴派）

古琴又称"琴""七弦琴"，别称"绿绮""丝桐"等，是一种平置弹弦乐器。古琴艺术是中国历史上最古老、艺术水准最高且最具民族精神、审美情趣和传统艺术特征的器乐演奏形式，除独奏外，还包括唱弹兼顾的琴歌及琴箫合奏等。

梅庵琴派是我国古琴艺术的代表性流派之一，现流传于江苏省的南京、南通、镇江，以及上海、浙江、安徽、福建、北京、江西等地。

梅庵琴派一改传统琴乐的审美观念，强调古琴音乐的艺术性，重视演奏技巧，突出旋律之美，体现了积极的革新精神。梅庵派的琴谱标明节奏，开点拍之先河；其琴曲则吸收民间音乐风格，具有极强的感染力，其中许多琴曲为历代琴谱所未见。

在梅庵琴派的艺术传承中，其琴曲的段落结构，演奏速度等均无明显变化。而梅庵琴派善用轮指指法的演奏特点，也随琴曲的演奏得以传承。琴曲在传承过程中，由不同的演奏者，依据各自的演奏特点，将个人对乐曲的理解融入其中。这使得梅庵琴派的琴曲能够在整体音乐形态不变的情况下继承与发展。

梅庵琴派的形成，以《梅庵琴谱》的刊印为标志。与其他琴派不同，梅庵琴派从其形成之初，就注重其传承的"规范性"。在我国古代，古琴谱分为文字谱与减字谱两种。现存唯一的文字谱为南朝梁人丘明传谱的《碣石调·幽兰》，版本为唐代手抄本，原件现藏于日本东京博物馆，其余琴谱皆为减字谱。文字谱较减字谱更为烦琐，"然其文极繁，动越两行，末（未）成一句"。减字谱记谱更为简便，因此逐渐取代文字谱，成为古琴主要记谱法。两种记谱法皆标示出指法、弦序、音位、乐句、乐段等信息，但二者均未明确标示节拍。这种记谱方式与古人以"口传心授"为主，琴谱为辅的传承方式相适应，却导致琴曲在传播过程中，出现节拍不稳定的现象，亦难以进行规模化教学。

反观镇江地区梅庵琴派之传承，经过刘景韶、刘善教父子二人的努力，已取得良好的社会效益。尤其是刘善教先生，现为"古琴艺术·梅庵琴派"

国家级传承人，其社会地位已得到国家相关部门及琴界同人的肯定。

然而，随着录音技术的普及，音乐传播技术的发展，尤其是互联网技术的发展，古琴音像资料较以往更为丰富，人们获取音像资料的途径更为多元、更加便捷。人们对古琴艺术的关注，由以往聚焦于地区、流派等表象，逐渐转向艺术家个人对琴曲的个性化演绎。[1]

三、传统技艺

镇江恒顺香醋酿制技艺

镇江恒顺香醋创始于1840年，是中国四大名醋之一。镇江恒顺香醋酸而不涩、香而微甜、色浓味鲜、愈存愈醇，其成功之处在于沿用至今的"固态分层发酵"等独特的酿造技艺，在制醋行业里独树一帜。

镇江香醋原料十分讲究，必须是产自江浙鱼米之乡的优质糯米，共经40多道工序，不包括储存时间就耗时60多天。酿造时，首先在蒸熟的糯米饭中加入自制的特种麦曲为发酵剂，使之糖化和酒化，酿出作为醋酸的优质酒液。接下来采用固体分层发酵方法，在酒液中加入麸皮、稻糠拌成固态，温度适宜的时候，筛选出独特的醋酸菌种，并每天翻动一次进行降温、透氧和醋化发酵。醋酸菌在20多天的生长繁殖过程中产生一系列生化反应，生成醋酸等酸、鲜、香的物质。至此可以将成熟的醋醅封存起来，加入淋醋缸中，添加自制米色加水浸泡，放淋出生醋，再经过滤、煎煮后进行存储，具体步骤是将煎煮的醋倒进透气性能好的陶罐容器中，然后露天放置，使其经受风吹、日晒、雨淋，摆放期至少半年，最长可达8年。通过长时间储存，煎煮的醋完成自然浓缩、酯化增香等后期反应。[2]

香醋大曲酿制技艺是传统镇江香醋八大工艺特色之一，它与镇江香醋特有的色泽、香气、风味、体态的形成有着密切关系，被称为镇江香醋的"骨架子"。香醋大曲的功用是糖化发酵剂和增香剂，在镇江香醋酿造中不可缺少，也不可替代。

---

[1] 魏圩：《镇江地区梅庵琴派艺术传承研究》，《南京艺术学院学报（音乐与表演）》2014年第4期，第151—154页。
[2] 傅金泉：《国家级非物质文化遗产中的酿造国宝》，《酿酒》2008年第3期，第111—112页。

酿造酒传统酿造技艺
（封缸酒传统酿造技艺）

酿造酒俗称"黄酒"，系以稻米、黍米、玉米等为原料，经淘洗、蒸熟、淋净后以白曲和酒母为糖化发酵剂，加入江曲、优质水，发酵后酿成熟醪（浊酒），再经压榨、泼清、沉滤等工序而最终制成。酿造酒色黄，清亮透明，香气浓郁，入味醇和。酿造酒是我国传统的酒种，营养成分丰富，具有通血脉、暖肠胃、润皮肤、散湿气、滋补强身等功效，尤为江南人民所喜爱。中国是酿造酒的发源地，浙江绍兴早在春秋战国时代即能酿制黄酒，至今已有2400多年的历史。金华地区在春秋战国时代也出现了以糯米、白蓼曲酿制的白醪酒。酿造酒主要产于浙江、江苏、上海等地，其中以浙江省绍兴市、金华市和江苏省金坛市最为著名。

黄酒是中国最古老的酒种。江苏省的丹阳封缸酒、金坛封缸酒都是黄酒的高档品种，其历史可追溯到2000年前的秦汉时代。封缸酒酿造技艺独特，营养价值极高，是江苏省著名的地方特产，在国内外享有盛誉。

金坛市属于鱼米之乡，这里种植的糯米粒大均匀，味香性黏，洁白如玉，历代都是进献皇家的贡品，而优良糯米的生产为封缸酒的酿造创造了得天独厚的条件。丹阳封缸酒酿造技艺复杂，技术要求高，酿制过程中需长期封缸陈酿，故此得名。酿成后酒色棕红，呈琥珀光泽，香气馥郁，滋味醇厚，鲜甜爽口，有"味轻花上露，色似洞中春"之美誉。

封缸酒以当地的特产糯米和茅山泉水为原料，是黄酒中极具特殊风味的酒品。经过历代技师的不断努力，封缸酒酿造技艺日臻成熟，形成了独特的封缸酒文化，被誉为"酒林一绝"。封缸酒成品具有极高的营养价值和药用价值，一向为世所珍，为消费者所喜爱。

但随着现代人饮食习惯的改变，浓甜性黄酒的市场逐渐缩小，这给封缸酒的生产带来了一定的影响。及时对封缸酒传统酿造技艺加以保护和传承，已经成为当前的紧迫任务。[1]

---

[1] 《酿造酒传统酿造技艺（封缸酒传统酿造技艺）》，中国非物质文化遗产网·中国非物质文化遗产数字博物馆。

第五节 大运河扬州段的非物质文化遗产

扬州古运河地区非物质文化遗产进入国家级非遗名录的就有漆器髹饰技艺、雕版印刷技艺、扬州剪纸、扬州玉雕、扬州评话、扬州清曲、扬剧、杖头木偶戏、古琴艺术（广陵琴派）、富春茶点制作技艺、扬派盆景技艺、扬州弹词、高邮民歌、扬州毛笔制作技艺、扬州刺绣、扬州园林营造技艺、谢馥春脂粉制作技艺等，基本涵盖了联合国教科文组织公布的《保护非物质文化遗产公约》所涉及的口头传说、表演艺术、节俗礼仪、传统工艺等各项内容（见表3.5）。

表3.5 京杭大运河扬州段非物质文化遗产

序号	编号	名称	类别	公布时间
1	II-34	古琴艺术（广陵琴派）	传统音乐	2008年
2	II-75	高邮民歌	传统音乐	2008年
3	IV-56	扬剧	传统戏剧	2006年
4	IV-92	木偶戏（杖头木偶戏）	传统戏剧	2008年
5	V-2	扬州评话	曲艺	2006年
6	V-25	扬州清曲	曲艺	2006年
7	V-50	扬州弹词	曲艺	2008年
8	VII-16	剪纸（扬州剪纸）	传统美术	2006年
9	VII-18	苏绣（扬州刺绣）	传统美术	2014年
10	VII-28	扬州玉雕	传统美术	2006年
11	VII-94	盆景技艺（扬派盆景技艺）	传统美术	2008年
12	VIII-52	扬州漆器髹饰技艺	传统技艺	2006年
13	VIII-78	雕版印刷技艺	传统技艺	2006年
14	VIII-161	茶点制作技艺（富春茶点制作技艺）	传统技艺	2008年
15	VIII-200	毛笔制作技艺（扬州毛笔制作技艺）	传统技艺	2011年
16	VIII-238	传统造园技艺（扬州园林营造技艺）	传统技艺	2014年
17	VIII-261	脂粉制作技艺（谢馥春脂粉制作技艺）	传统技艺	2021年

一、传统音乐

古琴艺术（广陵琴派）

广陵琴派的产生与发展与中国古琴艺术同步，其基本内容与艺术特征既沿袭了古琴艺术的一般规律，又具有自身的独特性和独创性。300多年来，广陵琴派琴家不断产生，谱系脉络分明，《澄鉴堂琴谱》《五知斋琴谱》《自远堂琴谱》《蕉庵琴谱》《枯木禅琴谱》五大琴谱树帜琴坛。

广陵派是清代著名琴派。江苏扬州古称广陵，以此地为中心形成的琴派为广陵派，最初由徐常遇在虞山派的基础上发展而成。广陵派主要风格为中正、跌宕、自由、悠远，其在艺术上南北兼收，刚柔相济。广陵派的五部琴谱几乎囊括了近代中国琴坛上的常行曲目，仅一部《五知斋琴谱》，自康熙六十一年（1722）刊行以来，就不断被翻刻，有十多种不同版本传世。广陵派的后继者们大都能秉承先贤们"博采众长，兼收并蓄"的传统，主张"海内为一家，南北无二派"，追求的最高境界是没有流派。

广陵派在兼收并蓄的同时更注重突出自己的独特艺术性。广陵派跌宕多变的节奏和飘逸洒脱的指法，历来为琴界同人、民族音乐理论界所称道。所谓"跌宕多变的节奏"，最典型的例子是广陵派的代表曲目《梅花三弄》（世称老梅花），与其他流派的差别就在于节奏处理上突出了梅花舞玉翻银、傲雪凌霜的风骨，个性尤其鲜明。广陵派的指法不拘一格，从心所欲，演奏起来特别飘逸洒脱。[1]

高邮民歌

高邮民歌原本泛指高邮地区数千年历史演进过程中逐步形成、繁衍、发展于运河流域，由当地民众集体和个人创作、传播的众多民间乡土歌谣。这些歌谣大多为当地普通民众在不同历史时期本土生产、生活实践中创作生成的，且从理论和实践上均包括了高邮各个时期的民歌作品及声歌形式，因而高邮民歌在概念内涵上可区分为高邮传统民歌与高邮新民歌。高邮传统民歌大多是原住民在田间地头、湖畔河流等自然场景中劳作生息的秧歌、情歌、

---

[1] 王富康：《扬州古琴文化的保护和发展》，《科技风》2017年第19期，第193、209页。

渔歌、号子之类的乡野民歌。高邮新民歌是有确定的词曲作者，大多产生于中华人民共和国成立后，尤其是改革开放后，大多为描写家乡的社会主义建设新成就。这类歌曲有许多也在之后的传播中逐渐为高邮民众接受，为当地民众喜闻乐见并广为传唱。

高邮民歌是一种世代承袭的民间俗曲，文化内涵丰富，历史渊源悠久，群众基础广泛，是中国民间音乐文化的重要组成部分。其中，方言、歌词、音韵之间的结合，使得诙谐、浓郁的地域风格特征和艺术魅力更为突出。

高邮民歌的结构形式大多为七字四句、七字二三句，特别是七字句居多，比如《寡妇晓得光棍难》：

> 天上乌云乱翻翻，晓得地上穷人难。
> 穷人晓得穷人苦，寡妇晓得光棍难。

《荷花爱藕藕爱莲》：

> 我跟姐家隔个塘，一塘荷叶乌盏盏。
> 荷花爱藕藕爱莲，哥哥爱姐姐爱郎。

其中，最具特色的结构形式则是《五句半》：

> 五句半来实好听，人人劝我唱调情，
> 我说调情不能唱，我唱调情姐多心，
> 好姐家，你既多心莫要听。
> 我跟姐姐隔块场，日日看见姐厢房，
> 早上看见姐叠被，晚上看见姐梳妆，
> 好姐姐，不如两床并一床。

这些有的是通过四句体变化而来，有的是独立的五句半的乐曲结构。高邮民歌的多句体结构形态多样，即在乐段内外增加衬腔、衬字、对白、间白或重复某一部分乐句，与高邮方言的特点有着很大的关联。高邮民歌的歌词内容大多为群众触景生情的即兴创作，主要表现为劳动生活、爱情和风俗等。①

近年来，国家相关部门提出了大运河文化带建设的战略构想，而高邮民歌是孕育于京杭大运河特定地域节点的地方民间声歌音乐艺术形式。重视以高邮民歌为特定对象的非遗音乐文化艺术传承和推广，不仅有助于该艺术形式的自身健康发展及活态传承，也能以繁荣民间音乐的方式，推动和促进运河文化的振兴与建设。②

二、传统戏剧

扬 剧

扬剧是扬州地方的传统戏剧，原来也叫作"维扬戏"，主要流行于江苏省扬州、镇江地区，安徽部分地区以及南京、上海等地。

扬剧的发展曲折，源于扬州，但它真正兴起与发展还是在上海，在维扬大班与维扬文戏结合时，虽然语言相通，但是行腔咬字还存在着诸多差异。随着时间的推移，原本的香火戏艺人都逐渐转为"小开口"的唱法，而"大开口"的唱法要么与"小开口"唱法融合，要么就渐渐弃之不用了，这在一定程度上解决了行腔的问题。但从另一个层面来看，这也导致了扬剧整体偏阴柔，缺乏帝王之气的演唱表达方式，而这一点一直到创作剧作《史可法》的时候才逐渐得以弥补，使得扬剧可以在以"大开口"曲牌为主的基础上，既能表达作品寓意，又能呈现出扬剧充满阳刚之气的一面，给人截然不同的视听享受。

扬剧的音乐结构多为曲牌连套体，主要由花鼓戏、香火戏和扬州清曲的音乐组合而成。扬剧总共有100多种曲牌，其中50多种为常用曲牌。同一种曲牌，不同人演绎出来的效果也是各不相同的，而同样的曲牌再加以节奏、旋律等方面的二次创作，就可以表达不同情感、不同类型的多种剧目了。同时，曲牌之间也会相互搭配来适应不同剧目的情节需要。扬剧还经常引用淮安清曲的唱段，使得观众在欣赏剧目的时候更容易感受到扬剧的丰富性以及

---

① 张悦、王志军：《高邮民歌歌词语言特色研究初探》，《民族音乐》2017年第3期，第15—16页。
② 徐光庆、李晔：《大运河文化带建设背景下高邮民歌研究》，《扬州教育学院学报》2021年第1期，第7—10页。

多元化。①

木偶戏（杖头木偶戏）

扬州杖头木偶戏作为中国当代木偶戏的三大代表性艺术类型之一，与运河城市扬州的兴衰关系甚密。在这一传统艺术的发展过程中，国家行政、地方社会两种力量的形塑作用尤为明显。比如，清代定都北京，被誉为"天庾正供"的漕粮需经运河由南方转运北方，此举促进了运河城市扬州的繁荣，为扬州杖头木偶戏的勃兴创造了条件。可以说，考察杖头木偶戏与运河城市扬州的关系，为透视中国的"社会性"传统提供了一个窗口。

木偶又称傀儡、窟儡、魁儡等。扬州是木偶戏产生较早的地区之一，据杜佑《通典》记载，唐代时，扬州民间就开始流行木偶戏。明末至清代中期，扬州城内木偶戏风行，种类繁多，杖头木偶戏、提线木偶戏、布袋木偶戏等众彩纷呈，前者逐渐成为主要种类。清末民国时期，杖头木偶戏的生存空间由扬州转移到泰兴、泰州、靖江、如皋、扬中等地。中华人民共和国成立以后，杖头木偶戏又回到扬州这一孕育它的文化空间之中继续发展。时至今日，扬州杖头木偶戏依然生机勃勃，与泉州提线木偶戏、漳州布袋木偶戏合称中国当代木偶戏的三大代表。

扬州杖头木偶戏自形成起，其物质形态和内在意义便处于不断变化的状态之中。历经千年变迁，扬州杖头木偶戏依然生机盎然，其发展离不开该地域内自然环境、社会结构、风俗民情等因素之间的相互融合与相互依存，更离不开扬州杖头木偶戏自身深厚的艺术重构力。②

三、曲艺

扬州评话

扬州评话是以江苏省扬州方言为主的古老说书艺术，兴起于清初，有着鲜明的苏杭江南特色，文化价值极高。

扬州评话有着几百年的历史传统，如果要研究苏杭地区的历史文化，自

---

① 沈笑予：《浅议新时代下扬剧的传承与保护》，《明日风尚》2021年第14期，第155—157页。
② 路璐、吕金伟：《运河社会变迁与扬州杖头木偶戏的艺术重构》，《民俗研究》2021年第6期，第87—94、160页。

然可以从扬州评话中汲取灵感。扬州评话描写细致，内容丰富，语言生动，有非常优秀的文学价值、艺术价值和语言价值，对其进行研究、传承与发展，是一个民族和国家不可缺失的举措。扬州评话的主要书目有《三国》《水浒》等，体现在传统道德中对忠孝、正义的推崇，还有民众对英雄的崇拜，以及部分人民群众对统治阶级的嘲讽，直到今天仍具有道德教育价值。同时，扬州评话也是国家级非物质文化遗产中的传统曲艺，其文化价值之深厚不可言喻。①

扬州评话的说表，有"方口"与"圆口"之分。方口是一种清晰、沉稳的发音，主要还是按照台本的套路表演，没有太多即兴发挥的地方。方口与官话很像，所以大多引用文言文和古语诗词，且特别青睐于四言或六言句式的，这也为方口段落强烈的节奏感做了铺垫，也由此表现出了方口语句整齐且富有节奏感的艺术特点。圆口是一种圆润、轻快、连贯的发音，和日常生活用语十分接近，常常夹杂一些低俗的土话。与"方口"最大的不同就是即兴表演居多，与文言诗句的牵连很少，语句灵活、节奏多变。说书人是根据他们表演时使用方口和圆口的不同组合来区分流派的。方口的风格和官话是十分相像的，而圆口的语言是日常生活用语。所以在欣赏表演时不难发现，往往说方口表演的角色大多是英雄，这样可以把英雄威震八方的男子气概用沉稳的发音和强烈的节奏感表现出来。说圆口表演的通常都是小人物，还有在表现说书人自己的评论私白部分，但一般的叙述或描写却是方口和圆口兼用。

扬州说书的艺术特色可以用四个字来概括，就是细、严、深、实。"细"讲的是刻画入微，说书人在台上讲述当时发生事件起因、过程、结尾和剧中各人物的表情和内心独白时，总是讲究精雕细镂，丝丝入扣，使人感觉身临其境。"严"指的是结构严谨。

扬州清曲

扬州清曲虽然形成在扬州一带，但是在发展的过程中与周边地区的文化相互融合，既具有通俗性特征也展现出了较强的艺术特征，受到了不同人群的喜爱。虽然扬州清曲都是基于劳动人民的生活进行取材的，但是题材具有多样性的特征，除了对广大劳动人民的赞颂这一永恒的主题之外，扬州清曲还包含了对历史人物和神话传说的宣传、对爱情与亲情的追求、对自然景物

---

① 殷健：《新时代传统曲艺传承创新路径研究——以扬州评话为例》，《文化创新比较研究》2020年第21期，第107—109页。

的赞美等。这些主题当中既融合了故事传说，又包含了市井杂声，既融合了抗战时期扬州地区人民的爱国主义举动，又包含了小人物的生活，将扬州地区人们的生活百态展示出来，这为扬州历史的研究、扬州人民所特有的文化审美和心理分析都提供了有效的依据。

扬州地区本土的音乐大多具有平和、婉约的特点，但是扬州清曲在发展的过程当中融入了北方音乐，在婉约与豪放相互碰撞的过程当中形成了富有特色的扬州清曲，它的曲调柔婉而不失刚韧、清丽而不失爽朗，展现出了优美和谐的整体特征。与此同时，纵观整个发展历史，扬州清曲音乐在传唱与发展过程当中使用过的伴奏乐器种类众多。发展至今，扬州清曲的伴奏展现出了新颖独有的特征，不仅十多种乐器都流传了下来，还形成了瓦碟、酒杯等具有特色的乐器。

扬州清曲已经有百年的发展与传唱史，展现出了较强的艺术欣赏价值，其中包含了丰富的内容，融合了各种不同形式的表演艺术。在发展的过程当中，也涌现出了大量的艺术家，他们用自己独特的经历和独到的艺术眼光为扬州清曲赋予了新的生命力，同时也使扬州清曲所包含的题材变得更为广阔。通过欣赏扬州清曲，群众不仅可以深刻感受到扬州地区的特色艺术形式，同时可以学习地方历史文化知识，感受丰富多彩的社会文化生活。很多扬州地区的曲艺都受到了扬州清曲的影响，它们从扬州清曲当中汲取艺术营养，同时将这些艺术以新的方式传播下去。比如扬州的特色曲艺——扬剧，就受到了扬州清曲的影响，无论是唱腔还是音乐都是由扬州清曲改编而成的。除此之外，日本的一些地方音乐也参考与借鉴了扬州清曲。

扬州清曲源于民间，取材于民间，多以扬州方言的形式演绎历史文化、当地风俗、本地生活以及当地男女之间的爱情故事，故而能够真实地反映出当地老百姓的生活和情感。[①]

扬州弹词

扬州弹词，旧称"扬州弦词"，因伴奏乐器中有琵琶、三弦，而被称为"弦子词"，也就是弦词。扬州弹词大约形成于明末，兴盛于清初。除扬州本地，它还流行于镇江、南京、上海及苏中高邮、里下河地区。

扬州弹词又称"小书"，其历史渊源可追溯至东汉末年的三国时期，这

---

① 任丽丹、邵萍：《扬州地方音乐的传承与发展研究——以扬州清曲为例》，《艺术评鉴》2018年第7期，第16—18页。

一时期的民间民歌迅猛发展，北有相和歌、清商乐，南有吴歌、西曲，两晋时期，因为战争，南北的民歌开始融合发展。至隋唐时期，统治者实施的文艺政策使大批的文人学士来到扬州，隋朝的第二任皇帝隋炀帝执政时曾三顾江都（今扬州）。这些因素在一定程度上促成了后来扬州区域文化和区域音乐的形成。到宋代时期，民间涌现出了大量的说唱曲艺，"陶真"便是其中的一种说唱技艺，其伴奏的乐器和曲艺结构特征与现今流传于江浙一带的弹词类似。

宋代以后，硝烟四起，直至朱元璋建立了大一统明朝后，各个地方的经济文化才逐步地转入发展阶段。这一时期扬州作为江南地区漕运和盐运的枢纽中心，经济的空前繁盛吸引了来自天南海北的大批艺人。扬州弹词在继承以往曲艺的基础上，融合其他曲艺的一些特点逐步呈现其雏形，终于到明末清初时，关于扬州弹词才有了明确的文献资料记载。这一时期扬州产生了大量优秀的弹词艺人，形成了以孔宪书、周延栋、张敬轩为代表的三大家族的局面。在往后的传播中，流传至今的只有"张氏家族弦词"，其余两家均已失传。[①]

四、传统美术

剪纸（扬州剪纸）

剪纸是我国极具代表性且在民间广为流行的一种民间艺术，有着鲜明的艺术特色，是民族文化艺术的重要体现。我国的剪纸艺术从地域性来看，大致能分为南北两派。扬州剪纸以其清秀典雅、玲珑剔透的艺术风格，成为南方剪纸的杰出代表。

扬州剪纸在历史上大体经历了五个发展阶段：唐代以前，扬州剪纸基本是民俗剪纸；唐宋时期，扬州剪纸开始趋向商业化和专业化；明末清初，包壮行将剪纸与灯彩结合，扬州剪纸从民俗剪纸发展为装饰形剪纸；清代中期，包钧将剪纸技艺与绘画艺术结合，创造了剪画；清末，张氏将扬州剪纸与刺绣艺术结合得更紧密，推崇素色剪纸，该剪纸被誉为"扬州花样"。当代剪纸大家张永寿把扬州剪纸从装饰形剪纸提升到艺术形剪纸的高度，将民

---

① 张静、李袁梦：《扬州弹词的继承与创新》，《散文百家（理论）》2020年第9期，第180、191页。

间艺术提升到了更高的艺术境界,使扬州剪纸成为当代独具魅力的中国民间艺术之一。

扬州剪纸在南方剪纸中极具代表性,其题材和内容广泛,与人们的生活关系密切,能够有效展现扬州地区的风土人情与历史人文特征。扬州剪纸受我国传统文人画的影响很深,因此很多作品都表现出文人画的特征。自古以来,扬州就是文人墨客重要的聚集地,尤其在明清时期,文化发展更加活跃,其中,以"扬州八怪"为代表的扬州画派也是在这一时期形成的。扬州剪纸在题材方面与传统绘画关联密切,在具体的内容表现上,主要有花鸟虫鱼、人物山水等。扬州剪纸把描绘自然界的万物作为重中之重,特别擅长展现四时花鸟。

扬州剪纸从产生到现在已有上千年的发展历史,有着深厚的文化底蕴,体现出鲜明的民俗文化特色。扬州剪纸艺术的民俗文化内涵主要包括两个部分。一是剪彩胜的习俗。彩胜主要是用玉、丝织品、纸张、金箔等剪刻而成的装饰品,常常被人们戴在头上或贴在窗户、屏风上。从唐朝开始,这种习俗开始盛行,并在魏晋南北朝时日益发展。这与扬州剪纸的发展有着密切的关系,也是这样的民族文化催生了剪纸艺术。二是人生礼俗。人生礼俗是人们日常生活的一部分,扬州剪纸的兴起与其有着密不可分的关系。扬州剪纸的民俗内涵主要涉及迎祥纳福、繁衍生息两个方面。扬州剪纸注重以吉祥祈福的方式体现人们对幸福的向往。[①]

苏绣(扬州刺绣)

扬州刺绣属于民族传统工艺的重要组成部分,也是先人留给后代子孙的无价瑰宝。扬州刺绣与苏绣同出一门,且在很多地区具有较大的影响力。

扬州刺绣在我国已经有2000多年的发展历史,在发展的过程中实现了一次次的创新。扬州刺绣自古以来就具有高雅的特点,以富有诗情画意的山水、水墨写意为主,给人一种高贵、淡雅的感觉,其素材主要是选取了我国的一些山水画,以一些名家的山水画为版本进行创作。扬州刺绣在表达上以委婉的方式为主,通过欣赏扬州刺绣能够更好地理解扬州的文化以及当地的风俗民情、艺术特色等。扬州刺绣的主要表达方式是仿古山水绣技法,通过此类技法能够使刺绣图案工整、细腻。此外,还可以采用水墨写意绣工艺体

[①] 于淼、高红梅:《关于扬州剪纸的艺术特色研究》,《美术教育研究》2021年第19期,第38—39页。

现中国水墨画色彩深浅渐变的效果,图案极具传统笔墨韵味。[①]

有历史记载的扬州刺绣艺术可追溯到汉朝,当时的贵族和富人等上层社会人群在日常服饰中就已经披锦饰绣了。扬绣的发展离不开隋朝经济的发展,隋炀帝开通大运河,使扬州成为当时全国的水陆交通中心,而商业繁荣促进了手工业的发达,这为扬绣的发展提供了良好时机。唐代,官营丝绸生产达到极盛,这也是扬绣发展的一个关键时期。扬州作为著名的经济都会,手工业繁盛,享有"扬一益二"的盛誉,扬绣在针法、题材等方面日渐成熟。宋代是扬州刺绣的重要转折时期,京杭大运河为这座城市带来经济的繁荣,也让更多的文人墨客聚集于此,这对扬州的人文艺术和审美情趣产生了深远的影响,刺绣题材也发生了转变,出现了以书画作品为题材的欣赏性刺绣品,史称"画绣",并受到宋徽宗的大力倡导。

明代的官营织造局建造的规模较大,主要用途就是供应宫廷和官府每年所需要的布匹。由于朝廷对进贡的布匹有着五彩缤纷、描龙画凤的需求,这就要求刺绣技艺要不断地改进。扬州水陆交通便利,不同文化在此相互碰撞,扬州刺绣有机会汲取各地各家刺绣之所长,在汲取宋代刺绣技艺的基础上,材料改进越发精良,技艺技巧越加娴熟,材质不再局限于丝线,出现了透绣、发绣、纸绣、帖绒绣、戳纱绣、平金绣等,整体刺绣作品的精良程度日益提高。康乾盛世时期,扬州商品经济繁荣,宫廷对扬绣更为重视,将其指定为贡品,而扬绣在整个贡品中所占的比重也是较大的。清代在扬州设立了制衣局,专为皇室进贡衣服和衣料。清末民初,受工业革命影响,物美价廉的印花布匹开始大量问世,许多刺绣逐渐被印花取代,人们的生活和消费方式也发生了很大改变,这对传统手工业产生了很大冲击,刺绣业开始衰退。

扬州玉雕

清朝时期,扬州玉雕的雕刻手法和品相方面形成了独一无二的艺术风格。扬州玉雕的主要特点是将阴线刻、深浅浮雕、立体圆雕和镂空雕等多种雕刻技艺融于一体,形成了壮观、圆润、精致、秀美的特点,具备古典秀雅、巧夺天工的艺术风格。

由于水上运输的便利,建龙寺玉局承接宫廷玉器制作,形成造型气势磅

[①] 袁晶晶:《扬州刺绣的研究及发展策略》,《艺术科技》2018年第8期,第119、194页。

礴、细节精致的玉雕特点。为了展现玉雕灵活生动的形象，玉雕师对玉雕的造型把握多从玉料品相上构思，将杂色变为俏色，化绺裂成自然。玉雕的风格、设计、装饰都蕴藏了扬州的工匠精神，透过玉雕可管窥"任道宏用，随形制器"的自然理念。中小型玉雕大多属于礼器的首选，其形式规范、对称、用料严谨、尺寸小，能够体现使用者的身份地位和文化气韵。玉璧、玉圭、玉佩等都体现出礼制的重要性，在装饰题材上多见"圆圈纹""羽毛纹"等寓意吉祥的纹样。大型玉雕多见于山子雕，其用料珍贵，工艺复杂，数量较中小型玉雕略显不足。装饰题材上，以保留天然淳朴的玉石外貌为特点，选择主题雕刻。中华人民共和国成立后，装饰题材更注重爱国、现实生活等主题，如"龙飞凤舞""富贵牡丹""青山绿水"等图案。这一时期的扬州玉雕色彩一如既往遵循玉料本身颜色而设计的原则，如碧绿的翡翠、透亮的水晶、羊脂般的白玉等，整体造型典雅素净、从容含蓄。

扬州传统玉雕艺术是扬州传统文化的重要传承载体。扬州玉雕传承了几千年，体现出扬州的价值观念、审美情趣和纯真质朴的文化取向。[①]

盆景技艺（扬派盆景技艺）

扬派盆景即扬州盆景，为中国五大盆景流派之一。扬州盆景艺术形成流派在隋唐时期，明清时代成熟。扬州盆景艺术历代均有盆景名师出现，一直延续至今，是我国盆景艺术流派中颇具影响力的流派。元明时期，扬派盆景艺术采用了"扎片"的造型艺术。

扬州盆景的发源、发展和繁盛与京杭大运河密切相关。扬州作为运河名城，早在隋唐时期就是东南第一大都会，经济和文化的高度繁华，促进了园林的兴盛，扬派盆景就发源于此时。明初，随着扬州经济繁荣，园林复兴，盆景艺术发展形成明显的风格特色。清朝时期，云集扬州的达官显贵、盐商巨贾、文人雅士，以陈设、玩赏盆景为风雅之事，殊爱盆景的富人甚至长年聘请盆景工匠为其培育、摆弄盆景，不少文人墨客还乐于亲自动手制作盆景，时尚所向促使民间出现了不少专门从事盆景生产的家族式花园。当时的盐商巨贾不仅玩赏和收藏盆景，还捧出盆景相互"斗宝"，以炫耀自己的风雅、高贵和富有。"富商斗宝，匠人斗艺"，在这种激烈的竞争中，靠技艺维生的盆景艺人也因此练就了一套过硬的剪扎技艺。

---

① 朱成军、王雪：《当代扬州传统玉雕艺术的传承与发展对策》，《美术教育研究》2016年第15期，第30—31页。

康熙与乾隆均六次下江南，每次必至扬州。扬州官僚、盐商为迎合帝王游幸而广筑园林，盆景技艺也得以迅速发展，当时有"家家有花园，户户养盆景"之说。这使扬州的盆景格调不断提高，最终自成一派。

　　民国时期，扬派盆景还通过船运销往上海和苏南、苏北等地，深受百姓青睐。世代以盆景为业的人家，以口授身教的方式，子承父业，将盆景技艺一代代沿袭下来。

　　扬派盆景分树桩盆景、山水盆景和水旱盆景等。其中树桩盆景中的观叶类松柏榆枫、瓜子黄杨等独树一帜。扬派盆景十分注重立体空间构图，要求其盆景作品在仰视、俯视、平视、正视和侧视中的观赏效果俱佳。扬派树桩盆景要求"桩必古老，以久为贵；片必平整，以功为贵"。山水盆景仿效名山大川，借鉴山水名画，方寸之间，意境阔达，其造型严谨而富有变化，清秀而不失壮观。水旱盆景以树木、山石、小型人物、房间或桥、板为材料，多用山石构景，树木、桥梁、房屋为衬托，以人物、动物或建筑等小配件表现出一些富有生活情趣的题材，如清溪垂钓、柳塘放牧等。[①]

五、传统技艺

扬州漆器髹饰技艺

　　扬州漆器髹饰技艺历史悠久。扬州漆器的历史就是扬州漆器髹饰技艺的发展历史，是一个不断从实用走向艺术、从高端走向大众、从国内走向海外、从粗犷走向精细的过程。扬州漆器髹饰技艺发展历史的背后，是社会生产力的不断发展和提升，以及社会对于漆器髹饰技艺的认同和美誉不断提升的过程。

　　自古以来，扬州漆器髹饰技艺作为一类地方性特点极为突出的手工技艺，不仅在扬州及其周边地区都具有较为深远的影响力，而且以扬州漆器这一包含深刻文化的艺术品实体形态流传整个世界，甚至在世界历史范畴中都描摹下了浓重的一笔。

　　早在战国时期，扬州漆器髹饰技艺就已出现，从出土实物可以看出，当

---

① 胡旭升：《扬派盆景在扬州古典园林中的运用与发展》，《花木盆景（花卉园艺）》2020年第10期，第24—27页。

时漆器的造型和髹饰技法已有较高水平。到了汉代，漆器被广泛用于许多领域，造型和装饰手法更为精美多变。唐代扬州的脱胎干漆、金银平脱、螺钿镶嵌等工艺技法已相当成熟。明清时期，扬州漆艺臻于鼎盛，出现剔红雕漆、平磨螺钿镶嵌、软螺钿镶嵌、百宝镶嵌等著名品种，形成独特的地方风格。乾隆年间，扬州漆器产量和品种均达到历史最高峰。到了现代，扬州漆器及其髹饰技艺仍在国内外享誉盛名。

现代扬州漆器技艺精巧、绚丽多彩、格调清新，极富东方神韵。其中，以扬州漆器厂出品的"漆花"牌漆器最负盛名，并有许多精品赠送国外的博物馆或国际机构。国家的许多重要会堂、机构也有扬州漆器精品陈列。[①]

雕版印刷技艺

中国雕版印刷技艺是运用刀具在木板上雕刻文字或图案，再用墨、纸、绢等材料刷印，装订成书籍的一种特殊技艺。扬州雕版印刷技艺有着1300多年的发展历史。扬州雕版印刷技艺在漫长的历史沿革中，形成了独特的风格，并有着丰厚的价值。[②]

扬州雕版印刷技艺始于唐代，兴于宋元，盛于明清，在中国版刻史上占有重要的地位。唐代，扬州以刻印元稹、白居易诗闻名于世。宋代扬州刻书业在全国占有相当的地位，印书数量大，品种繁多，除佛经外，经、史、子、集等成为印书的主流。注重校勘、刻印精良是宋版书的特点。明代雕版印刷品种之多、数量之大，都超过前代。民间印刷的新品种是有插图的戏曲、话本，同时，地方政府还广泛编印地方志。到了明代中后期，扬州雕版印刷空前发展，刻书之风大长，官刻、家刻、坊刻盛极一时，刻印之书不可胜计。清代初期的文字狱曾影响民间印刷业的发展，导致版刻技艺没有新的提高，但印刷量还是很大的。到了清代中后期，扬州刻书业空前繁盛。清光绪时期，江宁、苏州、扬州、杭州、武昌官书局合刻二十四史，扬州艺人在完成这部篇幅浩大的历史著作中做出了突出的贡献。清代扬州雕版印刷不仅数量多、质量高，而且将书法、绘画与雕刻融为一体。

古代扬州雕版印刷术是通过师徒"口传心授"的方式传承下来的。传承有传男不传女的限制，师生关系也常常成为狭隘的宗派关系。同时，师徒制

[①] 荀德麟等：《京杭大运河非物质文化遗产》，电子工业出版社2014年版。
[②] 叶宗乐、李大伟：《扬州雕版印刷技艺传承发展现状与问题探究》，《民族艺林》2019年第2期，第133—142页。

多受传统道德伦理的约束，这些都会造成雕版印刷技艺的缺失和风格的断裂。尽管如此，在漫长的历史中，师徒制传承方式仍然培养了一代又一代的画工、刻工和印工。另外，这种模式更强调师父本人最拿手、最熟悉的风格，强调学生自学的主动性，这有利于学生从一点切入和深入学习扬州雕版印刷术。古人所谓"凡学者宜执一家之体法，学之成就，方可变易为己格"，应即为此意。"师徒制"成为古代扬州雕版印刷术传承方式的唯一形式。[①]

茶点制作技艺（富春茶点制作技艺）

扬州富春茶社有着悠久的历史。起源于富春茶社的魁龙珠茶、三丁大包、翡翠烧卖是富春茶点的主要代表，烹饪工艺各具特色，被公认为淮扬菜的正宗代表。

最初的扬州富春茶社并不是茶馆，而是一家"花局"，即花圃。清末的扬州有"千家养女先教曲，十里栽花算种田"的风俗。清光绪十一年（1885），扬州人陈霭亭（以挑花担叫卖于扬州巷口的小商贩）租赁得胜桥巷内的十几间民房和几分空地，创设"富春花局"。富春花局主要栽培四季花卉、创作各式盆景。清宣统二年（1910），陈霭亭去世，其子陈步云继承父业，继续经营。

民国初年（1912），富春花局为时任扬州商会会长周谷人所得。周谷人70多岁的父亲有一嗜好，即上茶馆喝茶。当时的茶馆不是雅致的地方，很多茶馆的老板是帮派头目，不同帮派进行非法交易的地点经常设在茶馆。周谷人担心自己的老父天天上茶馆影响自己的声誉，便听从陈步云建议，在富春花局创办茶馆，供老太爷和朋友们享用。茶馆开张后，先后命名为"藏春坞茶社""借园俱乐部"，最后定名为"富春茶社"。

早期的富春茶社吸引了扬州城内各个阶层的人，盐商士绅、文人墨客、寻常百姓及市井游民闲来无事，去富春喝一口茶、吃一笼包子便成了习俗。陈步云见状，便在茶社内设立了不同的"堂口"，用以招待不同的客人，除供应茶水外，又请来了面点师傅，雇用了堂倌、伙计，增加供应包子、点心等，这便形成了早年的富春茶社。[②]

[①] 赵强：《扬州雕版印刷术传承方式研究》，《艺术研究》2011年第4期，第89—91页。
[②] 胡舰：《富春茶点在扬州饮食文化中的地位与作用》，《南宁职业技术学院学报》2017年第4期，第5—8页。

富春茶社最负盛名的茶点，当推五丁大包。当年乾隆皇帝下江南，到扬州曾特地驾临富春。富春的厨师从他的侍从那里了解到，他对点心的要求苛刻，要"滋养而不过补，味美而不过鲜，油香而不过腻，松脆而不过硬，细嫩而不过软"。对此，厨师们颇伤了一番脑筋，最后采用海参丁、鸡丁、猪肉丁、冬笋丁、虾仁为馅儿心做成包子。乾隆品尝后，赞叹不已，当场拂笺挥毫题下"天下一品"四个大字，至今，"老扬州"提起富春的五丁大包，仍会情不自禁地翘起大拇指，接着再竖起4个指头意即"天下一品五个包"。现在，富春茶社为了使平民百姓也能尝到御膳点心，将五丁大包改为三丁大包，成为富春最热销的一种茶点。[①]

毛笔制作技艺（扬州毛笔制作技艺）

扬州毛笔，亦称"扬州水笔"，以其麻胎作衬而独树一帜。扬州毛笔以狼毫、兔尖（兔背之毫）为主要原料、当地产孔麻为辅料，工具多自制。其制作技艺十分复杂，分水盆、装套、旱作三个环节共100多道工序，环环相扣，道道严谨。关键工序全凭艺人的手感、舌感和目测。笔尖粗细、长短、老嫩以及锋状均有讲究，工艺精致而富有韵味。若要学制扬州毛笔，需由师傅口传心授，学者反复实践、揣摩，入门难，精通更难。

扬州毛笔，带水入套、涵水不漏，经久耐用；笔头笔杆，相得益彰；品格高雅，挺拔而有韵致。代表作"湘江一品"曾被誉为"笔中之王"。[②]

江苏省扬州市江都区大桥镇是"制笔之乡"，制笔传统历史悠久，相传距今已有400多年。大桥镇的制笔企业大大小小近千家。随着科技的迅猛发展，各式现代化的书写工具不断涌现，更趋向于轻盈、便捷和符合现代审美取向，毛笔已不再是唯一的书写工具。[③]

传统造园技艺（扬州园林营造技艺）

扬州园林历史悠久，从隋唐开始，历代统治者在扬州兴建园林，私家园林的营建也蔚然成风。隋炀帝开凿运河后，大造离宫别苑，苑中筑有"江都十宫"、迷楼等。宋代建平山堂，堂西筑美泉亭，是淮东第一观。明代初期，瘦西湖两岸建起园林，以影园和梅花岭为代表。至清代，建园之风日

---

① 贾杏年：《扬州富春茶点》，《食品与健康》1995年第2期，第36—37页。
② 《非物质文化遗产欣赏——扬州毛笔制作技艺》，《文化产业》2018年第22期，第65页。
③ 王慧宁：《扬州水笔制作的现状和发展规划》，《大众文艺》2013年第18期，第4页。

盛。凭借南北匠师高超的技艺，秉承着传统园林"虽由人作，宛自天开"的艺术风格，加之文人墨客雅致的熏陶、商贾官宦奢华风气的影响，扬州园林具备了独特的艺术造诣。

时至清末民国初年，随着盐业的衰落、交通的失利、战乱的频繁，扬州逐渐从全国性的商业大都市降级为地区性的商业中心，但其造园风气并未消弭，平园、邱园等私人园林筑起。但其后，战争使得扬州众多的城市园林受到破坏，在硝烟中荒芜下去。现今扬州园林大部分集中于北郊瘦西湖、北城河一带，主要分为两类，一类为依托自然山水的山水园林，代表的为瘦西湖两岸园林景致，其沿着河流蜿蜒次第展开，形成园林群落，各具风光；另一类则为私人的庭院宅园，如个园、何园、小盘谷等。

运河文化作为一种纽带作用的表现形式，深植于沿岸的各个城市文化，扬州作为大运河上的关键节点，更是受到其深远的影响。这就从另一个角度解释了扬州园林兼具南北方园林风格的原因。

脂粉制作技艺（谢馥春脂粉制作技艺）

谢馥春香粉铺建于道光十年（1830），由谢宏业开创，名曰"谢馥春"，意为既有香气馥郁之妙，又有青春永固之意。论其发展，可谓一波三折，大起大落，幸好及时调整，才能在动荡之时得以生存。

作为扬州香粉的传承代表，谢馥春以"香、粉、油"三绝闻名天下。太平天国战争时期，扬州城深陷兵燹，谢馥春店铺也毁于战火。战乱过后，谢氏家族由仙女庙迁回扬州，在东关街一带置地筑园，名为"馥园"。馥园包含谢氏老宅、后花园和粉妆坊三部分，是为数不多融住宅、园林、作坊为一体的园林建筑，至今仍保存完好。清末民初之际，谢馥春也历经多次起伏，但其工艺却经久相承。[1][2]

谢馥春制作的香粉以形似鸭蛋而闻名于世，采取天然原料，经鲜花熏染、冰麝定香工艺精制而成，具有轻、红、白、香之特点，为清廷贡粉，百姓冠称"宫粉"。香件、鸭蛋粉及冰麝油，通称谢馥春"三绝"，其"香、粉、油"制作技艺被列为省级非物质文化遗产。

谢馥春代代传承的"非遗"技艺——身上佩戴的香件、纸盒装着的脂

---

[1] 君懿：《"谢馥春"改革大潮中焕发青春的中华老字号》，《百科知识》2018年第19期，第50—52页。
[2] 范红艳：《论老字号品牌谢馥春的发展历程》，《大观》2021年第1期，第53—54页。

粉、瓷瓶装着的梳头油，都曾是大众生活的重要组成部分。然而和许多百年老字号一样，"谢馥春"在面对全球化和现代化浪潮时也受到巨大冲击，曾经的美妆方式、用具也逐渐被国外化妆品所影响和取代，作为陈旧、刻板的代表站在了流行文化的对立面。[①]

[①] 曹明哲：《浅谈包装设计与非物质文化遗产的融合共生——以谢馥春为例》，《大众文艺》2018年第15期，第80页。

第六节　大运河淮安段的非物质文化遗产

淮安古运河地区非物质文化遗产进入国家级非遗名录的就有楚州十番锣鼓、淮海戏、淮剧、南闸民歌等，基本涵盖了联合国教科文组织公布的《保护非物质文化遗产公约》所涉及的口头传说、表演艺术、节俗礼仪、传统工艺等各项内容（见表3.6）。

表3.6　京杭大运河淮安段非物质文化遗产

序号	编号	名称	类别	公布时间
1	II - 44	十番音乐（楚州十番锣鼓）	传统音乐	2008年
2	II - 173	南闸民歌	传统音乐	2021年
3	IV - 102	淮剧	传统戏剧	2011年
4	IV - 104	淮海戏	传统戏剧	2008年

一、传统音乐

十番音乐（楚州十番锣鼓）

十番锣鼓创始于明代，是江苏民间一种非常独特的民间器乐的合奏表演形式。"十"是多的意思，"番"是翻花样之意，总的说来，就是在配器上用锣鼓，而在曲式上进行复杂变化的一种音乐。明万历末流行于以苏州、无锡为中心的江南一带，在南京、常州、上海等地亦很盛行。明末清初时流传于安徽、浙江、广东、福建等地。"十番锣鼓"的演奏主要用于民间的宗教醮事和风俗礼仪活动。

楚州"十番锣鼓"在楚州兴盛了200多年，它起源于清朝道光年间，由当时楚州的民间作曲家、楚州"十番锣鼓"的创始人孙育卿将乾隆十六年（1751）清高宗首次南巡时随行乐团演奏的昆曲整理成册，加上带有地方风俗特点的唱词及独特的打击乐，形成雅俗共赏的民间音乐楚州十番锣鼓（武昆）。

自东晋至清末，中国历史文化名城淮安楚州一直为历代郡、州、路、府的治所。特别是在元、明、清三代，楚州是漕运指挥中心、河道治理中心、漕粮转运中心和淮北食盐集散中心，朝廷曾在这里设立了关系国家经济命脉的漕运最高管理机构"总督漕运部院"。漕运让楚州兴起，楚州"十番锣鼓"正是在漕运文化中产生、盛兴的，它集昆曲宫廷音乐、打击乐锣鼓点子、楚州地方唱词于一体，见证着漕运的繁华，唱出了漕运的兴盛。

在鼎盛时期，楚州有几十支"十番锣鼓"的专业演奏队伍，他们负责官方的官员接待等庆典活动以及民间富庶人家的喜庆活动等。民国以后，漕运退出历史舞台，楚州"十番锣鼓"也逐渐淡出，民间虽然还有艺人会演奏"十番锣鼓"，但是已经找不到一支完整的演奏团体。抗日战争爆发后，楚州"十番锣鼓"几近绝迹。[1]

南闸民歌

南闸民歌是江苏省非物质文化遗产，它不仅是环白马湖一带地域文化的缩影，更是透视此地劳动人民生活史、心灵史的独特窗口。南闸镇隶属淮安市，东依运河，西临白马湖，产生于此的民歌充分吸收运河文化与湖泽文化的滋养，显得更加灵动活泼。经过近几年的研究与开发，南闸民歌俨然已经成为彰显淮安文化的亮丽名片。[2]

南闸民歌是江苏省的传统民歌。淮安市楚州区南闸镇是江苏省著名的"民歌之乡"，因运河而生的南闸民歌即发源于此。南闸民歌以丰厚的水乡情韵为底蕴，形成委婉、悠慢、抒情的演唱特色和赛歌、对唱等歌唱形式，是中国民歌园百花园中一朵艺术奇葩，至今流传着500多首传统民歌、历史民歌和新民歌。南闸民歌涵盖了民间音乐、民间文学、民俗文化，其内容丰富、旋律优美、传唱广泛、保护完好，被誉为"民间传统音乐的活化石"。

南闸民歌是白马湖民歌的缩影和代表。按照歌词的起源年代和时代特点探源定论，南闸民歌分为三种类型：一是传统民歌，又称祖传民歌，这类民歌无政治色彩，流传久远，具有传统民俗风情，主要反映乡村农民的情感生活；二是革命历史民歌，形成时间是从抗战时期到中华人民共和国成立初

---

[1] 周宝洪：《国家级非物质文化遗产——楚州"十番锣鼓"价值研究》，《安徽文学（下半月）》2012年第1期，第159页。
[2] 杜运威：《论江苏南闸民歌之文化价值、传承现状及发展策略》，《南京理工大学学报（社会科学版）》2020年第6期，第14—20页。

期这一时段；三是新民歌，这类民歌主要是1958年新民歌运动（红旗歌谣时期）和后来历次群众文化宣传所创作演唱流行的民歌作品。

南闸乡土民风纯洁，乡民普遍具有一种热爱家乡、热爱生活、热爱文化的美德，世代传承和传唱乡土民歌已经成为乡民们特殊的生活习惯。在这里，乡土民歌歌手密集，在不同时代都具备把乡土民歌文化沿袭传承的机遇和条件，也为南闸民歌的保护和传承注入了无限的生机与活力。[①]

二、传统戏剧

淮　剧

淮剧是发源于江苏盐城、淮安一带的地方戏曲，距今已有200多年的传承历史。现今淮剧舞台上的剧目大致可以分为"传统戏""新编古装戏""现代戏"三种类型。

在舞台服饰上，三者有着鲜明的区别，传统戏和新编古装戏的故事背景多为古代，演员服饰均是采用古装戏服，这类服饰以明代日常生活中的服饰为基础，融入了宋、元、清各朝代服饰的特色。而现代戏所讲述的是近代和当代故事，所以服饰原型来自近现代日常生活中人们所穿的服饰，再经过美化提炼后为舞台所用。传统戏是指淮剧在早期阶段移植自徽剧、扬剧等剧种的剧目，以及编演自民间传说的剧目。新编古装戏也称新编历史剧，是20世纪60年代在文化部的号召下兴起的，取材于历史但以新时代的视野而创作的新剧目。现代戏则是20世纪40年代左右产生的，戏中所表现的人物有别于传统戏中的精英阶层，是以编演当代人民群众生活中的故事为主要内容、以大众文化为精神内涵的一种淮剧艺术形态。

从19世纪下半叶开始，"僮子戏""门叹词"等民间表演元素逐渐走向融合，以演唱"淮调""下河调"为主的地方小戏——淮剧，初具形态。此间，徽剧在盐淮地区正盛行，在徽剧的影响下，淮剧在音乐、演唱、表演等多方面不断改进，不久后便能与以技艺精湛著称的徽剧同台演出。在当时的盐阜地区，人们为了赶上一场喜欢的淮戏，走上几十里地也不是一件稀罕的事情。这一时期，淮剧在演唱曲调和表演等方面不断完善，演员阵容不断扩

[①] 《百城百艺 非遗名录 | 民间传统音乐的活化石——南闸民歌》，澎湃媒体，2021-05-14。

大，但在剧本创作方面则是以改编与移植为主要方式，鲜少有原创的剧目，舞台上演的主要是《九莲十三英七十二记》等改编类、移植类剧目。原创剧则是在1940年之后开始出现，"现代戏""原创剧""拉悲调""导演制"等词的出现代表着这一时期淮剧所呈现出的艺术新特征。①

淮海戏

淮海戏起源于清乾隆时期海州一带的拉魂腔，后来艺人们通过民间表演换取食物来补充生活所需。清道光年间，艺人自由结社发展成为打地摊演出的小戏。抗日战争时期，演员们根据当时局势自编了很多抗日小戏，为扬我军威起到了积极正面的作用。

淮海戏是江苏省具有广泛影响力的地方剧种，主要流行于江苏北部的淮安市、连云港市、宿迁市等地区。20世纪70年代末至80年代末是淮海戏的活跃和辉煌时期，自90年代开始，电视、网络等现代传媒的普及，导致人们对淮海戏的兴趣逐渐减少，少有年轻听众。淮海戏起源于民间，丰富的民俗文化是淮海戏产生与发展的源泉，随着社会经济的发展和信息时代的进步，传统习俗存在感降低，淮海戏日趋衰落。

早期的淮海戏被民间称为淮海小戏、三刮调等，流行于淮扬地区。抗战时期，民间自发组成剧团"艺人救国会"，后逐渐规范化。

淮海戏前期受众较小，多为淮扬地区的农村群体，其发展壮大有赖于不断学习、融合新事物的曲艺精神。淮海戏取材于民，贴近生活、浓郁的乡土气息是这一地方剧种能够顽强生存，不断成长的必要条件。②

---

① 戴安娜、朱子琪：《探讨淮剧艺术的现状与传承保护》，《喜剧世界（下半月）》2021年第7期，第15—17页。
② 王安科：《淮海戏的创新传承与发展》，《剧影月报》2020年第4期，第41—42页。

第七节　大运河宿迁段的非物质文化遗产

宿迁古运河地区非物质文化遗产进入国家级非遗名录的就有泗州戏、洪泽湖渔鼓舞、洋河酒酿造技艺、苏北大鼓等，基本涵盖了联合国教科文组织公布的《保护非物质文化遗产公约》所涉及的口头传说、表演艺术、节俗礼仪、传统工艺等各项内容（见表3.7）。

表3.7　京杭大运河宿迁段非物质文化遗产

序号	编号	名称	类别	公布时间
1	Ⅲ-115	洪泽湖渔鼓	传统舞蹈	2014年
2	Ⅳ-62	泗州戏	传统戏剧	2011年
3	Ⅴ-131	苏北大鼓	曲艺	2021年
4	Ⅷ-144	蒸馏酒传统酿造技艺（洋河酒酿造技艺）	传统技艺	2021年

一、传统舞蹈

洪泽湖渔鼓

洪泽湖渔鼓是我国音乐舞蹈的主要构成部分。洪泽湖渔鼓的正式形成要追溯到唐朝。明清时期，"打端鼓"得到较大程度发展，并在这一阶段达到顶峰，凡渔民续家谱、开捕、灯会时，都要设坛举行"打端鼓"活动，其间所进行的渔鼓表演，人员数量比较多，已经超出千人。随后湖区艺人将打端鼓的舞姿和劳动场景模拟融合之后，使得以往单一的请神驱鬼活动逐渐成为逢年过节和家谱会等活动中重要的娱乐形式。在这一过程中，打端鼓也融合民间舞蹈元素，而"端鼓舞"也被改称"洪泽湖渔鼓"，并逐渐发展成为渔鼓舞。清末到民国时期，渔鼓从内容到形式方面都出现明显变化，也成为渔民集迷信活动与文化娱乐的重要项目。

洪泽湖渔鼓艺术将传统艺术与现代观念相结合，赋予其经济价值，并扩大其受众群体，增加其传承路径。同时，渔鼓艺术也是旅游业的一大助力，特殊的文化表现形式与丰富的文化内涵是旅游业发展的卖点之一。渔鼓艺术的表演形式多样，除了大型舞台表演以外，还有互动性强的小规模表演。洪泽湖渔鼓可繁可简、参与性强，相较于其他民俗艺术来说更具吸引力与商业价值，为洪泽湖流域带来可观的经济收益。

洪泽湖渔鼓艺术作为一种民俗文化，与当地百姓的日常生活联系紧密，寄托着人们美好的愿望。近年来，洪泽湖渔鼓艺术逐渐融入地区社会文化发展中，为促进地方文化多元化做出了重大贡献。在国家政策的扶持和文艺工作者的努力下，洪泽湖渔鼓艺术在保留其民俗文化风格的同时，取其精华，去其糟粕，对其精神寓意进行了升华，使其艺术表达更加生活化，它也因此被搬上舞台，走进学校，在教育方面发挥着重要作用。我国幅员辽阔，不同地方对于素养发展的需求具有多样性，洪泽湖渔鼓艺术贴合洪泽湖流域人民的生活环境，对于满足当地人民精神文化追求，提升当地艺术文化素养起到了重要作用。[1]

二、传统戏剧

泗州戏

泗州戏是我国著名的民间戏曲类型之一，既具有简单的曲调结构，也具有较为浓郁的乡土气息，旋律和曲调十分吸引人。在泗州戏的传承与发展过程中，主要的艺术来源就是民间小调和山歌号子等，也因此形成了朴实、风趣的演出风格。泗州戏从最开始没有固定旋律的沿门乞讨小戏，经历200多年的时间逐渐发展，目前已经具备了一定的规模。

泗州戏虽然是一个小的戏曲类别，但是具有独特的艺术魅力，其底蕴主要源于我国皖北地区所具有的悠久文化传统，以及深厚的音乐、舞蹈发展历程，同时，泗州戏本身所具有的唱腔也是十分优美的。

泗州戏具有浓郁的地方风味和独特的地方特色，素有"拉魂腔"之称。作为江苏四大剧种之一，泗州戏的表演在鼎盛时期受到了听众的欢迎。然而，随着时代的发展，与辉煌的历史相比，当前的泗州戏已经出现艺术创作

---

[1] 徐闻：《浅析洪泽湖渔鼓艺术的文化内涵及影响》，《汉字文化》2020年第15期，第157—158页。

机制与市场运作机制之间的矛盾，娱乐功能与教化功能之间的矛盾也有所增加。演员阵容的明显萎缩以及泗州戏听众的普遍老龄化，继承和创新的手段匮乏以及创作和研究的相对延迟都是我们面临的严峻现实问题。

泗州戏是淮北平原的本地戏。它是从民间土壤中成长而来的，具有浓郁地方风味的杰出戏剧之一。泗州戏创作于清朝乾隆年间，与起源和活跃在山东南部和河南东部的柳琴戏曲以及在苏北地区流行的淮戏有着相同的渊源。

泗州戏是一种根植于民间土壤的地方戏曲剧种。新事物的诞生总是与有心人的成长和关怀密不可分。据说，泗州戏雏形是由三位爱好者收集当地的太平歌和猎户腔两种老百姓喜爱传唱的民歌曲子，并根据当地百姓的角色故事进行改编和演唱所形成的。还有另外一个说法，泗州戏来源于神话传说，当时的泗州城贪官冒犯了水母娘娘，水母娘娘大怒之下发水淹没了全城。最后贪官也受到惩处，泗州百姓纷纷前来烧香庆贺祈祷，男女老少表演拉魂腔来祭祀，祈求水母娘娘退水还田。因传说起源于淮河下游的泗州，故被后人称作泗州戏。①

三、曲艺

苏北大鼓

苏北大鼓原名宿迁大鼓，民间惯称"说大书"，流布于苏北的宿迁、徐州、连云港、淮阴及皖东北和鲁南地区，至今已经有200多年的历史。长期以来，苏北大鼓为丰富人民的文化生活做出了积极的贡献。

苏北大鼓形成后在苏北一带比较流行，由于徐州、淮阴从艺谋生之人颇多，所以苏北大鼓形成之后发展很快，并迅速向周边地区传播与扩散。苏北大鼓艺人分布广泛，在传唱中，唱腔与当地语音语调结合而发生变化，形成门派纷呈的局面。清末年间，苏北大鼓有了较大的发展，是淮北地区从艺人数最多的曲种，且名家辈出，由于艺人唱腔风格及所处地域的不同，苏北大鼓形成了张、沙、杨、韩、邰、李、高、兰、柴、桂十大门派。

---

① 蒋帆：《大运河文化带宿迁段非物质文化遗产泗州戏的传承与发展》，《明日风尚》2021年第14期，第146—148页。

民国初年到抗日战争爆发前，苏北大鼓的曲目逐渐增加，呈现出书目繁多、流派纷呈、名家林立的发展局面。曲调除原有的曲调外，又增加了平调、货郎调等，在民间有着"九腔十八调，争鲜又争俏"之美誉。除"唐书""宋书"等历史题材内容外，还增加了《卧虎山》《破孟州》等50多部书目。在书目增加的同时，大鼓艺人还在演唱艺术上从重说唱、轻表演，改变为说唱、表演并重。唱腔以徐州为中心形成东、西两大派。徐州以西（包括西北）属"西腔派"，唱腔粗犷，拖腔长，气势雄壮；徐州以东（包括东南）属"东腔派"，唱腔幽雅、美脆，抒情性强。在表演上也分为"以说为主"和"以唱为主"的两派。

战乱时期过去后，中华人民共和国成立，苏北大鼓进入一个新的历史发展时期，在党和政府的关心和重视下，苏北大鼓得到稳定持续的发展。1951年后，各县曲艺协会等组织相继成立，使得苏北大鼓无论是在艺术形式上还是演出组织上都有了长足的进步。

20世纪90年代之后，演唱大鼓的艺人逐渐减少，到21世纪之后已经濒临灭绝。快节奏的社会，使人们逐渐放弃了大鼓，以至于大鼓慢慢走上衰退之路。[①]

四、传统技艺

蒸馏酒传统酿造技艺（洋河酒酿造技艺）

洋河酒酿造技艺主要包括"老五甑"工艺、特殊制曲工艺、原酒陈酿工艺、勾兑工艺，以及相关的特殊技艺等。[②]

洋河周边分布有洪泽湖、骆马湖、京杭大运河、古黄河和淮河，以及被称作"华东大氧舱"的洪泽湖湿地。近在咫尺的"两湖三河一湿地"，形成了难以复制的湿地气候环境，从而使洋河酒的产区与苏格兰威士忌产区、法国干邑产区齐名，并称"世界三大湿地名酒产区"。

在河、湖、湿地的影响下，其独特的温湿度特征，对洋河酒绵柔风格的形成，发挥了重要作用。洋河所在的湿地产区常年湿度较低，温度则在15摄

[①] 徐禧、严永福：《苏北大鼓的源流与表演特色》，《艺术评鉴》2020年第24期，第8—11页。
[②] 王贵玉：《中华酒魂——谈中国酿酒技艺传承和创新发展》（上），《酿酒》2021年第6期，第3—6页。

氏度左右。而洋河酒酿造时最低的入池温度为5摄氏度。这创造了目前中国白酒入池发酵温度的最低纪录。低温入池、缓慢发酵以及低温蒸馏，可以最大限度地减少酒的刺激和爆辣，过滤掉危害人体健康的物质成分，这有利于白酒风味的协调柔顺。因此，洋河酒形成了独具特色的"绵柔3D"特征，即绵爽度、舒适度、柔和度。①

---

① 《洋河掌握"绵柔"白酒核心工艺》，《决策》2013年第7期，第12—13页。

第八节　大运河徐州段的非物质文化遗产

徐州古运河地区非物质文化遗产进入国家级非遗名录的就有徐州剪纸、徐州香包、柳琴戏、徐州琴书、徐州梆子、邳州跑竹马、唢呐艺术（徐州鼓吹乐）、徐州伏羊食俗等，基本涵盖了联合国教科文组织公布的《保护非物质文化遗产公约》所涉及的口头传说、表演艺术、节俗礼仪、传统工艺等各项内容（见表3.8）。

表3.8　京杭大运河徐州段非物质文化遗产

序号	编号	名称	类别	公布时间
1	Ⅱ-37	唢呐艺术（徐州鼓吹乐）	传统音乐	2011年
2	Ⅲ-44	竹马（邳州跑竹马）	传统舞蹈	2008年
3	Ⅳ-63	柳琴戏	传统戏剧	2008年
4	Ⅳ-121	徐州梆子	传统戏剧	2008年
5	Ⅴ-73	徐州琴书	曲艺	2008年
6	Ⅶ-16	剪纸（徐州剪纸）	传统美术	2008年
7	Ⅶ-26	香包（徐州香包）	传统美术	2008年
8	Ⅹ-179	徐州伏羊食俗	民俗	2021年

一、传统音乐

唢呐艺术（徐州鼓吹乐）

唢呐在徐州有着深厚的历史和文化根基，广泛流行于徐州地区。徐州民风淳厚，崇尚礼仪，唢呐的传承在徐州有几百年历史。唢呐发音高亢嘹亮，音域宽广而富于变化，表现力强，通常用于婚丧嫁娶等活动。徐州民间唢呐曲目丰富、技艺多样，是风格独特的民间艺术。在群众中曾流传"唢呐一响，浑身就痒"的话，足见唢呐的艺术魅力。

徐州民间音乐很多是以唢呐为主奏乐器，加以笙、管、竹笛和打击乐器组成的器乐合奏方式，以吹为主，吹打并重交融而成。徐州唢呐演奏的曲目主要分为大唢呐牌子曲，小唢呐牌子曲，单、双管子牌子曲，笛子牌子曲和唢呐锣鼓混合齐奏曲等几大类。特别是凡调子、柳金子、十言景等曲子，是徐州地区最有代表性的乐曲。20世纪唢呐班非常盛行，各个地方都有艺人成立的"唢呐班"。

徐州民间唢呐班是我们民族文化中优秀、宝贵的遗产。现今，唢呐演奏艺术来源于民间但高于民间，民间唢呐为唢呐艺术的发展起到了推动作用。唢呐艺术反映了一个时代人们的喜怒哀乐，反映了人们的心声。[1]

二、传统舞蹈

竹马（邳州跑竹马）

邳州跑竹马是流行于邳州当地的民间舞蹈形式，流传广泛，是邳州特有的地域文化符号之一。"邳州跑竹马"俗称"竹马舞""竹马会"，始于明代，距今已有500多年历史。传统竹马会一般在农历正月初一开始，初八结束。旧时"跑竹马"演出前要先举办"参驾"（上香）仪式，"参驾"后才能进场表演。历史上在"邳州跑竹马"发展的鼎盛时期，各种阵式有30多种，但目前尚能演出的仅有12种。[2]

20世纪50年代，邳州流行的数十个"竹马会"分布于全市各镇。每个竹马会的演出风格、表现内容都有所不同。20世纪60至70年代中期，竹马会被禁止演出，20世纪80年代又重新排练演出，至今延续不断。目前，邳州市只有滩上、官湖、宿羊山三镇有竹马会。

邳州跑竹马的表现形式经历了"简单—丰富—多样—消失—简单"的变化过程。在清朝初期，邳州跑竹马项目的最初表现形式比较单一，表现的内容主要是金人围猎的场景。清朝嘉庆年间，"玩乡会"的盛行和规范发展，促进了邳州跑竹马的多样化发展，一些老艺人回忆说，当时为了能够在玩乡会中脱颖而出，会将《鞑子游春》的故事表现出来。

邳州跑竹马的阵势是最能突出跑竹马特色的部分，其主要特点是"跑"，以跑贯穿始终，跑中见阵，阵中见形。从跑竹马的产生到现在，始终不变的就

---

[1] 杨秀勇：《徐州民间唢呐的传承和发展》，《剧影月报》2009年第6期，第58—59页。
[2] 吴作杰：《略论邳州跑竹马》，《大众文艺》2013年第24期，第1页。

是"跑",只是在不同的时期,跑出的阵势不同。在最初产生之时,跑竹马仅有一种阵势——"剪子股",只有简单的跑,内容表现单一。在邳州跑竹马发展的鼎盛时期,由于要表现的内容更丰富,相对的阵势也更多。鼎盛时跑竹马的阵势有100多种,经常跑的有30多种。但由于是口头传承,随着老艺人的离世,这些阵势的具体名称和内容也变得无据可依。为了更生动、形象地表现出跑竹马的内容,老艺人还增加了音乐和唱词,更加丰富了跑竹马的内涵。根据对跑竹马省级传承人屈绍金的采访得知,在禁演结束后,老艺人重新挖掘整理,留存下来的经常表演的阵势主要有10个,但唱词未能传承下来,音乐也变得简单化。[1]

三、传统戏剧

柳琴戏

柳琴戏是徐州地区的本土剧种,是江苏省具有浓郁地方特色的剧种之一。它萌芽于清代乾隆中叶,迄今已有200多年历史。该剧种以其独特的唱腔与艺术表现力,风靡于以徐州为中心的苏、鲁、豫、皖四省的交界区域,其中,在江苏和山东两省的影响最大。柳琴戏的唱腔柔美甜润,表演质朴风趣、刚柔相济,有着浓郁的地方特色,特别是女腔声尾柔长甜润,因此徐州当地民众称柳琴戏为"拉魂腔"。现在徐州附近仍流传着"三天不听拉魂腔,吃饭睡觉都不香"的民谚,可见人们对柳琴戏的厚爱。

徐州柳琴戏的唱腔、音乐主要源自徐州周边地区的民间音调、农民号子及地方语音的衍化,后又不断糅合吸纳民间曲艺、民间歌舞的音乐元素,加之现代音乐、节奏的融入,通过长期的整合、润泽,渐渐形成了现在柔美、甜润、质朴风趣、粗犷泼辣的艺术风格。徐州是五省通衢之地,南北文化艺术在此交汇相融。所以,在柳琴戏音乐中至今仍有五声音阶和七声音阶存在。徐州柳琴戏既有南方音乐的甜美柔润又有北方音乐的豪放激越。

传统柳琴戏的剧目大多来自民间地方传说和历史故事。因为柳琴戏形成于我国清代时期,先辈艺人基本来自农民、杂工,创作的主体以他们为主,

---

[1] 滕腾等:《民俗学视域下邳州跑竹马的历史变迁》,《南京体育学院学报(社会科学版)》2017年第6期,第29—32页。

所以徐州柳琴戏必然是以农民的审美情趣为依据，这也形成了其质朴、风趣、幽默、诙谐、对美好生活追求向往的艺术风格特点。

中华人民共和国成立之后，经过几代柳琴戏艺人的不懈努力和坚韧追求，柳琴戏现在已经发展成为一个具有较强艺术感染力和较高艺术欣赏价值的地方剧种，孕育出了一批出类拔萃的、群众喜爱的艺术家和艺术作品。

徐州梆子

徐州梆子戏在我国非常著名，发展至今已经有300多年的历史。在其漫长的发展历程中，出现了一批又一批优秀的梆子戏演员，为梆子戏这门艺术做出了贡献，然而到了今天，梆子戏正逐渐淡出人们的视野。

徐州梆子戏的观赏性很强，符合当地人们的审美特征。除此之外，梆子戏所蕴含的思想内涵非常丰富，有着很高的文化价值以及历史价值，是宝贵的艺术财富。徐州梆子戏是对我国传统戏曲表演的传承和发展，它有着自身的艺术规律和表演程式，表演中将音乐、舞蹈、文学等融合在一起，采用虚实结合的方式传递思想感情。梆子戏不仅在程式化上比较规范，同时还有着很强的节奏感和技巧性，给人一种朴素、敦厚的感觉，地方色彩较浓郁。

徐州梆子戏的音乐采用板式变化体，通常采用慢板、流水、二八和非板四大板。音乐曲牌数量有300多种，声腔是从陕西、江苏等地传来并进行了衍化，在节奏、风格等方面增添了徐州本地的特色，表演时既有陕西地区的厚重，也有江苏地区的轻柔。早期的徐州梆子戏科班和戏班的演出通常是露天的，演员也因此练就了一副好嗓子。演员们的嗓音都有着很强的穿透力，唱腔上则利用假嗓子进行发声。以徐州丰县蒋门梆子戏为例，其唱腔上比较慷慨、奔放，显示出了雄伟的气魄。在传统剧目中，也有武戏文唱，因此蒋门梆子戏中也有着温柔的一面。梆子戏表演注重对真实感情的表达，通过一些大幅度的动作将人物内心的活动展现出来。随着音乐旋律的变化，演员在台上的变化也是多样的，这从视觉上给人带来了极大的冲击。梆子戏对演员的功底要求非常高，演员为了在台上达到一定的艺术效果，需要在台下付出许多努力。在台下练习时，要做到吐字清晰，有爆发力；登台演唱时，要做到自然流畅，注重唱腔旋律。不同的唱腔有着不一样的韵律，表现形式也不同。

正是因为徐州梆子戏朴实、高亢以及粗犷的戏曲艺术风格，因此和徐州人民的生活习性以及民风、人文个性产生了共鸣。以前，徐州因为受到政治和独特的山川地理条件的影响,饱经战乱以及自然灾害,让徐州人民的性格变得更加粗犷豪放。和徐州人民火爆、粗犷以及直率的性格一样,江苏梆子戏也具有同样的风格。①

四、曲艺

徐州琴书

徐州琴书是一种以说唱为主,乐器伴奏为辅的民间曲艺种类。在其发展过程中,形成了自己独特的曲牌、唱腔、演唱风格以及伴奏形式,涌现出许多优秀的剧目。它以徐州方言为基础,在徐州地区及苏、鲁、豫、皖等周边地域广泛流传。

徐州琴书在历史上曾经历了几次蓬勃发展期,有着深厚的人民群众基础,是目前江苏省内与苏州评弹、扬州评话齐名的三大曲种之一。近些年,在社会经济的迅猛发展和多元文化强烈冲击的影响下,出现传承人锐减、受众萎缩、新剧目减少等问题,徐州琴书遇到了前所未有的挑战。

"琴书"中的"琴"泛指这一艺术形式的音乐部分,包括音乐、演唱和伴奏。"书"则指该艺术的形式文本、说唱内容、故事情节等。因各地方言、语言、自然条件、生活方式、风俗习惯、性格气质的不同,故产生了音乐风格各异的琴书。

琴书表演基本脱离了传统的自伴自唱、只坐不动的表演程式。琴书伴奏有专职乐队,演员既唱又舞,以徐州琴书的牌子曲为基调,同时借鉴、吸取其他曲艺门类艺术的曲调。这种表演形式只适用于抒情、祝贺、欢迎等特定场合,不适合演唱有故事性叙事的曲目。②

琴书刻画人物要抓住人物的要点,不管是男是女、是老是少、是官是民、是善是恶,演员的一举手、一投足、一个眼神、一句道白、一声唱腔,都要让观众看得明白,分得清楚。③

徐州琴书的表演形式多种多样,以单人档、双人档和三人档为主。20世

---

① 吴燕:《梆子戏曲的表演艺术探讨》,《戏剧之家》2015年第24期,第44页。
② 徐荧:《徐州琴书表演形式与表演技巧》,《剧影月报》2021年第1期,第55页。
③ 苏文婷:《徐州琴书非物质文化遗产的历史发展及传承策略研究》,《艺术品鉴》2021年第29期,第141—142页。

纪80年代前是单人档和双人档，以演唱中长篇书目为主。20世纪80年代后主要是双人档、三人档和表演唱，以演唱短篇小段、抒情叙事曲目为主。

五、传统美术

剪纸（徐州剪纸）

徐州剪纸作为我国传统剪纸艺术当中的代表之一，具有非常显著的地域特性。经过漫长的发展历程，逐渐催生出风格更加多样、艺术呈现形式更为精巧的徐州剪纸艺术。在徐州剪纸艺术的表达中，不仅可以呈现出当地人民生活的风土人情，也可以反映出历史文化的传承与进步，因而具有非常重要的艺术价值。然而，伴随着现代社会生活的不断进步，物质文明也在不断地发展，这对于传统剪纸文化而言意味着巨大的冲击。因此，政府和有关部门应当对徐州剪纸艺术进行保护与传承，并且加以现代化手段的应用，从而推进民间剪纸艺术的传承与发展。

在徐州剪纸艺术当中，单色剪纸是非常重要的一种基础表现形式。所谓单色剪纸是指在单一颜色的纸张上面进行剪纸艺术的创作，并且通过阳剪与阴剪两种方式勾勒出相应的图案以及形状。阳剪主要是指去除相应的图案部分，保留图案之外的轮廓结构，使得最终产生的剪纸图案与背景形成较为鲜明的对比，增强剪纸艺术的感官体验。阴剪是指保留相应的剪纸图案，将图案之外的部分去除，从而使得剪纸艺术作品更为直观、简洁。与此同时，还有许多将阳剪与阴剪两种艺术形式进行有机结合的剪纸艺术作品，同样具有非常重要的艺术价值。

除了单色剪纸之外，换色剪纸也是徐州传统剪纸艺术当中非常重要的一种技法。与单色剪纸相比，换色剪纸主要是指将形状以及颜色不同的单色剪纸进行相应的拼接，从而形成最终的剪纸图案。相对于单色剪纸作品，换色剪纸具有更加艳丽的色彩搭配以及更为精巧的艺术布局，因而具有较高的艺术表现力。在传统的徐州剪纸艺术当中，通常采用五色换色法。所谓五色换色法，主要是指将五种不同颜色的剪纸进行叠加，再根据相应的图案样式进行剪切与雕刻，从而创作出新的剪纸艺术作品。

对于徐州剪纸艺术而言，除了单色剪纸以及换色剪纸之外，当地人民还在此基础之上，创作出印花剪纸以及装饰纹版刻纸等。这种印花剪纸大部分采用阳剪的表现手法，同时具有较为明确的艺术主题。在实际艺术创作过程当中，需要根据相应的图稿进行初步的剪裁，然后，将相应的套色图案进行一定顺序的粘贴，从而确保图案之间的和谐、统一。这种印花剪纸由于艺术形式新颖、图案色彩明丽，常常用来作为装饰之用。

徐州剪纸艺术作为我国传统剪纸艺术文化当中非常重要的一支，为我国的传统文化发展奠定了良好的基础。徐州剪纸艺术也是前人文化智慧的产物，需要现代人进行传承与发扬。[①]

香包（徐州香包）

香包，古时又名"香囊""佩帷""容臭""香袋"等。它是一种大小不一、形状各异的绣囊，富有寓意的图案纹样被绣制在绸布上，内部装有各种中草药研制的粉末，散发出浓浓的香味。香包蕴含了中国民间艺术的审美情调，承载了人们祈求祥瑞的美好愿望。徐州香包以其丰富的纹饰、精湛的工艺及地方特色，在中国传统香包艺术中占据重要的地位。

徐州香包有着浓厚的地方特色，其制作和使用兴盛于汉代，经历了千年的演变和发展。相传古代有位徐州商人，在回家过端午节的途中偶遇一位老人，这位商人便邀请老人搭乘自己的马车。得知这位老人是一位仙人，要去徐州放毒虫后，商人便询问免除灾难的方法，老人告诉他回家后将香包悬挂于门上即可。商人回家后挨家挨户地通知了全城的人，自己却忘记将香包挂于门上。第二天全城百姓来道谢，却发现这家人没有逃脱厄运。为表纪念，百姓修建了"五毒庙"，每逢端午便会到庙里上香。虽然这只是一个传说，但商人舍身救人的故事代代相传，驱邪避毒的中草药香包也成为五毒庙会最受欢迎的物品之一。

徐州香包汲取了汉代文化中的精髓，图案纹样多采用汉画像石中的题材，如车马出行图、歌舞杂技、青龙、朱雀、白虎等，展现出浓浓的汉文化特色。而这些反映生活场景和祈求祥瑞的图案，也十分符合香包本身的寓意。徐州香包增强了徐州人对地域文化的认同感，同时也将这种地域文化特色传递给更多的人。

徐州香包历史悠久，造型敦实且色彩浓郁，具有较高的收藏价值，体现出浓厚的文化内涵和民俗特色。徐州香包经历了数千年的传承和发展，在继

---

① 沈强：《解析徐州剪纸在文化与守候之间的传承与利用》，《艺术品鉴》2021年第21期，第44—45页。

承传统文化精髓的同时，也注重使用功能，不仅满足了现代人的审美需求，而且不断地适应人们的生活习惯。传统文化的传承需要更多人的参与，民间艺人的口传心授会将这种艺术传承下去。①

六、民俗

徐州伏羊食俗

徐州"伏羊食俗"源于彭祖，兴于两汉，经过历代传承和发展形成了徐州特有的食俗文化。徐州古称彭城，彭城人伏天食羊的食俗有着悠久历史。这种食俗与古代祭祀、中医学理论、阴阳五行、易经、节气变化、本草学有着密切关系。经历代流传，徐州"伏羊食俗"已成为一种地方风味浓郁的习俗。

从古代的祭祀习俗来说，徐州的"伏羊食俗"源于徐州古时民间用羊对"伏腊"的祭祀活动。周朝有"伏日祭祀"，在祭祀的礼物中，先人们认为"羊大为美，食羊为养，以羊祭祀为祥"。因此，羊在先人看来是祭祀神灵和祖先最好的礼物。"三牲羊为首"，故而逐渐形成了"伏天"吃伏羊的习俗。

从传统中医学来说，夏天阳气最盛，随着气温升高，湿度较大，身体难免潜伏隐忧。冷饮和瓜果等冷食凉物极易对脾胃火旺的人带来由热到冷的"淬火式"伤害，羊肉具有补脾胃、壮阳、治虚劳寒冷、安心神、止疼等多种食疗效果。所以，夏天适当吃些伏羊可以达到中医所讲的"天人相应"、以阳补阳的效果。人们可以吃甘温的羊肉，再配以葱、姜、蒜、辣椒等辛辣调味，逼出人体的湿气。②

"彭城伏羊宴"由凉菜、热菜、汤菜、主食等四大部分组成③：

凉菜九款

蒲黄羊肉　羊头肉拌粉　芫荽拌肚丝　糟羊舌条

---

① 朱晓洁：《民间工艺传承视角下徐州香包的艺术探析》，《美术教育研究》2019年第19期，第42—43页。
② 陈家振、刘会敏：《"徐州伏羊节"的前世今生》，载《第十五届（2018）中国羊业发展大会论文集》2018年，第62—66页。
③ 王文正：《彭诚伏羊宴》，《美食》2003年第5期，第25页。

苤蓝腿片　陈皮萝卜丝　羊汁卤豆干　蒜茸黄瓜
卤肥羊蹄

热菜十八款

彭城羊杂　椒盐羊排　羊粒鱼米　鲜芦烩羊髓
香酥羊腿　龙凤羊鲜　鳃鱼烩肚　羊肉椒子酱
清炖羊球　汉画羊腰　菊花羊心　玉子烧羊脑
葱烧羊肉　焦烧羊肉　三圆炖羊头
鲫鱼羊肉狮子头　羊方炖鳜鱼　烩羊蹄筋

汤点一道

羊肉原汁汤

主食四款

羊肉小饺　葱油大饼　壮馍泡汤　羊肉大扣面

CHAPTER 04

—■ 第四章 ■—

运河浙江段

京杭大运河浙江段全长128.5千米。两岸绿树掩映，阡陌纵横，一派江南水乡秀色，令人赞叹。京杭大运河浙江段及其分支，流经浙江省北部的杭州、嘉兴、湖州三地，在杭嘉湖平原地区蕴藏着丰富的非物质文化资源。

第一节　大运河湖州段的非物质文化遗产

湖州运河地区非物质文化遗产进入国家级非遗名录的就有湖笔制作技艺、双林绫绢织造技艺、辑里湖丝手工制作技艺、湖剧、防风传说、湖州三跳、蚕桑习俗等，基本涵盖了联合国教科文组织公布的《保护非物质文化遗产公约》所涉及的口头传说、表演艺术、节俗礼仪、传统工艺等各项内容（见表4.1）。

表4.1　京杭大运河湖州段非物质文化遗产

序号	编号	名称	类别	公布时间
1	Ⅰ-92	防风传说	民间文学	2011年
2	Ⅳ-141	湖剧	传统戏剧	2011年
3	Ⅴ-132	三跳（湖州三跳）	曲艺	2021年
4	Ⅷ-72	湖笔制作技艺	传统技艺	2006年
5	Ⅷ-99	蚕丝织造技艺（双林绫绢织造技艺）	传统技艺	2008年
6	Ⅷ-99	蚕丝织造技艺（辑里湖丝手工制作技艺）	传统技艺	2011年
7	Ⅹ-95	蚕桑习俗（扫蚕花地）	民俗	2008年

一、民间文学

防风传说

传说防风氏是漆姓，又称汪芒氏，是一个顶天立地的创世巨人。他来到世上后，看看脚底下是白色的洪水，看看头顶上是青色的泥土，就举起手来摸下一块块青泥，扔到地上，地上就出现了一座座的大山。他又用脚在地上踏出了一大块凹地，踩出了一条条深沟，就成了今天的太湖和浙北水乡密如蛛网的河港。然后他又和玄龟一起搬起青泥山填洪水，花了九天九夜，终于把大片洪水挤到海里，造就了一个有山有水的好地方。因此，他是古越地方开天辟地的创世人物。[①]

口承防风氏传说，主要可以将防风氏的传说分为五块内容：即防风氏与鲧禹的关系、防风氏之死、防风氏治水、防风氏的创造、防风氏的神迹。

以防风氏与鲧禹的关系为主题的口承神话有10则，分别为《防风古庙说防风》《尧封防风国》《大禹找防风》《防风立国》《防风三难大禹》《王鲧和防风》《禹杀防风氏》《大禹斩防风氏》《大禹封山访巨人》《红枫树防风树》。

以防风氏被杀为主题的口承神话有6则，分别为《斩防风氏》《斩防风》《防风之死》《防风为何封王》《刑塘戮防风》《禹杀防风求天助》。

以防风氏治水为主题的口承神话有4则，分别为《防风塔》《防风井》《防风舞》《孝丰长人会的传说》。

以防风氏的创造为主题的口承神话有4则，分别为《防风著书》《防风氏为啥又称"汪芒氏"》《防风草药》《防风氏的由来》。

以防风氏的神迹为主题的口承神话有2则，分别为《神雕助防风》《防风王神秒治洪留石浪》。

在历史上，湖州地区就有被称为防风古国的传统。自20世纪80年代以来，湖州地区陆续发掘出有关防风氏的口头神话传说21篇，远超其他地区。在德清县流传的防风氏口承神话中，防风氏有着十分高大的形象，是和鲧同时期治水的大神。在鲧治水失败后，防风氏在玄龟的帮助下治理了封山附近太湖地区的洪水，于是防风氏被封为防风王，治理好洪水的地区被封给防风氏建立防风国。在不同的口承神话中，一种说法是尧封防风氏，另一种说法是禹封防风氏。在之后，防风氏还跟随大禹一起治水，是大禹治水的一大助力。

在当地所有的防风氏神话语言叙事中，防风氏不是简单的因为迟到大禹的"会稽之会"而被诛，而是因治水才有此劫。对防风氏的治水功绩和防风氏被冤杀的叙事显示出当地民众对防风氏的普遍认同，与其他地区的防风氏因迟到或治水有过而被杀的神话传说形成了鲜明的对比。德清防风氏治水的

[①] 徐青：《漫论防风氏神话传说》，《湖州师专学报》1994年第1期，第3—8页。

神话和著书的神话还显示出防风氏不仅是当地治平水土的部落大神，更是当地文明的开创者，拥有血脉始祖和文化初祖的双重地位。①

二、传统戏剧

湖 剧

湖剧，也称"湖州摊簧"，是湖州本地民间艺人在民国时期创作形成的以湖州方言为舞台用语、以湖州摊簧为基本唱腔的戏曲形式，是浙北地区唯一具有代表性的地方戏曲剧种，至今已有100多年历史。

湖剧最早为流行于当地民间的歌舞、曲艺、杂耍，人们习称为"百花戏"，即为诸腔杂呈，是百"戏"竞技的统称和泛称，严格地说，是还没有形成完整的戏剧形式。之后，由于长期的"百花"争胜，促使各技艺相互吸收、融合，开始出现湖州滩簧（曲艺）。"湖滩"中的赋词唱篇叫作"簧篇"，说白平话称为"滩册"。②

自20世纪30年代，湖剧开始了从小戏到大戏的发展。湖剧唱腔曲调分为基本唱调和杂曲小调两类。在基本唱调中，小戏调和紧板调为一组，产生于"小戏时期"并沿用至今。本摊调和烧香调为另一组，是"本摊大戏时期"在小戏一组的唱调基础上发展而来的。两组唱调各有板式变化，唱腔基本结构为"起、平、落"，常见的有大段无伴奏、似说似唱的"清板"，另有"雌老虎""三贯"等旋律优美的花腔。杂曲小调丰富多彩，由明清以来流行的湖州小调、湖州山歌和湖州三跳的劝世调组成。

湖剧以文词和赋子构成剧本形式，文词以七字句为主，句数可灵活增减。湖剧舞台用语为湖州方言，在唱词中常用乡土俚语、熟语，多用谐音、比喻、双关等表现手法，形成诙谐风趣的艺术效果。

湖剧以竹制琴筒的摊簧二胡为主胡，与琵琶、三弦、中胡合称"四大件"，除鼓板外，锣鼓、唢呐等由乐队兼司，曲牌主要向京剧借鉴。伴奏方法有"托腔保调""加花垫衬""首尾接送，清唱弹伴"等。③在百年发展历史中，湖剧塑造了众多具有浓郁地方特色且生动传神的艺术形象。

---

① 郭腾飞：《长三角地区防风氏神话资源的时空谱系及其开发研究》，上海社会科学院硕士论文2020年。
② 田儿：《湖剧的渊源、发展及其现状分析》，《文教资料》2010年第14期，第91—94页。
③ 孙福进、邱红：《湖剧》，《浙江档案》2014年第4期，第38—39页。

三、曲艺

三跳（湖州三跳）

湖州三跳，浙江曲艺曲种之一，用浙北湖州等地方方言说唱，流行、分布于浙江北部的湖州、嘉兴一带，因表演所用的伴奏打击乐器为"三跳板"而得名。三跳板木质多为檀木、红木，也有竹木，其板之形状酷似古时船工的背纤板，故又俗称"纤板书"[1]。

关于湖州三跳的来源，"当和很早流行于湖州东乡与江苏交界处的宣卷有着较紧密的直接关系"。三跳"很可能是由流行于湖州的宣卷变异、衍化而来"，在发展过程中，又受到湖州本地山歌的影响，吸收了山歌音乐的某些成分。从音乐角度来说，三跳是宣卷和本地山歌融会的产物。宣卷是清末民国时期广泛流行起来的民间说唱形式，全称为宣讲宝卷。其原是一种宣传经典的宗教活动，始于明代，流行于华北地区。清同治、光绪年间和民国初年，宣卷扩展到以上海、杭州、绍兴、宁波城市为中心的广大地区，成为一种民间说唱艺术。宝卷就成为宣卷艺人的脚本，并有不少抄本和刊本流传。宣卷则以演唱故事为主，多数脚本已是纯粹的说唱作品，少数还有宗教气息。不但一些庙宇、宗祠是宣卷的场所，庙会、群众娱乐场所、住宅，甚至街头、茶市、饭庄、旅店也可以演唱宣卷。宣卷具有一定的表演水平，唱得字正腔圆，中节合度，颇有魅力。吴江一派的宣卷甚至分起角色，分出生、旦、净、丑的语气和适当的表情，这样更能吸引观众。[2]湖州三跳历经多年的发展，正是这历史的积淀，赋予了它深厚的艺术魅力。

四、传统技艺

湖笔制作技艺

毛笔作为"文房四宝"之首，是我国经典的传统手工艺品。湖笔是产自

---

[1] 戴育莲：《新时期"湖州三跳"传承发展与创新之我见》，《中国文艺家》2018年第7期，第131页。
[2] 陆在良、胡曙红：《浅谈湖州三跳的伴奏音乐》，《曲艺》2018年第6期，第58—59页。

浙江省湖州市南浔区善琏镇的毛笔，历史悠久，因其选料讲究，做工精湛，被誉为"笔中之冠"。

湖笔起源于秦朝，其祖师爷是秦朝大将军蒙恬。千百年来，湖州善琏镇一直流传着这样一个故事：蒙恬为了躲避赵高的追杀，逃到善琏隐居下来，获得了美丽善良的少女卜香莲的爱情，并和她一起发明毛笔，把制笔的技术传给乡亲。但据史籍记载，那时的善琏还是一块沼泽湿地，而毛笔的出现也早于蒙恬数千年。但是，笔工们不会像文人墨客那样去考究到底是谁发明了毛笔，他们接受了蒙恬造笔的传说，并把它一代一代地传了下来。

在清代的制笔业中，一家一户小规模家庭生产的状况逐渐被打破，雇用工人制笔，并兼营笔墨，集产销为一体的笔庄开始创立，如湖州王一品，杭州邵芝岩，苏州贝松泉，上海周虎臣、李鼎和、杨振华，北京贺莲青、戴月轩，天津华魁章，等等。

笔工们离开了故土，根还留在善琏。每年回乡不仅是祭祀笔祖的需要，更是联络笔坯活计、采办大宗统货的时机，看上有前途的新人，便带出去见见外面的世界。湖笔的一代代传人，便不断地从这块土地走出去，湖笔的盛名，因为背靠了这块神奇的土地而世代相传。

湖笔继承了宣州制笔的优良传统，并在和其他笔种的竞争中汲取它们的长处。尤其是在和历代书画家的交往过程中，不断改进制笔工艺。湖州笔工具有可通造化的非凡才智，他们取天目之竹，采嘉湖之羊，创制了光锋似雪的湖笔，从而开辟出了笔史辉煌的篇章。经过历代笔工的不断探索，湖笔形成了一套完整的加工制作工艺规范。湖笔笔杆的取材也有其独到的文化内涵。湖笔常用竹竿采自余杭南部方圆30余里的范围内，笔工们把那里的良渚文化遗址误认为是上古时代三皇五帝的宫室遗迹，并将那里的竹山按朝向分为文山和武山，认为文山南坡所产苦竹，光泽光润，最宜制笔。

中华人民共和国成立后，湖笔生产在党和政府的关怀扶持下，得以迅速恢复发展。在改革开放的暖风拂照下，湖笔产业步入前所未有的鼎盛时期。王一品、戴月轩、杨振华、邵芝岩等"中华老字号"根深叶茂，各地笔庄纷纷开张，新枝勃发。[1]

---

[1] 钱之远、沈文泉：《湖颖之技甲天下——湖笔的起源和发展》，《今日浙江》2002年第Z1期，第90—92页。

蚕丝织造技艺（双林绫绢织造技艺）

在我国传统丝织品绫、罗、绸、缎中，绫绢居于首位。绫绢是绫与绢的合称，绫与绢质地轻薄，色泽光润。它们的不同在于绫是斜纹组织的提花织物；绢是平纹织物。绫绢由纯桑蚕丝织制而成，自古以来就是文人墨客代纸作画写字和装裱书画的必备佳品。绫绢中又以湖州双林绫绢最为有名，其"轻如朝雾，薄似蝉翼"，质地柔软、色泽光亮，具有浓郁的民族特色，被誉为"丝织工艺之花"。

双林绫绢源远流长，历史悠久。1958年在双林镇西北的湖州钱山漾新石器时代遗址的考古发掘，发现有未炭化呈黄褐色的绢片，经测定系家蚕丝所织，其结构与当今的绢织物结构基本相同，由此可知双林绫绢生产距今已有4700余年历史。据史载，三国时，吴兴地属东吴，当时就有"吴绫蜀锦"之称。

在南北朝时的宋代，大批绫绢已经由广州等地出口到扶南（柬埔寨）、天竺（印度）等十多个国家，至梁武帝时，绫绢生产已相当发达。从唐朝起，绫绢被列为贡品。六朝时，双林染绢的染坊则集中在该镇耕坞桥一带，漂洗染绢之多，河水为之变黑，"墨浪湖"由此得名，双林也有"墨浪"的别称。清朝乾隆年间，双林一带绫绢生产发展到"俗皆织绢"的盛况。

而历史上绫绢生产的高峰时期是1919—1921年，当时双林一带有2000多台木结构的织机，从事织绢的有五六千人，年产绫绢240多万米。至1958年，吴兴双林绫绢厂建立，是目前我国唯一的自织自染的绫绢专业生产工厂。绫绢生产由几千年脚踏手拉的家庭手工业生产逐步转入大规模的机械化生产，在推动我国服饰文化、工艺美术文化以及民俗文化的发展方面发挥了积极作用。[①]

蚕丝织造技艺（辑里湖丝手工制作技艺）

"辑里湖丝经纶天下，淤溪莲种福被苍生。"湖州是中国桑蚕最古老的源头之一。辑里湖丝，起源于湖州南浔辑里村，这得益于当地优良的气候水质。辑里湖丝色泽洁白、丝身柔润，是世界上最好的蚕丝之一。

明万历年间辑里丝就已闻名遐迩，帝王的黄袍曾明确规定必须用辑里丝做成。清光绪年间，南浔富商"四象八牛七十二墩狗"皆以辑里丝起家。在

---

① 陈海林、朱达远：《漫谈双林林娟》，《丝绸》1982年第11期，第48—49页。

太平天国时期，外商更是川流不息，纷纷来浙江争购湖丝，正所谓"外商要求既殷，收买者踊跃赴将，于是辑丝出口最旺之年达到十万包"。[1]

辑里湖丝，又名"辑里丝"，因产于湖州市南浔镇辑里村而得名，这里自元末成村起便产湖丝。明清之初，辑里湖丝主要销于苏州、杭州、南京、广州、北京等地，供织造绸缎之用。清王朝织造府规定，凡皇帝和后妃所穿龙袍凤衣，必须用南浔辑里头蚕湖丝作织造原料。清道光初期，辑里村民将初缫之生丝合二为一，复摇成辑里丝经，主要用于织缎，并外销到印度、缅甸、埃及、叙利亚等国。

鸦片战争后，南浔的丝商几乎垄断了湖丝的对外贸易。清同治年间，上海的91家丝经行（栈）中，70%为南浔丝商所开。

清代至民国，辑里湖丝在国内、国际多次获奖。最风光的是1851年在首届英国伦敦世博会上夺金，英国维多利亚女王亲自颁发金质大奖章，这也是我国荣获的首枚世博会金质大奖。此段历史，成了上海申博的一大亮点，它将中国与世博的渊源一下子向前推了16年。[2]

五、民俗

蚕桑习俗（扫蚕花地）

湖州市的德清县是杭嘉湖地区蚕桑生产的主要产区之一，有着悠久的蚕桑生产历史。由于蚕桑生产在社会经济生活中占有特殊的地位，因此，当地的民俗活动，大多与蚕桑活动有关。诸如"讨蚕花""照蚕花""抢蚕花""串蚕花""轧蚕花"等，此类活动以每年春蚕前的清明和春节期间最盛。"扫蚕花地"就是这些民俗活动中的一种歌舞形式，它发源于德清县东中部蚕桑地区，是在当地蚕桑生产和民俗活动中逐步形成并发展起来的。"扫蚕花地"在清末至20世纪50年代初最为兴盛，由于它具有鲜明的地方特色，以及与当地的生产活动紧密联系，因此，"扫蚕花地"不仅在德清县经久不衰，艺人的演出活动还扩展到了湖州、嘉兴、桐乡、吴兴、海宁、吴江、松江、余杭等地区。蚕花并不是真的花卉，它是用彩纸、蚕茧、绸帛制

---

[1] 胡雪彬等：《以辑里湖丝为例探讨湖丝非遗的保护与发展——从内外部因素分析》，《今古文创》2021年第6期，第121—124页。
[2] 朱红亚等：《辑里湖丝之前世今生》，《浙江画报》2015年第6期，第56—58页。

成的作为蚕娘头饰的一种假花。此外，蚕花也是蚕农期望蚕桑生产丰收的心愿，是个好口彩。[1]

"扫蚕花地"的形成，据老艺人们所说已有100多年的历史。"扫蚕花地"大都在春节期间和清明前后表演，演出场合是在乡村举行的"马鸣王菩萨"庙会上。它在巡行队伍中很突出，是小歌舞的压轴节目。

每年寒食清明，蚕乡家家清扫蚕房，消除尘埃和垃圾，准备"关蚕房门"，开始一年的蚕桑生产。这时就要请民间艺人来蚕房表演"扫蚕花地"，以消除灾难晦气、祈求吉利和蚕桑丰收，之后贴上聚宝盆等剪纸，方能"关蚕房门"。"扫蚕花地"这时的演出就带有仪式的性质，是生产习俗中的重要一环。

"扫蚕花地"的表演形式多样，以单人小歌舞为主，它由女性表演，另有一人敲小锣小鼓伴奏，之后发展到用二胡、笛子、三弦等多种民族乐器伴奏。它的唱词内容，多为祝愿蚕茧丰收和叙述养蚕劳动的情景。表演者头戴"蚕花"，身穿红裙红袄，高举铺着红绸的蚕匾登场亮相，这象征着蚕花娘娘给人们送来了吉祥的蚕花。"扫蚕花地"的歌曲，音调古朴，旋律优美，是杭嘉湖蚕乡最具特色的民歌之一。而舞蹈的基本动律可以用一个"端"字来归纳。

中华人民共和国成立后，当地政府和文化部门一直非常重视"扫蚕花地"的传承。1958年，根据民间歌舞"扫蚕花地"改编的"蚕桑舞"被拍成纪录片《德清蚕桑》。"扫蚕花地"在德清长期活跃于广大乡间和艺术舞台。"文化大革命"期间，"扫蚕花地"一度被视为"封资修"而遭禁演，致使艺人老化，传承无人，陷入濒危境地，亟待抢救。近年来，德清县对"扫蚕花地"采取了积极的保护措施：对原"扫蚕花地"艺术档案进行数字化保存，大量原始录音录像转化为数字化格式；积极鼓励创作与"扫蚕花地"有关的文艺节目参加演出。[2]

---

[1] 金琳：《嘉湖蚕俗蚕花》，《中国蚕业》1999年第3期，第33—34页。
[2] 张玉良：《德清蚕桑习俗——"扫蚕花地"》，《浙江档案》2011年第5期，第52—53页。

第二节　大运河嘉兴段的非物质文化遗产

嘉兴运河地区非物质文化遗产进入国家级非遗名录的就有嘉善田歌、嘉兴端午习俗、网船会、五芳斋粽子制作技艺、嘉兴灶头画、掼牛、高杆船技等，基本涵盖了联合国教科文组织公布的《保护非物质文化遗产公约》所涉及的口头传说、表演艺术、节俗礼仪、传统工艺等各项内容（见表4.2）。

表4.2　京杭大运河嘉兴段非物质文化遗产

序号	编号	名称	类别	公布时间
1	Ⅱ-87	嘉善田歌	传统音乐	2008年
2	Ⅳ-91	皮影戏（海宁皮影戏）	传统戏剧	2006年
3	Ⅵ-67	掼牛	传统体育、游艺与杂技	2011年
4	Ⅵ-68	高杆船技	传统体育、游艺与杂技	2011年
5	Ⅶ-99	嘉兴灶头画	传统美术	2011年
6	Ⅶ-50	灯彩（硖石灯彩）	传统美术	2006年
7	Ⅷ-207	五芳斋粽子制作技艺	传统技艺	2011年
8	Ⅷ-24	蓝印花布印染技艺	传统技艺	2014年
9	Ⅹ-3	端午节（嘉兴端午习俗）	民俗	2011年
10	Ⅹ-137	网船会	民俗	2011年
11	Ⅹ-95	蚕桑习俗（含山轧蚕花）	民俗	2008年

一、传统音乐

嘉善田歌

嘉善田歌是一种起源于太湖流域嘉善地区特殊的民间音乐形式，也是一种极具地方特色的"草根音乐"。嘉善田歌历史悠久，至今已有上千年历史。

位于嘉兴的嘉善地处太湖流域杭嘉湖平原，浙苏沪三省通衢，是吴越两地文明的交融之地，素有"吴根越角"之称。嘉善蕴藏着深厚的文化底蕴和丰富多彩的艺术形式，千百年繁荣的农业社会经济基础和包容大气的城市特性，为嘉善田歌的形成和发展打下了坚实的基础。嘉善田歌所反映出来的历史文化遗迹，充分说明了该地区所具有的特殊地理环境和人文历史背景，可以说是该地区农耕经济文化、音乐艺术文化和原生态文化的缩影和写照。嘉善田歌就是一种具有浓郁地方特色又兼容吴越文化，集萃浙江、上海、江苏等外地民俗音乐元素的多元化的艺术结晶。嘉善田歌是吴歌重要的分支。嘉善方言归属吴语系，用"吴侬软语"的音腔去演绎嘉善田歌，使歌曲显得柔美婀娜，更有江南风韵。[1]

嘉善田歌的流传地主要集中在嘉善的农村，其起源地为嘉善"丁栅镇"。嘉善田歌曾被称为"山歌"或"落田山歌"，在中华人民共和国成立前，由于被田间劳作的长工即兴演唱而被称为"长工歌"，常出现农人在田间对歌、即兴编词斗歌的情景。中华人民共和国成立后，由文艺工作者收集后，重新命名为"嘉善田歌"。

嘉善田歌反映了平原水乡的农耕文化，是农耕文化的重要显现。歌中歌唱的是农耕劳动的辛苦，农村生活的艰苦，农村贫富的矛盾，还有农民的思想和对生活的热爱，对爱情的期望。它是这一带农村昔日的生活写照。[2]

二、传统戏剧

皮影戏（海宁皮影戏）

海宁皮影戏是中国皮影序列中的重要分支。海宁皮影戏保留了南宋遗韵，既是中华民族非物质文化遗产代表作中的瑰宝，也是海宁人民群体记忆的一部分。皮影戏属于表演艺术，同时又包含了工艺美术方面的民间实践——影人制作，甚至还包括了材料选择、舞台布景、光影配合等方面的知识，是一个具有较强综合性的民间艺术门类。皮影戏是海宁人民过往生活的一部分，也是海宁区域内民间创造力的集中体现之一。

宋室南迁定都临安（杭州）之后，大批皮影戏艺人由此南下，南北文化

---

[1] 李梅：《嘉善田歌的价值定位和传承发展》，《绍兴文理学院学报（哲学社会科学）》2013年第6期，第108—112页。
[2] 韩金梅：《江南田野绽放的艺术之花——嘉善田歌》，《青春期健康》2014年第8期，第6—9页。

碰撞，形成独具一格的江南皮影，至今已有千年历史。海宁皮影戏就是在这次随宋室南迁，在南北文化碰撞时的产物，形成了海宁皮影戏独特的艺术风格。从工艺制作和造型设计方面，海宁皮影戏主要用驴皮、羊皮、纸等材料制作成人（动）物形象，造型别致，制作精美，注重彩绘，较少雕镂，单线一般不涂色。皮影戏是由艺人拿着制作好的各种图形紧贴幕后操纵，通过灯光的照射，形成具有水乡剪纸朴素的风格。作为江南皮影的典型代表，同时作为一种古老的民间戏曲，海宁皮影戏在发展与继承过程中不断吸收新的戏曲元素，加以丰富和完善自身的唱腔。[1]

历来皮影戏与各地民俗文化都有着非常密切的关系。海宁皮影戏在当地流传已有800多年的岁月，早已与当地的生活习惯、文化特征结合在了一起。海宁地处杭嘉湖腹地，是鱼米之乡，丝绸之府，人民生活富庶，各种岁时习俗蔚然成风。这里广泛流行着一种专门为酬神、还愿而演出的"愿影"。除"愿影"外，每逢年节及其他民俗活动时还会进行各种不同名目的皮影戏表演。[2]

随着时代的变革，皮影艺术的生存环境受到严重影响。20世纪50年代，浙江省文化部门为组建剧团赴京演出，经调查全省唯海宁尚存技艺精湛的皮影老艺人。但时至今日，仅存的几位老艺人年岁均逾七旬，后继乏人，海宁皮影戏已成为需要重点抢救的传统民间艺术项目之一。

三、传统体育、游艺与杂技

掼 牛

嘉兴掼牛是生活在浙江嘉兴地区的回族人所发明的一项传统体育运动，至今已有数百年时间。嘉兴地方志中记载，元代时期聚居在嘉兴南湖区一带的回族人，大部分都是生活所迫。他们是从遥远的山东、河南等回民聚居地迁徙而来的，在其聚居地一般都修建有较大规模的清真寺教堂。聚居在一起的回民，在劳动之余，一般都会举行斗牛比赛。后来，斗牛比赛逐渐演变成为一种在传统节日和喜庆日子里举行的助兴体育娱乐节目，每逢古尔邦节和

---

[1] 高赟：《浙江海宁"皮影戏"音乐唱腔源流考》，《戏曲艺术》2009年第2期，第52—58页。
[2] 《海宁市文化志》编纂委员会编：《海宁市文化志》，浙江人民出版社2015年版，第130—135页。

开斋节等回族重要的节日里,都要表演掼牛这项体育运动。嘉兴掼牛作为嘉兴地区回族宗教仪式的一个重要组成部分,一直发展延续并传承至今,有着十分深厚的文化底蕴。①

通过数代"掼牛"传承人的不断传承与创新,融合了心意六合拳、查拳、摔跤等多项武学,极大地丰富了"掼牛"技术,使其更具系统性、规范性和科学性。

"掼牛"的"掼"字是嘉兴方言,意为"摔""使跌""握住东西的一端而摔另一端",也有"掼交"一说。宋末元初,一些回族人因逃避战乱南徙到江浙一带。1291年,元朝大军抵达嘉兴并驻屯,军中众多回族士兵和家眷恋上嘉兴这块土地,并在此定居,形成了嘉兴最大的回族生活区。据史料记载:元朝时期,大批回族人南迁到嘉兴,在嘉兴里街一带聚居。南迁的回族人将"宰牲节"和"样牛"项具带到嘉兴,之后逐渐因嘉兴方言而改名"掼牛"。明朝时期,部分回族人迁居嘉兴东门和里街一带,在信众和当地官府的资助下建起了清真寺。该寺是浙江北部唯一的清真寺,建于明朝万历三十年(1602)。清代,该寺重修,说明在清代又有一部分回族人从其他地方迁徙而来,并在此对"掼牛"活动进行传承与发展。

在"掼牛"方式上,"嘉兴掼牛"对传统"掼牛"做了很大的改进。由于聚居嘉兴的回族人大都喜好武术,会武功的回族青年通常凭两人或单人就能将牛掼倒并控制住。后来,越来越多的青年男子参与"掼牛",且大多都是单人与牛相搏,以显示其威猛,"掼牛"过程变得异常紧张精彩,也博得了更多人的青睐。"嘉兴掼牛"逐渐享誉全国,成了嘉兴回族人显示其武功的热门表演项目。"嘉兴掼牛"也不再仅仅是"宰牲节"礼仪中的一部分,而是回族人"强健民族体魄,展现民族精神"的重要形式。②

高杆船技

嘉兴桐乡是典型的江南水网平原,还是亚热带季风气候,该地温暖湿润,四季分明,雨水丰沛,日照充足,具有春湿、夏热、秋燥、冬冷的气候特点,这种地形和气候条件很适宜桑树的生长。蚕农冬天栽桑,春天施肥,培育秧苗,春夏秋采桑养蚕,一年四季周而复始。桐乡有着种桑养蚕的悠久

---

① 张莹:《嘉兴掼牛的发展和体育文化价值分析》,《体育世界》2013年第9期,第28—29页。
② 张华新等:《"中国式斗牛"——"掼牛"的历史追溯与文化内涵研究》,《军事体育进修学院学报》2012年第4期,第67—69页。

历史，这也形成了其独特的蚕乡文化和蚕农生活习俗，如高杆船技。

高杆船，又名"标杆船"，俗称"蚕花船"，是清明水上蚕俗活动的一种，也是一种民间杂技类表演项目，时间一般是清明节前后三日。高杆船的表演道具主要有农船、石臼、毛竹，表演时要用石臼将毛竹竖在船的中间，人爬到竹竿上表演模仿蚕宝宝吐丝做茧的一系列动作，传统的高杆船表演基本都是基于对蚕宝宝生长过程的一系列模仿。

桐乡高杆船技的流传区域不广，仅局限于洲泉镇，尤其集中在镇西马鸣村、夜明村、坝桥一带。河流众多的水乡地貌，决定了人们必须掌握两项基本的生存技能：摇船与游泳。男人如果不会摇船、不识水性，会被认为是"愚笨""没用"，许多工作，如出远门游码头、买卖农产品、捻河泥、捞水草、捉鱼摸蟹等，就不能参与，别人也不愿与其结伴同行，因为他不识水性，要替他担惊受怕。所以，在洲泉大部分男性从小就会摇船和游泳，而且许多女人也会摇船、游泳，可以说高杆船技的产生是特定生活环境的产物。[1]

四、传统美术

嘉兴灶头画

灶头画又称"灶画""灶壁画"。旧时江浙一带农村普遍以灶头作为燃具，这些灶头形制不一，大都由灶山、烟柜、灶身等几个部分组成。为了表达人们对生活的热爱，一些乡村艺人便在灶头的表面绘上各种图案和纹饰，配上内容不同的文字。这种由民间泥水匠在灶头砌毕后用颜料徒手绘于灶头上的壁画，坊间便称之为灶头画。嘉兴灶头画承载着丰富的民俗文化内涵与独特的审美价值。

嘉兴灶头画具有丰富的题材与深厚的文化积淀。概括起来，嘉兴灶头画的题材主要包括：动植物类图案、神灵类图案、自然风景类图案、历史戏曲类图案、文字纹样类图案等几大类。

嘉兴灶头画中的动物类图案主要包括：鱼、龙、凤、鸡（公鸡）、鸟（喜鹊、仙鹤等）、虎、龟等；植物类图案主要包括：莲、桃、松、竹、梅、兰、菊、牡丹等。嘉兴灶头画中的植物类图案也具有丰富的民俗文化内

---

[1] 吴玉娟：《桐乡高杆船技传承与保护研究》，浙江师范大学硕士论文2017年。

涵。莲是灶头画中常见的题材。发展至近现代，嘉兴灶头画中的桃图案更多的是象征着吉祥长寿。除了具有民间信仰的文化内涵外，嘉兴灶头画中的植物类图案也体现出人们的道德价值观念，最为典型的就是灶头画中的松、竹、梅、兰、菊等图案。现今，这些图案的绘制虽已注入了许多现代元素，但对先民原始崇拜观念的继承仍是其最为重要的文化内涵。

嘉兴灶头画中的神灵类图案主要包括灶神、八仙、财神、弥勒、嫦娥等各种与民间信仰密切相关的神灵。灶神又叫灶王、灶君、灶王爷、灶公灶母、东厨司命等，其中"东厨司命"四字也常出现在嘉兴的灶头画中，指的就是灶神。嘉兴灶头画里的灶神都是男性，有的图案中灶神身旁还有妻子。在灶上绘制灶神图案还与民间祭灶、送灶、接灶的风俗有关。

嘉兴灶头画中还有着许多山水自然风景图案，如杭州西湖、三潭印月图、钱江大桥、新安江电站、宝塔、日出等。这些图案表达了人们对自然美景的讴歌与热爱。

嘉兴灶头画中还有许多耳熟能详的历史戏曲类图案。其中历史故事类有三顾茅庐、桃园三结义、华容道义释曹操、武松打虎、太公垂钓等图案，戏曲类有"游园""惊梦""长亭送别"等图案。这些历史故事类图案大都包含着某种道德教化的用意。

嘉兴灶头画中也有一些文字纹样类图案，如万字纹、竹节纹等。万字纹被认为是太阳或火的象征，在梵语中为"吉祥之所集"。竹节纹则有节节升高的象征意义。

嘉兴灶头画有着丰富的民俗文化内涵，它不仅反映了嘉兴丰富多彩的民间信仰文化，也表达了人们对美好生活的热爱与祈愿。[①]

灯彩（硖石灯彩）

海宁硖石灯彩源远流长，世代相传，是海宁人民的文化智慧结晶。海宁硖石灯彩始于唐，盛于宋，经过千百年的锤炼，形成集手工艺、书画为一体的地方民间文化特色，具有高度的工艺价值和美学价值。南宋时，硖石灯彩被列为皇宫贡品，其精细灵巧的制作非同凡响，有诗人曾用"万窗花眼密"来形容针刺画面，有诗写道：

---

① 朴基成：《嘉兴灶头画的民俗文化内涵及传承与保护》，《现代经济信息》2014年第9期，第433、439页。

> 弱骨千丝结,轻球万锦装。
> 采云笼月魄,宝气绕星芒。
> 檀点红娇小,梅妆粉细香。
> 等闲三夕看,消费一年忙!

硖石灯彩是一种民间地方风俗,每逢五谷丰登、社会升平时,民间便有自发迎灯之举,历代相沿,蔚然成风。迎灯时,人们手提肩扛各式各样的灯彩,伴以丝竹管弦、鼓钹之乐,欢声笑语,穿街走巷。迎灯队伍长达数里,观灯群众人山人海,一片欢乐。硖石灯会不仅促进了灯彩工艺的不断发展,而且极大地丰富了人民群众的文化生活,陶冶了人们的艺术情操,并留下了许多光辉诗篇。这些诗篇生动地描绘了当时的社会景象和各式灯彩的精湛工艺,也留下了海宁历代的社会风情、政治、经济、文化等状况,有助于现代人对地方历史和文化的了解。[①]

硖石灯彩在唐宋盛灯的基础上,形成了广泛的民众精神意识,这一古老的传统灯艺在历史的进程中没有在都市临安抑或其他地方落脚,而是又回到了硖石的民间,这个契机是有必然性的。从民间到宫廷,再从追求精致完美的宫殿艺术回到民间艺术。它促使"硖石灯彩"不断升华,这也说明了灯彩活动的平民情结。

清乾嘉年间,随着江南商品经济的不断发展,水陆交通极为方便的硖石之地,成了"浙西诸郡市之最"。闻名江南的丝绸业、布业、米市兴旺发达,经济繁荣,在促进文化艺术的发展的同时也促使民间的灯彩活动不断推陈出新。

海宁文化名人辈出,其诗画作品不断渗透到制作灯彩的过程中,以至形成了制灯"文人派"的一种形式。这一形式使灯彩在追求意境、色彩、层次等艺术细节的过程中不断精巧化、文雅化,工艺品位不断提高。

在不断追求精致完美的过程中,其中最主要的是针尖功夫的变化,在刀刻工序的配合下施于各种"针法",俗称"针尖功夫"。[②]

硖石灯彩除了有美观的视觉形式以外,吉祥祝福的象征寓意也是一个不容忽视的重要因素,它让美的形式有了更为深层次的温暖内涵。这些象征,往往代表着人们的祈福观念和渴望实现的愿望,一旦愿望成真,这也就成为

---

① 张文宾:《硖石灯彩》,《浙江工艺美术》2001年第4期,第45—46页。
② 《海宁市文化志》编纂委员会编:《海宁市文化志》,浙江人民出版社2015年版,第271—285页。

永久的记号。元宵之夜，海宁硖石，街头巷尾鼓乐喧天，屋檐窗前张灯结彩。一支支色彩绚丽的迎灯队伍涌上街头，他们粉面黛眉，衣锦着绣，手提肩荷、车载人抬各式灯彩。在锣鼓丝竹声中，他们载歌载舞，缓缓行进，将灯彩上所体现的美好祝福，借跳跃的灯火，呈献给观灯人。①

五、传统技艺

五芳斋粽子制作技艺

　　嘉兴是五芳斋粽子的发源地。地处中国东南沿海、长江三角洲中心的嘉兴，东接上海，北邻苏州，西连杭州，南濒杭州湾，素有"鱼米之乡，丝绸之府"的美誉。汉唐以来，嘉兴发展成为中国历史上最重要的稻作区，被誉为"天下粮仓"。

　　19世纪中叶时，嘉兴府地区所产的糯米品种就有：白壳、乌簸、鸡脚、虾须、蟹爪、香糯、陈糯、芦花糯、羊脂糯等三十几个品种。糯米是嘉兴粽子"五芳斋"制作的主要原料，来自五芳斋专用粮食基地，"五芳斋"粽子中的米粒富有韧性，糯而不黏，入口清香，保留了粽子特有的传统口味。嘉兴除了是全国闻名的商品粮基地外，还是重要的商品猪基地。唐代以前，嘉兴已经开始养猪。宋代，家庭养猪已初具规模。至清代，嘉兴农户养猪已经非常普遍。历史上，猪肉是嘉兴粽子"五芳斋"的主要馅儿料，五芳斋鲜肉粽以"精肉鲜润不塞牙，肥肉油酥而不腻"为特色，成为最受市场欢迎的招牌品种，这是与嘉兴当地猪肉的品质紧密相连的。此外，嘉兴的肉鸡和鲜蛋的产量和质量也很高，这些丰富优质的农副产品原料，为发展各类花色粽创造了十分有利的条件，这也是后来形成五芳斋粽子独特品质的一个重要因素。

　　嘉兴粽子在选料、制作、口味及形状上独具风格。随着"五芳斋"粽子的产生，更是将裹粽、吃粽的风俗推到了鼎盛。五芳斋粽子博采各地粽子之长，首先在外形上进行了创新，形成了别致美观的四角粽。在口味上，既保留了早期的鲜肉粽、豆沙粽、蛋黄粽、栗子粽、火腿粽、鸡肉粽等主要经典品种，又新研发了红烧排骨粽、鲍汁牛柳粽、干贝鲜肉粽、巧克力粽等近百

---

① 何飞燕：《海宁硖石灯彩艺术探析》，苏州大学硕士论文2009年。

个品种。[1]

五芳斋粽子的传统制作技艺，主要分为选料、浸米、煮叶、制馅儿、打壳、包裹、扎线、烧煮等36道工序，形成了五芳斋的特有绝活和独门秘方，造就了五芳斋粽子"糯而不糊、肥而不腻、肉嫩味香、咸甜适中"的显著特征，成为江南粽子的典型代表。[2]

五芳斋粽子制作技艺具有较高的食用价值、文化价值和经济价值，其核心在于将老字号品牌文化和传统技艺进行了紧密结合，充分体现了粽子这一民族食品的独特魅力。

蓝印花布印染技艺

中国蓝印花布源于秦汉，盛于宋代。自南宋迁都临安（今杭州），大量能工巧匠会集于长江中下游一带，南北文化的交融促使蓝印花布得到了长足的发展。在民间，蓝印花布不仅是衣料，还会被制成门帘、头巾、帐幔、床单、手袋等，和百姓的生活紧密地联系在一起。

在江南的浙江嘉兴桐乡地区，直至今日仍以蓝印花布为文化特色。桐乡历史悠久，人杰地灵。桐乡蓝印花布在明清两代极为繁荣，形成了织机遍地、染坊连街、河上布船如织的壮观景象。桐乡蓝印花布历代不衰，为民间百姓广为应用。[3]

在中国古代，蓝印花布的民间艺人们随手把自然界蓝天、白云的蓝、白二色转移到蓝印花布上，看似无意识，却充分反映出东方人本有的淳朴、和谐的审美理念。蓝色和白色，是生命的基本色调。在中国古代，青色（即蓝色）以春天、生命的象征出现在人们生活中，被人们赋予了生命复苏、万物繁衍的象征意义。另外，多年来，中国古代服装制度对于色彩的限制使青色成为平民阶层的象征，而这种平民化的特质正是蓝印花布在民间长盛不衰的原因之一。中国传统文学和古典神话也赋予了青色更多的意义和内涵，如神话中的青鸟所蕴含的美好意义以及它具有平民特质的仆役身份，给青色也赋予了同样的含义。

---

[1] 吴坚等：《嘉兴粽子》，《中国质量与标准导报》2017年第5期，第74—79页。
[2] 《中国粽子文化与浙江五芳斋精神》，载《浙江工商大学中国饮食文化研究所专题资料汇编》，2005年。
[3] 罗静：《嘉兴桐乡地区传统蓝印花布的工艺及造物思想研究》，《美术教育研究》2020年第4期，第39—40页。

桐乡蓝印花布的风格古朴、大气，带有原始艺术的痕迹。其纹样高度概括、夸张适度，是抽象与写实的完美结合。由于桐乡蓝印花布的生产保留了传统手工艺的形式，受镂刻工艺的制约，只能用大小、形状不同的斑点和短线间隔地组成纹样，这种工艺上的局限最终转化为蓝印花布独特的造型手法，形成了它特有的形式——斑点的形状及其组织形式的节律美。近看犹如"珠落玉盘"，远看恰似"花雨满池"，变化万千，构成了动人的艺术效果。而这种艺术效果纯真、古朴，带有浓厚的原始艺术痕迹，形成了其独特的审美风格。

桐乡传统蓝印花布的纹样取材均为老百姓喜闻乐见的民间故事、神话传说、戏剧人物等，充满生活气息，风格朴实、清新，乡土气息浓厚，且典雅大方。其章法结构疏密有致，穿插自然。不论何种纹样，都只用比较粗犷的点和短线组成，绝不用长线条。

桐乡民间蓝印花布作为非艺术性的艺术创造，渗透在民众的生存观念和生活习俗中，成为司空见惯的艺术行为与方式，它体现了人与自然、人与社会环境及历史文化的种种关系，是一种与地域环境及人文历史相关的文化和艺术的载体。[1]

六、民俗

端午节（嘉兴端午习俗）

嘉兴市素以"天下粮仓、鱼米之乡"著称，是典型的江南水乡，同时也是一座历史文化名城。作为最早和最主要的端午赛事文化区，其积淀深厚的吴越文化为嘉兴端午习俗的传承奠定了基础。

嘉兴是我国端午传统节日的重要活动地区，端午习俗也是各式各样，如祭祀、竞渡、裹粽、挂菖蒲艾草、吃五黄五白等。嘉兴端午习俗来源于民间的约定俗成，具有浓厚的民俗性、鲜明的地域性和广泛的群众性，尤其是每年端午节，群众赶到南湖边观看龙舟竞渡的盛况十分壮观。[2]

踏白船是嘉兴百姓在清明和端午期间的赛船习俗，遍及各县。嘉兴称踏

---

[1] 余美莲：《桐乡民间蓝印花布溯源及其艺术特色》，《染整技术》2019年第6期，第55—58页。
[2] 朱史、王晓涛：《探索嘉兴传承保护之路》，《嘉兴日报》2016年5月22日。

白船，海盐称跳船，平湖称摇快船，均为划船比赛。此习俗在近代则以市区三塔、郊区油车港、南汇及嘉善天凝广大的踏白船最为有名。"踏白船"是一艘狭长的小木舟，两人并排，有三四排一船，也有五排一船，各自划桨。船尾两旁两支橹，用一块厚实的木板横搭在船尾，称"跳"。"跳"上立四人摇橹。船头指挥者面向划船者，不断站起大声呐喊和蹲下。划船人则随其动作统一行动，船即如箭脱弦而去。

现在嘉兴地区熏闷烟的习俗依然存在，但只能在乡下或饲养家禽比较多的郊区看到。① 香囊也是嘉兴端午颇为重要的辟邪之物，在香囊的制作中也会用到各种草药。端午时节在江南意味着夏季和雨季的到来，"蛇虫百脚"从地底钻出来，是疾病的高发季节。此时，嘉兴百姓有佩戴香囊的习俗。每逢端午佳节，中药房也出售包有中药材的香囊，或佩戴在身，或悬挂灶头，以强身健体、趋避百邪。在旧时，绣制香囊是考查女子女红的一项重要内容，每到端午节前夕，闺阁女子都结伴比试自己的才艺。端午香囊常用中草药除了雄黄、朱砂、香药外，还有其他中药材，如化浊驱瘟的苍术、白芷、菖蒲、冰片、牛黄、川芎、辛夷、艾草等，以驱虫、避瘟、防病。

在嘉兴市嘉善县枫南、西塘一些乡村里至今还流传着让蛤蟆上灶，在灶上里里外外爬上一圈的习俗。嘉兴民间传说中称蛤蟆为虎头将军，是天神的化身，是专门下凡解救受虫灾的人们的。只要在端午节这一天，捉只蛤蟆，让它在灶头上、屋子里爬上一圈，这一年就不会受到害虫的侵扰，田里的庄稼也不会遭到虫灾。

网船会

水乡泽国嘉兴古属吴越之地，"土膏沃饶，风俗淳秀"，境内港、河、浜、荡纵横密布，千年运河风光旖旎，文物古迹丰富多彩，文化底蕴深厚悠远。自清代以来，每年清明、中秋时节，江浙沪的渔民、船民都自发至秀洲区王江泾镇莲泗荡边，形成了水乡独有的传统庙会民俗，这就是网船会，又称"刘王庙庙会"。作为江南重要的民间民俗活动，网船会源远流长，已有数百年历史。至今每逢网船会期间，商船、烧香船、丝网船、渔船、驳船、脚船、轮船仍旧不断会集而来，船队从刘公园门口延伸至古运河，长5公里多。②

---

① 姚丹：《嘉兴端午节仪式行为及传承特点》，《文学教育（上）》2016年第4期，第132—133页。
② 于能、吴桂潮：《江南网船会：流淌着的运河民俗》，《浙江画报》2011年第5期，第26—27页。

自宋代起，随着围湖造田开发的广泛进行而导致的自然环境改变，长江两岸及滨湖地带芦苇等禾本植物减少，使蝗灾推延至江南岸。民间传说认为莲泗荡网船会是江南一带渔民自发组织用于祭祀的民俗活动，其目的是祭奠灭蝗英雄刘猛。明代开始，每年清明、中秋时候，沪宁杭一带的渔农工商各界人士由于江南地区的水陆交通便利，从四周各地不约而同会集到莲泗荡来祭祀刘将军。为了祭祀古代灭蝗英雄刘猛将军，刘将军庙于清咸丰三年（1853）建成，先民利用庙会的方式，祈愿五谷丰登、农渔丰收。古代海宁盐官、嘉善、嘉兴新塍也均有刘王庙记载。明清时期，莲泗荡刘王庙会不仅把渔民和船民联系起来，周边的农民也有参加庙会的。从清末到民国时期，嘉兴各寺庙会规模之大无过于刘王庙"网船会"。太湖渔民信奉的保护神有南朝、北朝之分，莲泗荡刘猛将军是南朝湖神的代表，大小船的渔民都会祭祀。

蚕桑习俗（含山轧蚕花）

江南四月，正值清明，这是一个属于蚕乡的时节。含山地处浙北三大水乡古镇乌镇、南浔、新市三镇的交界处，民间传说含山是蚕神的发祥地或降临地，素有"蚕花圣地"之美称。唐代乾符二年（875），山上就建有"含山寺"和"蚕花殿"。宋代元祐年间建成含山笔塔。

长期以来，含山周边区域蚕桑习俗已经融入了当地百姓的生产、生活之中。一些由蚕而起、因蚕而庆的传统习俗一直保留至今。其中以祭拜蚕神、佑蚕丰收为主题的"含山轧蚕花"最具代表性。

含山轧蚕花庙会风俗流传已久，距今已有200多年的历史。庙会时间分头清明、二清明、三清明三个阶段，从开始到结束前后延续十来天。所谓"轧蚕花"，就是蚕农们为了祈求风调雨顺、蚕桑丰收而举行的一项古老的蚕事风俗活动。"蚕花"，是用五颜六色的皱纸扎成的纸花。"轧"是方言词，"挤"的意思。

传说蚕花娘娘在清明节化作村姑，踏遍含山，在山上留下"蚕气"。谁能到含山踏青，谁就能把蚕花喜气带回家，得到蚕花"廿四分"（即双倍丰收之意）。因此，每年清明时节，含山周边方圆百里的蚕农都争相上含山，购蚕花，轧闹猛，祈求蚕花丰收。含山上下，游人如织，热闹非凡。旧时当家人还要身背蚕种包，先去含山脚下的寺庙烧香，再沿着石阶蜿蜒而上，来到山顶的蚕花殿拜谒蚕花娘娘。而蚕妇们则精心打扮起来，把鲜艳的蚕花戴于鬓间，既表达了对蚕花娘娘的敬意，也给自己添上了一份浪漫的春色。年复一年，千年沿袭，就形成了含山独有的民俗文化活动。[1]

含山轧蚕花庙会历史悠久，内容丰富，带有鲜明的江南地域特色。它反映出桐乡蚕桑业高度发达的现实，为江南蚕桑生产、民间信仰、行业民俗等的研究提供了重要参考。

---

[1] 吴利民、张琳主编：《含山轧蚕花》，浙江摄影出版社2014年版。

第三节 大运河杭州段的非物质文化遗产

杭州运河地区非物质文化遗产进入国家级非遗名录的就有胡庆余堂中药文化、张小泉剪刀锻制技艺、金石篆刻、小热昏、越剧、余杭滚灯、白蛇传传说、梁祝传说、五常龙舟胜会、杭州摊簧、江南丝竹、楼塔细十番等，基本涵盖了联合国教科文组织公布的《保护非物质文化遗产公约》所涉及的口头传说、表演艺术、节俗礼仪、传统工艺等各项内容（见表4.3）。

表4.3 京杭大运河杭州段非物质文化遗产

序号	编号	名称	类别	公布时间
1	Ⅰ-6	白蛇传传说	民间文学	2006年
2	Ⅰ-7	梁祝传说	民间文学	2006年
3	Ⅰ-37	西湖传说	民间文学	2008年
4	Ⅰ-98	钱王传说	民间文学	2011年
5	Ⅰ-99	苏东坡传说	民间文学	2011年
6	Ⅱ-34	古琴艺术（浙派）	传统音乐	2008年
7	Ⅱ-40	江南丝竹	传统音乐	2008年
8	Ⅱ-44	十番音乐（楼塔细十番）	传统音乐	2008年
9	Ⅲ-16	余杭滚灯	传统舞蹈	2006年
10	Ⅳ-53	越剧	传统戏剧	2006年
11	Ⅴ-18	摊簧（杭州摊簧）	曲艺	2008年
12	Ⅴ-52	杭州评词	曲艺	2008年
13	Ⅴ-53	杭州评话	曲艺	2008年
14	Ⅴ-68	独脚戏	曲艺	2008年
15	Ⅴ-82	武林调	曲艺	2008年
16	Ⅵ-53	翻九楼	传统体育、游艺与杂技	2008年
17	Ⅵ-62	十八般武艺	传统体育、游艺与杂技	2011年
18	Ⅶ-32	金石篆刻（西泠印社）	传统美术	2006年
19	Ⅶ-56	石雕（鸡血石雕）	传统美术	2008年

续表

序号	编号	名称	类别	公布时间
20	VIII-38	张小泉剪刀锻造技艺	传统技艺	2006年
21	VIII-71	竹纸制作技艺	传统技艺	2006年
22	VIII-77	木版水印技艺	传统技艺	2014年
23	VIII-78	雕版印刷技艺（杭州雕版印刷技艺）	传统技艺	2011年
24	VIII-81	制扇技艺（王星记扇）	传统技艺	2008年
25	VIII-99	蚕丝织造技艺（余杭清水丝绵制作技艺）	传统技艺	2008年
26	VIII-99	蚕丝织造技艺（杭罗织造技艺）	传统技艺	2008年
27	VIII-99	蚕丝织造技艺（杭州织锦技艺）	传统技艺	2011年
28	VIII-119	铜雕技艺	传统技艺	2008年
29	VIII-140	伞制作技艺（西湖绸伞）	传统技艺	2008年
30	VIII-148	绿茶制作技艺（西湖龙井）	传统技艺	2008年
31	VIII-187	越窑青瓷烧制技艺	传统技艺	2011年
32	VIII-193	中式服装制作技艺（振兴祥中式服装制作技艺）	传统技艺	2011年
33	VIII-246	花边制作技艺（萧山花边制作技艺）	传统技艺	2021年
34	VIII-266	严东关五加皮酿酒技艺	传统技艺	2021年
35	IX-4	中医传统制剂方法（朱养心传统膏药制作技艺）	传统医药	2011年
36	IX-4	中医传统制剂方法（方回春堂传统膏方制作技艺）	传统医药	2014年
37	IX-6	中医正骨疗法（张氏骨伤疗法）	传统医药	2011年
38	IX-8	胡庆余堂中药文化	传统医药	2006年
39	IX-11	传统中医药文化（桐君传统中药文化）	传统医药	2021年
40	X-3	端午节（五常龙舟胜会）	民俗	2008年
41	X-3	端午节（蒋村龙舟胜会）	民俗	2011年
42	X-68	农历二十四节气（半山立夏习俗）	民俗	2021年
43	X-71	元宵节（河上龙灯胜会）	民俗	2014年
44	X-85	民间信俗（潮神祭祀）	民俗	2014年
45	X-85	民间信俗（孝子祭）	民俗	2014年
46	X-140	径山茶宴	民俗	2011年
47	X-174	腊八节习俗	民俗	2021年

一、民间文学

白蛇传传说

　　浙江省杭州市的白蛇传传说是我国民间文学中的一颗璀璨明珠，所塑造的白娘子、许仙、法海和小青等人物形象，表达了广大人民对人性解放的渴望，是中华民族宝贵的精神文化遗产。传说中所保留的大量古代传统习俗，使白蛇传成为我国民俗文化信息最为丰富的口头遗产之一。

　　白蛇传极大地丰富了中国民间文艺的宝库。它故事情节丰富，人物生动丰满，其中的白娘子是中国艺术长廊中一个重要的典型形象。传说所反映出的自南宋以来不同时期的主要社会思想、信仰与价值观及民族深层心理，有重要的历史价值。白蛇传中的民风民俗内容也极其丰富，对了解江南的风土人情有重要的参考价值。而对于这一传说主要的发生地杭州而言，白蛇传与断桥、雷峰塔及西湖等自然和文化景观形成了密不可分的关系，使杭州和西湖都具有了更为丰厚的文化内涵。

　　白蛇传故事在古代文学史上经历了一个漫长的积累和衍化的过程，而故事所涉及的文艺作品从古到今有许多种。可以说，白蛇传故事的形成发展与演变也遵循了古典小说发展的一般规律，像其他一些史传小说一样，它的情节结构与故事内容的成型，也经过了一个相当长的累积的过程。因此，近百年间对白蛇传故事的演变和流播过程的探讨也是一直不断的，同时，由于其中所蕴含的主题思想的复杂性与多义性，以及它同时横跨古代文学、民间文学、民俗学、神话学等多种学科领域的特殊地位，当代学人对白蛇传等传说故事所进行的研究也在向着更高、更深入的层面发展。也许，这正是这个故事在今天仍然广受重视的魅力所在。[1]

梁祝传说

　　梁山伯与祝英台传说是我国四大民间传说之一，是中华文化的瑰宝。千百年来，它以提倡求知、崇尚爱情、歌颂生命生生不息的鲜明主题深深打动着人们的心灵。梁祝传说以曲折动人的情节、鲜明的人物性格、奇巧的故

---

[1]　吴嘉俐：《"白蛇传"传说中的形象塑造与中国现当代文学》，南京师范大学硕士论文2018年。

事结构而受到民众的广泛喜爱。梁祝传说和以梁祝传说为内容的其他艺术形式所展现的艺术魅力，使其成为中国民间文学艺术之林中的一朵奇葩。

《梁祝》讲述的是一个爱而不得的、曲折凄美的中国式爱情故事。故事的主人公之一是祝英台，她女扮男装在求学的过程中结识了让她心动的梁山伯，碍于不能公开身份，两个人数载同窗，以兄弟相称。对于祝英台的深情，梁山伯毫不知情。学成归家之时，祝英台借物抒情，百般暗示，但梁山伯没能领会，待到梁山伯了解实情，祝英台已经被父母许配他人。梁山伯懊悔不已，抱病而亡。祝英台闻讯后，全身素服来到梁山伯的坟前祭奠，此时坟墓裂开，祝英台跳入其中，两人化作一双彩蝶飞去。这个故事在我国民间流传至今，几经改动，但故事内容基本保持了一致的骨干部分。[①]

宋元时期直至清代，是故事的发展与定型阶段。宋代张津的《四明图经》、李茂诚的《义忠王庙记》中已有相关记载，主体故事大体确定。宋词中出现了《祝英台近》等词牌，苏东坡、辛弃疾、吴文英均有以此词牌创作的词作。元曲兴盛的时期，元杂剧四大家之一白朴曾创作了《祝英台死嫁梁山伯》，为民间戏曲表现梁祝故事开了先河，之后相继出现了元戏文《祝英台》、明传奇《河梁分诀》与《山伯赛槐荫分别》等。明清之后，梁祝以民间曲艺的形式广泛流传，如弹词、鼓词、清曲、三弦书、木鱼书、莲花落等，为平民大众喜闻乐见。此外，梁祝小说也相继问世，如清代邵金彪的《祝英台小传》，情节相对曲折，已经有了"英台易男装游学""梁祝同读同宿三年""祭坟化蝶"等情节。作品文风清丽，委婉动人。此外，梁祝传说还在繁荣的地方戏曲中频频出现，从昆曲、越剧、川剧、京剧、豫剧、秦腔到黄梅戏、洪桐戏、彩调剧、江淮剧等。这么多剧种涉足同一题材，恐怕是中国戏曲史上绝无仅有的。不同的剧种因接受群体、表现手法的不同，在情节上也有些许差异。

民国之后，新艺术样式的出现为梁祝传说的进一步传播插上了理想的翅膀，特别是影视传媒的出现为梁祝的流传提供了独特的平台。不同于以往的口头叙述、文本描写、舞台程式化表演，它以全新的视听结合视角带给观众以不同的感受。

中华人民共和国成立后，由于党的"百花齐放，推陈出新"的艺术方针的推行以及时代的变迁，在遵循基本情节模式的基础上，梁祝传说又有所发

---

① 刘腾悦：《〈梁祝〉艺术赏析》，《民族音乐》2020年第6期，第11—13页。

展和创新。

西湖传说

西湖传说主要流传于杭州市范围内，尤以西湖周边地区为甚。由于民间故事的扩布性特征，随着人口流动，尤其是旅游事业的迅猛发展，西湖传说中的一些精品已流向全国各地，甚至在海外也产生了巨大影响。

西湖传说以名山、名水、名人为主要特征，尤以白蛇传传说、梁祝传说、济公传说、苏东坡传说、岳飞传说、于谦传说和一大批名胜传说最为著名。山水名胜因传说故事而增添其历史文化内涵，更加引人入胜；传说故事因山水名胜而更加美丽生动，二者相得益彰。西湖传说源远流长，历代文人对于流传在西湖一带的民间传说早已十分关注，他们用各种方式记录、撰写或改编这些民间传说。

在长期的发展和演变过程中，与西湖传说相关的民间故事层出不穷，几乎涵盖了民间故事的各种体裁、门类，内容极其丰富，尤以下述几种最为引人注目。

人物传说，这类传说中既有经典的钱镠传说、白居易传说、苏东坡传说、岳飞传说、康熙传说等名人传说，也有如《方百花点将》《馒头战》《棋盘阵》等讲述方腊起义、太平天国起义的故事，具有一定的史料价值。爱情传说，往往与西湖风物紧密相连，显得格外亲切、动人，尤以白蛇传传说、梁祝传说最为突出。名胜传说，这类传说生动地诠释了西湖名胜的由来，表达杭州百姓对于历史的理解与评判。西湖山水的每一个景点，几乎都有精彩的民间故事传世，如《明珠》《金牛湖》《寻太阳》《玉泉》《飞来峰》《吴山第一泉》《瑞石》《虎跑泉》等作品，脍炙人口，引人入胜。物产传说，这一类传说主要诠释杭州地区各类著名物产的由来，往往与历史人物或名胜或某一历史事件相关联，使这些物产变得更富传奇色彩，如《鸡笼山竹》与《鲁妹造伞》解释了西湖绸伞的神秘由来，《打乌蛇》说的是张小泉剪刀诞生的传奇，还有《东坡肉》《油炸桧》《十八棵御茶》等，无不彰显出这种特点。民俗及其他传说，西湖民间故事包罗万象，涉及传统社会生活的方方面面，精彩纷呈，令人目不暇接。有些传说充满了对劳动的尊重和对生活的热爱，如《蚕花娘子》讲述了养蚕生产的缘起；有些传说表达了劳动人民朴实的人生观，如《双井》；有些传说宣扬了传统的忠孝思想，如《望娘十八湾》。所有这些传说都生动地反映了历代劳动人民的生活。

西湖，不仅以其"淡妆浓抹总相宜"的优美自然风光享誉世界，还以围绕这些景物而展开的历史文化画卷为人们所称道。在源远流长的吴越文化土壤里滋长起来的西湖传说，是在雅俗文化交融的历史进程中发展、丰满起来的。许多口头故事很早就受到文人关注，被记录成文字，有的还屡屡被文人笔记、传奇、戏曲、宝卷移植改编。在主题深化、情节丰满、形象生动等方面，历代作家、艺人和西湖一带的民众共同努力，取长补短，才使今天的西湖传说得以焕发出如此炫目的光彩。

由于西湖传说深深扎根于民间，极富生活气息和地方特色，有着极高的审美价值，它常常是文学、戏剧、影视、美术创作的源泉，还在历史学、民俗学、文化人类学等方面具有科学研究价值，是我们认识杭州，认识西湖，了解吴越祖先的一把金钥匙。[1]

钱王传说

钱王传说是以吴越国王钱镠生平事迹衍化而成的民间传说。吴越国王钱镠，杭州临安人，是唐末五代雄踞一方的藩镇统领。他出身贫苦，贩私盐起家，唐末雄踞两浙，奉行"保境安民、善事中国、纳土归宋"的政策，使吴越之富"甲于天下"，奠定了太湖流域成为"鱼米之乡"和苏杭成为"人间天堂"的经济基础。钱王传说在其家乡临安一带家喻户晓，妇孺皆知。凡是钱王活动过的地方，几乎都有他的传说故事，随着文化的传播，扩展到全国各地，直至海内外。

钱王传说内容丰富，包括钱王生平、家世的传说；钱王见义勇为、智勇过人的传说；钱王艰苦创业、建功立业的传说；钱王除暴安良、关心百姓疾苦的传说；还有一批地名传说、地方风物及风俗传说，形成了一个庞大的"传说群"。近年来，钱王传说被大量创作成戏剧、电影等，又反过来推动了口头故事的传播。

钱王传说，真切地表达了人民群众的意志、愿望和爱憎。从钱王传说的许多侧面，可以看到钱镠治国有方、审时度势、招揽人才、采纳谏言、不忘乡谊等品德，有着深刻的教育意义和隽永的审美价值。[2]

---

[1] 吴一舟等编著：《西湖传说》，浙江摄影出版社2012年版。
[2] 张发平主编：《钱王传说》，浙江摄影出版社2015年版。

苏东坡传说

杭州物华天宝，人杰地灵，西湖这颗璀璨的明珠从古至今绽放着光芒。西湖旖旎的风光吸引了无数文人骚客，留下许多佳话。在西湖乃至杭州的历史上，有一位不得不提的人物——苏东坡。苏东坡先后两次来杭，宋熙宁四年（1071）任杭州通判，元祐四年（1089）任杭州知州，两次任期在杭州一共待了四年又八个月。他对杭州怀有非常深厚的感情，将此地认作自己的第二故乡。

苏东坡传说主要讲述苏东坡爱护百姓，为百姓排忧解难的故事；渲染苏东坡的才气，展现他才思敏捷、出口成章的佳话；反映苏东坡的政绩及与文人雅士交往的趣事；另有其在杭遗迹的传说。作为一种独特的文化现象，苏东坡传说经过百姓口耳相传，融人物事迹、地方民俗和西湖风景于一体，寄托了人们的情感，丰满而生动。此后，通过戏曲、电影、电视剧等不同的艺术表现形式展现在大众面前，扩大了传播的力度和影响。

苏东坡传说是杭州乃至全国人民集体智慧的结晶，它来源于历史真实，又高于现实生活，增添了传奇和虚构的色彩，体现了人民群众的创造力和想象力，表达了人们对苏东坡这位为民办事的历史名人的怀念之情。

在苏东坡传说中，还有不少具有现实意义，如苏东坡疏浚西湖的传说，体现了老百姓对保护西湖、保护生态环境的美好向往，与如今"五水共治"的政策不谋而合。在杭州本地，已经有一些媒体将苏东坡疏浚西湖、疏治运河、疏通六井等传说故事与今天的整治水源、保护生态的大目标结合起来，将苏东坡传说故事作为宣传环境保护的一个良好载体。苏东坡"识曲怜才"等传说故事，也体现了老百姓对重视人才、培养人才的苏东坡的推崇，在社会上形成爱才、惜才的风气。东坡肉的故事又体现了苏东坡清廉的一面，促进了社会重廉、敬廉精神的培育。这些传说故事中，人民群众的爱憎之情跃然纸上，通过阅读和了解苏东坡传说，我们可以了解百姓的生活和思想观念。

苏东坡传说也是丰厚的旅游资源，与苏东坡有关的苏堤、感花岩石刻、大麦岭石刻、表忠观碑等，是世界遗产西湖文化景观的重要组成部分，这些非物质文化遗产的实体承载极大地丰富了杭州这个旅游城市的人文内涵。[①]

---

① 陈杰、倪灵玲：《苏东坡传说》，浙江摄影出版社2015年版。

二、传统音乐

古琴艺术（浙派）

古琴又称"琴""七弦琴"，别称"绿绮""丝桐"等，是一种平置弹弦乐器。古琴艺术是中国历史上古老、艺术水准较高且极具民族精神、审美情趣和传统艺术特征的器乐演奏形式，除独奏外还包括唱弹兼顾的琴歌及琴箫合奏等。目前考古发掘的资料证实，古琴形制至迟到汉代已经完备。经历代琴人和文人创造性的发展，古琴艺术不断趋于成熟和完善，它与社会生活、历史、哲学、文学等发生了紧密的联系，在曲目积累、演奏技巧、乐律学、传承方式、斫琴工艺等方面都取得了巨大的成就，显示出丰富的人文内涵。

历史上第一个大家所公认的琴派——浙派，流传于浙江地区，这一流派的发展分古代和现代两个时期。现代浙派古琴艺术的兴起与琴家徐元白有着密不可分的关系。徐元白的琴艺得清末琴家大休上人真传，理论思想则主要源于清代浙派琴学专著《春草堂琴谱》。1939年徐元白在南京与徐芝荪等组建"清溪琴社"，1945年与杨洁武等人在重庆组建"天风琴社"，1946年又返回杭州与张味真等人组建"西湖月会"，与此同时，徐元白还编撰了《天风琴谱》及琴论多篇，以自己的艺术实践和理论极大推动了浙派古琴艺术的复苏和繁荣。

江南丝竹

江南丝竹是流行于江苏南部、浙江西部及上海地区的丝竹音乐的统称，因乐队主要使用二胡、扬琴、琵琶、三弦、秦琴、笛、箫等丝竹类乐器而得名。

明代嘉隆年间，以魏良辅为首的戏曲音乐家在太仓南码头创制出昆曲水磨腔，当时由张野塘等人组成规模完整的丝竹乐队，用工尺谱演奏。其后，丝竹音乐基本由昆曲班社、堂名鼓手兼奏，在长期的发展过程中逐渐形成专职演奏班社。至明代万历末年（1620），新乐种"弦索"在吴中（苏州地区）形成，成为江南丝竹音乐的前身。

20世纪20年代，著名丝竹家王巽之在杭州西湖孤山东麓的"凌社"创办了杭州早期的江南丝竹组织"杭州国乐社"演奏传统乐曲，国乐社整理、改编的丝竹演奏曲目很快传到上海等地，在音乐界产生很大影响。之后，王巽之又与丝竹前辈程午嘉在上海创办"华光乐社"，开启了沪杭丝竹界彼此交流的良好局面，丝竹音乐由此得到进一步的发展。①

18世纪中到19世纪初，浙江东北地区杭、嘉、湖一带的江南丝竹音乐的演奏活动已经很活跃，发展到清道光（1821）时期已初具规模。江南丝竹音乐的鼎盛时期是在20世纪80年代，中华人民共和国成立后，政府一方面重视对丝竹艺人的安置组织工作，另一方面又在江、浙、沪等地组建各类民族音乐团队，提供能让民间音乐艺人展示艺术才华的平台，此后江南丝竹音乐上舞台表演的机会就更多了。浙江的江南丝竹音乐同样在此时期发展迅猛。②

江南丝竹是江南水乡音乐文化的杰出代表，其演奏技法和音乐风格蕴藉含蓄，包含着追求谦冲、协调的深刻文化内涵，在民族音乐史、戏曲、民俗等方面都深具实践和理论研究价值。

十番音乐（楼塔细十番）

"十番"是中国传统音乐的一类，它是指不同的曲牌、不同的曲调在一起演奏，并翻来覆去地进行曲调变换。楼塔细十番是从明初朱元璋在南京登基以后，流传到江苏、浙江一带的传统音乐。楼塔细十番经几百年的传承和发展，综合运用板胡、大胡、二胡、京二胡、四弦胡、中胡、高胡、大阮、中阮、琵琶、古筝、扬琴、竹笛、笙、排笙、十番鼓、木鱼和广东板等乐器，具有独特的地域色彩和演奏风格。

1377年，细十番由明代宫廷御医楼英（楼塔人）从宫廷带入楼塔民间，而后口耳相传，传至后世。他辞官后，返乡著书《医学纲目》，与当时楼塔的一批善音律的文人雅士、富家子弟、贤达之人经常吹弹各种乐器，演奏各种古典曲目。楼塔细十番由此从宫廷的玉堂金马传入了山野人家，然后在楼塔山乡生根发芽，这也算是入乡随俗。乾隆五年（1740），有专门掌管宫廷戏曲演出活动事务的机构——南府。南府之中，就有十番学，乃专奏十番鼓之乐队。

明代十样锦盛行于江浙一带。北京宫廷中的十番是外传进入宫廷的，并不是宫廷本来所有。清乾隆年间，津人吴君轶游苏州，学会了十番乐，带回

---

① 沈凤泉：《浙江江南丝竹音乐发展简史》，《中小学音乐教育》2014年第1期，第46—47页。
② 魏巍：《长三角一体化进程中江南丝竹音乐文化的传承与创新实践研究》，《浙江艺术职业学院学报》2021年2月18日。

天津，由此天津十番音乐开始流播。当时十番音乐在乐种的特征、结构上，已经相当完备；在音乐的内涵、表现手法上，也已经相当丰富。

十番音乐到底是民间传入宫廷的，还是宫廷流入民间的；到底是南方传入北方的，还是北方传入南方的，到现在还没有统一的结论。但不管是山间野生的，还是宫廷有心"栽培"的，流传至今就是硬道理，自有它独有的生命力。

三、传统舞蹈

余杭滚灯

余杭滚灯源于浙江余杭翁梅一带，流传至今已有800余年历史，是节庆和灯会期间表演的、具有强烈竞技特点的民间舞蹈。余杭滚灯集舞蹈、技巧、体育于一体，具有多样性、综合性、竞技性的鲜明特征。它有9套27个表演动作，有独特的艺术构思和典型的地域特色，展示了中华民间舞蹈杰出的创造力，对探索古代民间舞蹈具有很高的研究价值。

滚灯原本是一种可以滚动、旋转的纸灯。而在江浙地区，则以由竹片编成的大型球体为主要道具，在这竹编的球体的中心悬挂着一个竹编小球，小球中安放有灯烛，当舞动起来的时候，其滚滚向前，灯光闪烁，形成一盏滚动的灯，古人称"滚灯"。因其最早起源于钱塘江北岸的余杭一带，故又名"余杭滚灯"。

余杭滚灯根植于民间，由具有生命力和想象力的人民创造出来，具有深厚的群众基础，余杭滚灯几百年的发展史可以表明余杭滚灯具有强大的生命力，它的表现力具体体现在滚灯的文化内涵和民俗价值之中。文化价值标志着一个国家精神文明的状态，是满足人民日益增长的物质文化需求的重要基础。余杭滚灯作为民族民间文化的瑰宝，则保持了文化的本真性，对促进文化交流具有很大的帮助。[1]

余杭滚灯文化包括一些优秀的传统舞蹈和制灯技艺，以及人与自然和谐相处的文化观念。作为首批国家非物质文化遗产项目，余杭滚灯的申遗在当地其他文化项目的形成方面起到了推动作用，余杭滚灯的发展，带动了其他

---

[1] 罗鹏：《新时期余杭滚灯非遗项目的传承现状与发展创新研究》，杭州师范大学硕士论文2021年。

非遗文化项目的产生与发展，如鸬鸟鳌鱼灯、五常拳灯、亭趾高跷、石濑花灯等，这对于文化的传播和交流及丰富人们文化需求有很大的价值推动。[1]

四、传统戏剧

越　剧

越剧作为中国五大戏曲剧种之一，诞生于江南，在亭台楼榭、烟柳画桥，自古便以柔情为美的江南，形成了比其他剧种更加缠绵悱恻的特点。

越剧最早起源于清咸丰二年（1852），在浙江省绍兴市下设的嵊州马塘村，村民金其柄首创的"落地唱书"逐渐成为马塘村一带最为主要的说书、唱书的表演形式。

越剧发展从20世纪初全男班走向全女班，在这一时期，施银花创造出"四工调"，具备缠绵流连、清脆悦耳的唱腔特点。这除了使得越剧的唱腔更加规范化之外，还很早地将女性的声腔优势发挥和表现出来。在越剧艺术戏班企图"远征"上海失败后，它发展了男女混合的戏班，但仍然多以女性演员饰演的小生为主，男性演员则作为配角出现。在这一时期，戏班主要根据演员的声线条件、外在形象以及内在性格等条件特征来有意识地创作适合的剧目，这样一来，也让"越剧坤生"塑造的人物形象在演绎中形成了观众印象。

到了20世纪30至40年代，女子越剧终于成功进军了上海，并通过吸收昆曲、戏剧之精华得以充实其外表和内容，提供更好的舞台呈现，并形成了13个流派。中华人民共和国成立后，鉴于必须男女混合的政策要求以及现代戏的需求，越剧戏班打造了大批的男小生，但始终不如女班受广大观众欢迎与喜爱。这是因为女性演员往往能够以声腔优美的特点而取胜，久而久之，"越剧坤生"的唱腔在观众耳畔有"余音绕梁，三日不绝"之感，其形象也在观众心中有"此曲只应天上有，人间能得几回闻"之憾。[2][3]

---

[1] 薛媛：《非物质文化遗产余杭滚灯的艺术人类学价值探究》，《美与时代（上）》2014年第11期，第35—38页。
[2] 洪一丹：《越剧艺术形象"坤生"的历史发展》，《卫星电视与宽带多媒体》2020年第1期，第203—205页。
[3] 刘冷妮：《浙江越剧音乐创作现状研究》，《大观（论坛）》2021年第5期，第34—45页。

五、曲艺

摊簧（杭州摊簧）

"引吭高歌如大鼓，抑扬婉转似弹词，拖腔又类昆曲"，这便是杭州摊簧。杭州摊簧即由南词摊簧衍生而成，在风行南北的说唱曲艺影响下，形成的一种代言体的坐唱表演形式，简称"杭摊"。

杭摊的唱腔非常优美，它曾是杭城第一曲。民国初年，杭摊极为兴盛，杭摊的演唱班有50多个，艺人有300多位。这样的规模在当时是其他曲种难以匹敌的。历经百年的沧桑起伏，在多种摊簧逐渐转化为戏曲后，杭摊仍然保持坐唱形式表演。直到1961年，为了用杭摊的声腔韵律和演出曲目丰富杭剧，杭摊演出队的几位老艺人并入杭剧团，至此，杭摊表演从人们的视野里消失。

每一曲种都在产生与发展中形成一定的表演形式。杭摊的传统表演形式是艺人坐唱自奏乐器，以口语叙述情节和塑造人物，不装扮，不舞蹈。杭摊的坐唱一般五人为一班，也有七人至十二人为一班。角色分生、旦、净、末、丑五种；其中生又分小生、老生，旦又分彩旦、小旦、老旦。生拉胡琴，旦弹琵琶，净弹三弦，末击鼓，丑打板，各有乐器分工。杭摊的这一表演形式，对角色的运用能起到很大的作用，但对于人物形象的塑造、人物表演技能的发挥则带来一定的限制。[①]摊簧演唱前先以《四合如意》《二六》《行街》等合奏曲静场，称为"和音"。正式演唱时先唱开篇，后唱正书。摊簧唱词句式整齐，文辞典雅，讲究声韵格律。其唱腔包括基本调、曲牌和民间小曲三类，基本调是"杭摊"主要演唱的曲调，有男女宫之分，所使用的板式包括平板、快板、流水板等；曲牌主要有《点绛唇》《端正好》《风入松》《急三抢》等；民间小曲则有《四喜调》《采茶调》《杨柳青》《游魂调》等。摊簧中无打击乐器，伴奏乐器主要是鼓、板和弦乐器。[②]

在流传过程中，摊簧音乐为杭剧、绍剧所吸收，其曲牌及基本唱腔有些

[①] 冯小娟：《试论新时期杭州摊簧传承发展之路径——以余杭区传承杭州摊簧实践为例》，《曲艺》2017年第5期，第30—33页。
[②] 蒋羽乾：《杭州摊簧中前、后摊曲目数量研究》，《浙江艺术职业学院院报》2015年第2期，第134—138页。

至今仍在传承，显示出很高的艺术文化研究价值。

杭州评词

杭州评词是由南宋说话中的"小说"演变发展而成的，以说唱为主，艺人称之为"小书"，这是相对于评话俗称的"大书"而言。杭州评词在漫长的历史岁月中，之所以能具有如此强劲的艺术生命力和历史穿透力，是因为其书目所倡导的忠贞报国、除暴安良、乐善好施、忠孝廉耻等文化美德，能对杭州市民起到一定的普及教育作用，正如这一曲种行业成立之初，取名为"杭州评词普育社"一样。

自宋高宗南渡，建都杭州，一时间，杭州成了"八方争凑，万国咸通"，"户口蕃息，近百万余家"的大都会。城市经济的昌盛，促进了市民阶层的壮大。特别是废除了用围墙隔绝市民居住的坊区和商业集中的市区的"坊市制"，以及宵禁制的解除，使说唱艺人得以在勾栏瓦舍日夜献艺，大大推动了中国古代曲艺的繁荣和发展。南宋时，杭州小说的演唱形式是有说有唱，因用银字笙或银字觱篥乐器伴奏，故又名"银字儿"。[①]

杭州评话

杭州评话俗称"杭州大书"，亦称"说书"，是我国曲艺说书系统中南方评话的主要品种之一，是现代曲艺门类中散说类的艺术品种。杭州评话一人叙事，以杭州方言说表。演出的曲目，称作"书目"，或称"书"。其流行于杭州及周边地区，曾经流行于宁波、绍兴、金华等地。杭州评话的艺人被尊称为"说书先生"或"大书先生"。

要追溯杭州评话的历史起源，探索其在中华文明历史上的发展轨迹，了解它从讲故事、小说、说话到平话再到评话的历史演变过程，我们就必须认清这个曲种的生长根系、历史流程，对其进行"认祖归宗"。

先民在闲暇时谈论故事就是小说的起源，也是"说书"的始祖。后来，讲故事演变成了小说、说话、评话。而讲故事被真正看成一门专业的艺术活动。

唐代中叶，说话这一技艺逐渐流行，遍布于民间、宫廷和寺院，这与当时小说的发达有一定关系。"俗讲"是唐代寺院中盛行的一种说话形式，即

---

① 何平主编：《杭州评词》，浙江摄影出版社2012年版。

在僧侣的讲经中分出一支穿插民间故事、历史故事和时事以讲解经文的形式，后又将"俗讲"的内容绘成图画，作为底本，这就成为"变文"。"俗讲"和"变文"是中国曲艺发展过程中的重要节点。在当时，寺庙为吸引信徒，不仅开始俗讲，而且成了百戏杂陈的"戏园子"，不少民间艺人前来演出，僧人的俗讲技艺也得到不断提高，出现了著名俗讲僧人文淑，其对后世的曲艺发展贡献巨大。唐代末年，已有民间女艺人讲唱变文，这说明变文已走出寺庙，深入民间。

至宋代，中国曲艺艺术呈现大发展状态。在经历了长期战乱后，北宋王朝统一了全国，安定的局面促进了城市的繁荣，并逐渐进入民间商业化发展阶段。经济的发展、市民阶层的壮大，使宋代的"说话"演艺市场日趋繁盛。

元代，位于都市繁华地段的勾栏瓦舍给艺人提供了更多演出场所。平话是与诗话、词话相对而言的，是只说不唱的平铺直叙的话本。现存的宋元平话多为长篇，题材主要是历史故事，多为元代艺人创作，或依据宋人旧话本扩展、丰富而成的。

到了明代，说书艺术迅速发展，也造就了一批说书艺人，莫后光就是其中的佼佼者。明代推行活字印刷术，说书人的话本经过文人的整理刻印成读本，供读者欣赏。浙江的南戏也在此时形成，人们被这一新的表演形式所吸引。与此同时，还派生出了宣讲宝卷、弹词（词话）、道情等现代意义上的曲艺形式，这些曲种的产生和盛行，使得杭州的说书和其他戏曲、曲艺、读本产生了激烈的竞争。

杭州评话用杭州方言讲评故事，其讲述表演由第三人称（即说书人）的语言统领，间或穿插第一人称（故事中人物）的语言。艺人以第三人称讲述故事的语言谓"表"，以叙述情节发展、描绘人物内心活动等，夹叙夹议，对故事情节中的人物、事件、情感及其合理性，以说书人的身份加以评述。"表"要求语言生动流畅，富有节奏感，思路清晰，穿插"噱头"（又称"嬉头"），洒脱自然。模拟性地表现故事中的人物，称为"起脚色"，其表演动作较多模仿戏曲人物。用第一人称的语言谓"白"，又分"官白""私白"等多种，"白"的语言运用根据不同的人物而定，有时按人物需要兼用"乡谈"（即各地方言）。"表"和"白"以散文为主，也有用作念诵的部分韵文，包括"赋赞""挂口""引子"和"韵白"等。"赋赞"用以描绘人物形象及穿戴特征，写景状物，各类开战布阵、兵器、拳术、武打等。"挂口"是人物的自我介绍。"引子"是说书人对书情介绍的点题。"韵白"使用韵文，或叙述情节，或总结书情。根据情节或人物需要，还需运用各种模拟性口技，亦称"八技"，如点火放炮、马嘶、马奔、击鼓鸣金、吹号打锣等以渲染气氛。在每回书目中，艺人会设置"关子"（悬念），用在休息前或每场演出结束前，以吸引听众。

独脚戏

独脚戏又称"滑稽"，盛行于民国初年，一直传承发展至今。它发源于杭州，流行于上海、江苏、浙江等地，仅上海黄浦区的老城厢一带就集中了独脚戏的千万热心观众。

起源于20世纪20年代的独脚戏，是江南文化里特殊的时代印记。它与戏曲极有渊源，在音乐上奉行"拿来主义"，各类戏曲唱腔、曲艺腔调、地方民歌、民俗小调皆为它用，人称"九腔十八调"，以"杂"见长。戏曲在本质上是古代的，但独脚戏在质地上则是现代的，它与话剧一样不演行当而演人物，不重古典情怀而重现实生活。

目前独脚戏都是由两个人搭档，分上下手演出，实际上最早的独脚戏确实是由一个人演出的，所以才称为"独"脚戏。它一方面建立和发展了自己的艺术表演系统，即作为曲艺的由二人或多人表演的"南方相声"；另一方面，由于独脚戏的兴起，有力地推动它的母体趣剧发育成为现代滑稽戏。故它也称得上是现代滑稽戏最直接的继承本体之一，是滑稽戏剧种的一个源头。[1]

独脚戏的发源地是杭州，但它的发祥地是上海。独脚戏是江、浙、沪共同孕育的产物。最早的"滑稽三大派"，"老牌滑稽""说派滑稽"和"潮流滑稽"的创始人恰恰来自江、浙、沪。[2]

武林调

武林调，又名"杭曲"，元代称杭州为"武林"，故称"武林调"。武林调的形成始于明代，源自唐代佛教的俗讲，至宋代以说唱形式"说经"在瓦子中表演，清末民初时期在民间成为仅次于弹词（南词）的说唱艺术——"宣卷"。近百年的文化积淀，孕育并诞生了武林调，体现了杭州戏曲说唱

---

[1] 顾聆森：《论独脚戏》，《戏文》2001年第3期，第36—39页。
[2] 贺燕：《独脚戏文化自信与曲艺创新发展》，《曲艺》2020年第2期，第32—33页。

曲艺艺术古老原生态的印记。

武林调是杭州地方曲艺品种之一。因为它用杭州话说白、演唱，20世纪50年代中期曾改称"杭曲"。武林调，是在杭州宣卷的基础上，吸收当地的民歌俗曲发展而成，流行在浙江、江苏南部和江西东部一带的城乡。

杭州曲艺有评话、评词、小热昏、独脚戏、隔壁戏和武林调等种类。这些曲种有说的、又说又唱的评词、小热昏，也有似说似唱的，各有擅长；其中亦有叙事的、抒情的、嘲讽的、技艺的，各有分工。它们在艺术上各有千秋，而武林调的艺术特色则是叙唱类的曲艺。

武林调和其他非物质文化遗产一样，面临着濒临失传的危险。濒危的原因是多层次、多方面的：时代的变革、社会的转型、传媒手段的发展、口头传承的局限等都使得以口头传承为主的武林调曲艺表演艺术受到了前所未有的冲击；原有的传承人相继去世，年轻一代承继乏人，传承人面临断代的危险，传统的传承环境正在消失，亟须采取抢救的保护措施。①

六、传统体育、游艺与杂技

翻九楼

九楼又称"洪楼"，多在浙江省东阳市流传。据传最早与秦朝孟姜女长城祭夫相关，是民间道教施仪形式的一部分。举行这一活动的目的一为祈求太平，二为超度亡魂，三为驱凶辟邪。九楼大多为九层，用八仙桌相叠而成。俗称通过道士作法，翻上九楼，可超度亡魂升天；翻下时逐层拆除，可破十八层地狱。

翻九楼源出绍兴孟姜戏：孟姜女送寒衣到长城，见丈夫范杞良被埋入城墙，哭倒长城。秦始皇闻讯前来察看，见孟姜女貌美，欲选为妃。孟姜女按梦中仙师指点，将计就计，提出三点要求：一要始皇为其亡夫披麻戴孝，二将奸臣赵高斩首示众，三在午朝门外搭"九楼"超度杞良早登天界。始皇答应，于是孟姜女登上九楼祭夫，祭毕大骂秦始皇昏君暴政，然后跳楼自尽，不料中途被白鹤接上天界与杞良相会。因此凡举办"洪楼"道场，均与翻九

---

① 莫高编著：《武林调》，浙江摄影出版社2012年版。

楼仪式相继出演。①

翻九楼技巧性、观赏性较强，它的演出套路对现代杂技有一定影响，具有较高的民俗学、宗教学研究价值。

十八般武艺

五常十八般武艺是流行于杭州市余杭区五常街道及毗邻地区的民间传统体育活动。相传明朝大臣洪钟告老还乡退居故里后，将兵器与生产、生活工具结合，创编武术套路"五常十八般武艺"，教乡民演练，用以强身健体、改良民风，为百姓喜闻乐见。它融娱乐、健身、竞技于一体，内容之丰富，参与群众之多，百姓热情之高，在武术活动中并不多见。

相传洪钟退隐故里后，发现不少乡民在忙完农活后无事可做，游手好闲者打架滋事时有所闻。于是，他将为官时带兵征战的兵器与生产、生活工具结合，改制出一些独特的器械，并创编武术套路一百零八法，教乡民演练，以强身健体、保乡御敌，同时改良民风。这些武术套路，之后被称为"五常拳灯""五常十八般武艺"。②

七、传统美术

金石篆刻（西泠印社）

自然景观的唯一性，艺术社团的世界影响力，篆刻金石历史的横贯几千年，文化范式和价值观的硕果仅存，四者融合，就构成了西泠印社最鲜明的、无与伦比的"文化印记"。这不仅是"浙江文化印记"的核心组成部分，更是中国和世界"文化印记"的重要一环。

百年名社西泠印社自建社之初，即以"保存金石，研究印学"为宗旨。这八个字指向两个范畴：第一是"金石"，第二是"印学"。③

金石篆刻本是一个融汇综合的大范围，但初创的西泠印社从一起步，就把"金石"与"印学"（篆刻）作为两个"点"并列提出。这就是说，"金

---

① 徐宏图：《日翻九楼，夜演目连——浙江目连戏与宗教仪式》，《中华文化画报》2018年第8期，第14—19页。
② 徐楚浩、叶华醒编著：《五常十八般武艺》，浙江摄影出版社2015年版。
③ 陈振濂：《西泠印社的金石文化与海外交流》，《美术报》2016年9月3日。

石"与"篆刻"是两个既互相并行又可互相包容的领域。西泠印社在最初的宗旨确立时，即已确定了金石文化的大致模式。仅仅把它看作篆刻一技，"以篆刻自囿"并据此来定义印社，显然是有失偏颇的。①

石雕（鸡血石雕）

鸡血石雕是流行于浙江省临安区昌化镇的一种传统雕刻艺术，它采用当地玉岩山出产的鸡血石为原料，这种天然石料具有鲜红艳丽、晶莹剔透的特点，石质珍贵，被誉为中国六大"国石"之一。从战国时期至今，鸡血石雕已有2000多年的发展历史。清代中期，石雕艺人在鸡血石产地落户，逐渐形成鸡血石雕独具的艺术特色和传承谱系。天然血色是鸡血石最宝贵之处，鸡血石雕即根据材料的这一特点，因石配工，依血取巧，力求做到文质相彰、材艺天成，从构思、技法直至造型全泯人为痕迹，尽显鬼斧神工之妙。历史上鸡血石雕制品曾被列为贡品，用作帝王印玺，这大大提高了鸡血石雕的档次，使得鸡血石雕制品成为不可多得的工艺珍品，受到历代文人雅士的青睐。

鸡血石雕艺人根据鸡血石独特的个性，汲取各家石雕之长，在漫长的艺术生涯中，通过创造性实践，逐步形成了巧借天然，因"血"施艺；简繁结合，重在写意；雕镂相济，钮饰见长；精心构图，协调布局的技艺特点。

石雕艺术创作中，美的意念必须通过巧施技法，才能成为生动逼真的艺术形象，才能将艺术设计理念定格定型于石材中，创作出优秀的艺术品。昌化鸡血石的雕刻技法，主要有圆雕、镂雕、浮雕、薄意雕、线雕、篆刻、镶嵌和钮雕等，其中钮雕较为常见，浮雕较有特色。石雕艺人在创作中因材而异，因色而异，因题而异，施展相应的雕刻技法，求得预设的艺术效果。从风格上分，有写实与写意两类，其中以写实为基本倾向。

鸡血石雕的工艺流程，大致分巧选石材、相石设计、铲"血"凿坯、修光细刻、装配底座、打磨封蜡这6道工序，具体到每种雕刻技法，则不尽相同。浮雕，先平整表层，然后构图，根据深浅程度的不同，戳除凹部石质，浮起图纹，再修光细刻。钮雕可直接凿坯，然后修光。圆雕没有钻洞镂空的工序，凿坯可根据形体的不同而增减。镂雕基本需实施每道工序。②

---

① 陈振濂：《百年西泠的独特印记》，《文化交流》2021年第2期，第40—45页。
② 黄晓明主编：《鸡血石雕》，浙江摄影出版社2012年版。

八、传统技艺

张小泉剪刀锻制技艺

张小泉剪刀是中国传统手工业名牌，始创于明代。清乾隆年间，张小泉剪刀被列入朝廷贡品，曾在南洋劝业会、巴拿马万国博览会等国际赛会上屡获殊荣。张小泉剪刀锻制技艺，包含试钢、试铁、嵌钢、出头、锉里口、锉外口、淬火、粗磨、细磨、检验、凿花等72道工序。其首创镶钢锻制技艺，在刀口镶上一层钢，使其锋利耐用，而剪体仍用全铁，则易于弯曲造型，所出剪刃锋利，剪体柔美。以传统技艺锻制的剪刀，其锋利度和牢固度可剪断128层白布，现代科技生产的产品远无法与其比肩。

明末清初张小泉的父亲张思家自幼在以"三刀"闻名的安徽芜湖学艺，后在黟县城开了个张大隆"剪刀铺"，前店后作坊。张思家做事认真，他打磨的剪刀，坚韧锋利，备受人们的称赞。小泉在父亲的悉心指教下和自身不断实践中，也练就了一手制剪的好手艺。清兵入关时他们父子俩逃到杭州，在吴山脚下的大井巷内，开设了"张大隆"剪刀作坊，悉心研究铸造技艺。张小泉子承父业后，由于制作认真，质量上乘，加上地处清河坊一带，是杭州商业中心，故而生意兴隆，利市十倍。为防别家冒用张大隆招牌出售剪刀，清康熙二年（1662），他把招牌改用自己名字"张小泉"。因张小泉制成的剪刀，镶钢均匀、磨工精细，因而名噪一时。一些专业艺人如裁缝、锡匠、花匠等都慕名前来定制剪刀。

据说清朝乾隆皇帝第二次下江南到杭州时，乔装打扮，混入香客之中，信步上山游览。游兴正浓时，天公却不作美，突然下起雨来，只好下山寻屋避雨，匆忙中走进一间挂着写有"祖传张小泉剪刀"字样招牌的作坊。乾隆好奇，顺手拿来一把剪刀一看，只见寒光闪烁，锋利无比，便买了一把带回宫去。他很喜欢这把剪刀，将其作为宫内用剪。从此，张小泉剪刀名闻遐迩，打出"张小泉"牌号做剪刀的，最多时曾达到86家，出现了"青山映碧湖，小泉满街巷"的盛况。[1]

---

[1] 《72道工序350年传承——张小泉剪刀锻制技艺详述》，《科学之友（上旬）》2013年第9期，第20—25页。

竹纸制作技艺

造纸术是我国古代"四大发明"之一，为人类的文明和进步做出了巨大贡献。富阳是我国传统造纸的重点产区之一，素有"土纸之乡"之称。富阳竹纸制作技艺始于南宋，世代相传，迄今已有1000多年的悠久历史。富阳多山，毛竹资源丰富，竹料是传统手工造纸的主要原料。竹料纸分白纸类和黄纸类。其中白纸类以"元书"质量最为上乘，这也是富阳竹纸制作技艺的代表。富阳竹纸制作技艺的关键是选料严、做工精、水质好。

富阳竹纸的类别按制造方法及原料区分，有白纸、黄纸两类。白纸选料精良，用石竹六成、嫩毛竹白料四成混合制料，后因石竹资源不足，全部用嫩毛竹制料；黄纸类在选料上除嫩毛竹的竹皮外，还可用一些老或嫩的大小杂竹制料。以品种区分，有元书纸、黄纸、屏纸。按用途区分，有文化用纸、祭祀用纸、包装用纸、日用纸。

富阳竹纸的传承、原料、水源、工艺和产品都具有鲜明的特征。富阳自古以来民风淳朴，农民祖祖辈辈在本乡本土辛勤耕作，极少背井离乡，外出谋生，曾经广为流行"宁做故乡乞，不做他乡官"的说法。而制作竹纸可以就地取材，在家门口就能造出纸来，而且运输通畅，全家老少都可以参与其中。造纸的成本投入可大可小，资金周转较快，虽然造纸过程非常辛苦，但富阳农民认为，苦在故土上，苦中有乐，苦中有甜。

富阳竹纸的制作技艺依靠家族传承和师徒传承，言传身教是主要的传承方式。其中的抄纸、烘焙等绝艺必须从小学起，凭借个人的悟性和熟能生巧才能掌握。[1]

富阳竹纸制造工艺，在继承我国传统造纸工艺的基础上，经过富阳造纸工匠长期生产实践，形成了一整套独具富阳特色的制作技艺。富阳竹纸制作技艺，从砍竹到成纸，全过程约60天。[2]

木版水印技艺

印刷术发明之前，文化交流传播主要依靠手抄书籍，费时、费事、费力，易抄错、抄漏，很大程度上制约了文化的交流和发展。隋唐时期，从我国独有的印章文化衍生出雕版印刷技术，这是我国印刷术的起源。

---

[1] 庄孝泉主编：《富阳竹纸制作技艺》，浙江摄影出版社2009年版。
[2] 洪岸：《富阳竹纸制作技艺》，《浙江档案》2009年第1期，第29页。

木版水印字画是雕版印刷技术的一种，为我国特有的复制工艺。它集绘画、雕刻和印刷为一体，根据水墨渗透原理显示笔触墨韵。准确地说，木版水印是现代人的一种通俗叫法，其专业学名是"古代彩色版画印刷术"。它是在明代书画家、出版家胡正言发明的"饾版"（一种五色小饼，做成花卉禽兽珍宝的形状，古人觉得木板堆砌在一起形似恒钉，所以称为"饾版"）和拱花技术上发展而来的。这种工艺是根据画稿笔迹的深浅、浓淡，分别进行描摹，刻成若干板块，然后对照原作，由深至浅，依次进行叠印的。[①]

木版水印源于明朝末年，当时的市场经济繁荣，市民阶级兴盛，文艺之风深入市井民巷，大众对于艺术品的玩赏与收藏需求，直接促进了当时水印版画的发展。入清以后，前期版画的创作承袭明朝遗风，但已难达明朝之美学高度。清朝的木版水印创作以"年画"为主流形式，以绘制历史故事、神话传说、戏曲人物、演义小说等为主要内容，是一种坊间老百姓喜闻乐见的民俗艺术。后来清朝面临着内忧外患的局面，刻印水平低下，质量粗糙不精，颇有粗制滥造之势，已不为世人所重视。与此同时，石印版画、铜版版画印刷等外来技术相继传入中国，使传统的木刻版画迅速走向衰落。总的来说，清朝时期并没有很好地延续木版水印的艺术发展，处于一种停滞不前的状态。

直到1931年，鲁迅先生发起"新兴木刻运动"，没落了40多年的中国木刻版画得以重生，这时的版画已经从复制性版画走向了创作型版画。20世纪60年代，江苏的水印版画异军突起，涌现了一批专业理论创作型队伍，通过探索、研究、实践，既有作品也有理论支撑，创造了新时代独特审美趣味的水印版画形式，开创了水印木刻的新天地，为我国水印版画开拓了一条新的康庄大道。值得一提的是，北京荣宝斋、上海朵云轩和杭州十竹斋，都为近现代木版水印的保留与发展做出了不可磨灭的贡献。

雕版印刷技艺（杭州雕版印刷技艺）

中国古代的文化传播，在文字出现后，起先是靠书写和铸刻，即将文字写在丝帛上或竹简、木牍上，刻在石头上，铸在金属器物上。其传播速度与范围是比较缓慢和狭窄的。在雕版印刷术出现之后，文化传播借助印刷品这个载体，才得到了超越时空的发展。

---

① 周平：《木版水印》，《浙江档案》2012年第12期，第40—41页。

浙江的雕版印刷最迟出现在中唐时期。中唐时期浙江雕版印刷的诗文已可在市上买卖。因此，浙江已是当时中国重要的书籍出版地之一，浙江同陕西一样，也为全国的印刷出版的发源地。

晚唐五代时期，由钱氏统治的吴越国地区，佛教盛行，雕版印刷被用于大量印刷佛经、佛像，向信徒传播并在寺院中供奉。这些经卷，有些至今纸质洁白，字迹清晰精美。晚唐五代浙江的雕版印刷，虽被大量用于佛教经义的传播，但它在技术上的提高，为宋代杭州雕版印刷事业的高度繁荣创造了条件。

北宋时期，浙江是全国经济最富庶的地区，当时全国漕粮600万石，而浙江占四分之一，其他财富供馈不计其数。经济的发达，无疑为刻书出版事业提供了坚实的物质基础。北宋时，州、县都立官学，民间也普遍办学。教育事业的发达，学子们对书籍的需求量很大。加以浙人整体上文化素质较高，从事雕版印刷的写版、雕刻工匠工艺技术水平也相对较高。凡此种种，都促进了浙江杭州的雕版印刷、出版事业步入繁荣阶段。

北宋时浙江，特别是杭州，印刷、出版事业称得上是盛况空前，领先于全国各地，当然也处于世界领先地位。[1]

20世纪50年代末，浙江美术学院版画系的木版水印工作室改名为浙江美术学院水印工厂。张耕源、徐银森、王刚、陈品超等人重新翻刻了《十竹斋印谱》。这一时期的水印工厂主要翻刻和复制书画名作，其中尤以复制写意水墨画为主，在技术上多有创新，在当时达到了国内领先水平，成为国内木版水印四大基地之一，驰名中外。[2]

制扇技艺（王星记扇）

杭州雅扇自古闻名海内外，南宋时期，今杭州清泰街与河坊街之间集中了许多杭扇制作工场，彼此相连，长达二里，此处因而得名"扇子巷"。清代光绪元年（1875），王星斋在杭州扇子巷创建王星记扇庄，凭借精良的做工和独特的工艺在众多店家中脱颖而出，经过不断发展，王星记扇终于成为杭扇的代表。

一百多年来，王星记扇业艺人继承并发扬传统，会集历代制扇艺人的智慧，发展了杭扇制作技艺，目前王星记杭扇的扇品已达15大类400余种3000多

---

[1] 孟凡夏：《杭州和中国印刷术》，《文化交流》2000年第4期，第37—41页。
[2] 孙茂华、孙茂林：《杭州雕版印刷技艺的现状》，《艺术探索》2013年第3期，第41—42页。

个花色，远销40多个国家和地区。王星记扇制作工艺复杂精细，装饰更是十分考究，它与书画、雕刻、镶嵌、剪贴等技艺相结合，极大地提升了扇子的艺术品位。王星记扇以黑纸扇、檀香扇最为典型，在国内外屡获奖项，一向为世人所称道。

黑纸扇是王星记最负盛名的传统名牌产品，素有"苏白杭黑"之美誉，工艺精湛，制成的扇骨柔软而富有弹性，扇面质地绵韧细洁，色泽乌黑透亮。白纸扇又名"白纸折扇"，是王星记扇的主要品种之一。白纸扇扇骨以浙江安吉、临安产的两年以上的冬竹为原料，经防蛀、防霉处理，以达到耐用的目的。檀香扇是以檀香木为原料制成的折扇，是在1920年由王星记第二代传人王子清所创制，以"西冷""玉带""双峰"作扇名，正式成为杭扇中的一个扇种。宫团扇又名"纨扇""合欢扇"，早在汉代时就已盛行，历史十分悠久。宫团扇扇柄采用硬木或毛竹作材料，考究的还装有象牙秋角，下缀流苏。羽毛扇的历史比宫团扇还要悠久，它是采用飞禽羽毛制成的扇子。羽毛扇制作复杂，工艺要求高，仅选羽就需色泽一致、长短相仿，羽毛串排左右对称。象牙扇是杭扇的传统产品之一，王星记扇厂生产的象牙扇，质地坚韧、细洁。白骨扇是杭扇中特有的扇种，其扇骨有16至18根，用漂白的牛肋骨精制而成。女绢扇又称"绢竹扇"，是王星记扇中的一个新扇种。女绢扇扇骨以竹为原料，扇面采用杭州特产丝绸。香木扇是20世纪70年代初发展起来，以弥补檀香木原料不足的一个新扇种，大多采用柏木、黄杨木等硬质木材。红木扇是近年来王星记大力发展的一个扇种，选用紫檀、黄花梨以及乌木等为原料，扇子造型古朴典雅、稳重大方。舞蹈扇是高级花扇的一种，大多为舞蹈用扇。戏曲扇，是专供京剧、越剧、昆剧等各类戏曲演员在舞台表演中使用的道具。魔术扇，是为魔术师特意设计的。扇子可左右打开，扇面分红、黄、绿三色，变化多端。屏风扇是王星记扇的新品种，问世于1978年，由白纸扇衍生而来。挂扇是台屏扇的一种延伸产品，主要悬挂在客厅、办公室、会议室、大厅的墙壁上，起到装饰的作用。轻便扇是王星记于1969年推出的新扇种。因其携带方便，故又称"袖珍扇""旅行扇"。帽扇是王星记于1980年试制成功的新扇种，同年投放市场。因该扇半打开（180度）时为扇，全打开（360度）时是帽，帽扇合一，故取名"帽扇"。自开扇是由王星记制扇艺人曾子明发明设计，突破了以往扇子的款式，结构新颖，造型别致。广告扇是王星记在20世纪70年代推出的一个新扇种，属于定制类扇子产品。改革开放以来，随着中国市场经济的快速发展，各类广告扇应运而生。

随着社会的进步、科技的发展，人们的物质生活水平不断提高，电扇、空调走进千家万户，扇子用于纳凉驱暑的日用功能已削弱。而受到电影、电视、动漫、多媒体、电脑、手机等多元文化的冲击，使千百年传承下来的中国扇艺文化淡出了人们的视线，王星记扇面临着实用价值与文化价值的严峻挑战。[1]

蚕丝织造技艺（余杭清水丝绵制作技艺）

余杭清水丝绵制作技艺，是伴随着养蚕缫丝所产生的。因此，对于清水丝绵，还得从蚕桑生产说起。余杭清水丝绵，是丝绵的一种品牌。丝绵，是蚕桑生产中所产生的一种副产品。它是一种利用蚕茧制成的天然保暖品，其所有成分完全产自蚕茧的本身，丝毫没有半点其他的添加物质，清水丝绵的成品洁白、无味、轻盈、柔和，它是一种环保、绿色的保暖品。天然的桑蚕丝，由于它的成分中含有一种独特的"丝胶"成分，具有一定的抗过敏和亲肤等作用，所以长期使用丝绵被和丝绵衣裤，对人的健康起到了一定的作用。

正因为丝绵本身有着这么多的优点，故在旧时，人们把丝绵当作一种高档的保暖品，每逢冬季，往往都采用丝绵来翻制绵被、绵袄、绵裤和绵背心。特别是用丝绵翻制的棉被，盖在身上有一定的吸潮作用，能保持被内干爽，犹如一片轻柔的云絮缠绕着身体，显得特别轻巧，特别保暖。千百年来，丝绵被深受江南一带百姓的喜欢，家中如有女儿出嫁，娘家往往要翻上几条甚至十几条丝绵被作为陪嫁品让女儿带去夫家，此习俗百余年来一直沿袭至今。

杭嘉湖一带历来是著名的蚕乡，栽桑养蚕历史相当悠久，清水丝绵就是伴随着养蚕缫丝所诞生的，它是在缫丝过程中所产生的副产品，也是众多蚕丝产品中的一种。余杭的蚕农在长期的缫丝生产过程中，得出了一些经验，即"水清则丝白""水重则丝韧"，好水才能出好丝。蚕农们在制作丝绵时，也把这些经验运用了上去，用水质优良的清水来制作丝绵。

余杭的清水丝绵是蚕桑生产中所产生的一种副产品，它的产生是与传统的蚕桑丝织生产有着千丝万缕的关系，它的发展也完全是依附在传统蚕桑生

---

[1] 朱显雄编著：《王星记扇制作技艺》，浙江摄影出版社2014年版。

产上一步步发展起来的。

蚕丝织造技艺（杭罗织造技艺）

杭罗是罗织物中最重要的一支，同时也是当今还能生产的一种传统罗织物。杭罗织造技艺的传承和发展模式是长三角地区染织类非物质文化遗产中比较独特的一种模式。从传承机构上看，它是以企业为主体的一种新型形式，从传承人上看，它沿用中国古代传统工艺的传承模式——家传的方式，这无疑是有别于目前博物馆、研究机构作为传承机构的另一类传承模式。

杭罗织造技艺的传承机构为杭州福兴丝绸厂，目前主要经营杭罗面料、服装加工、杭罗成衣等与丝绸相关的产品。福兴丝绸厂的前身为邵家开办的小作坊。到了20世纪80年代，随着改革开放的深入，邵家的杭罗织造作坊得到很大的发展，1984年左右成立了杭州福兴丝绸厂。国内几家丝绸业老字号，如苏州乾泰祥、北京瑞蚨祥等都成为福兴丝绸厂的老客户。然而，由于20世纪90年代整个丝绸行业的不景气，大多数手工杭罗作坊相继倒闭，福兴丝绸厂凭着电子绣花产品艰难地支撑和维持着手工杭罗的生产。

目前，杭罗织造技艺的传承人是邵官兴和洪桂贞夫妇。邵官兴17岁开始正式学习杭罗织造技艺，继承了其父邵锦全的杭罗织造技艺。而洪桂贞自嫁入邵家后开始学习杭罗织造技艺，不久就成为邵官兴在织罗方面的得力助手。

目前杭罗织造技艺的传承是以家传方式为主，通过上一代向下一代口传相授、言传身教的方式传承。而在其发展模式上则采用企业管理的模式，力图走商业化的道路，即注重杭罗产品的设计和开发、企业文化的提升，从而达到杭罗织造技艺的传承和发展。[①]

蚕丝织造技艺（杭州织锦技艺）

杭州地处富饶的杭嘉湖平原，气候条件和土壤环境等均适合桑树生长和桑蚕繁殖，是著名的生丝产地和丝绸加工地之一，素有"丝绸之府"之称。杭州织锦历史可追溯至五代十国时期，吴越王钱镠在杭州设立了官营丝绸作坊"织室"。明清"杭州织造局"是三大官办织造机构之一，其产品专供宫廷使用。

---

① 李斌：《中国长三角地区染织类非物质文化遗产研究》，东华大学博士论文2013年版。

杭州织锦是中国近代化工业进程中的特色产物，因其采用二重纬或多重纬色织提花的丝织工艺来织作风景、人物肖像、美术作品的照片等，所以又称为"像景织锦""丝织像景"或"像锦"。

杭州织锦技艺采用两种以上彩色丝线，在专用提花机上制织成多重组织的织物。织锦早期为手拉机或人工织机制织，后来发展成半机械化多梭箱织造。因织锦在制织过程中，既利用经纬组织的变化，又利用经纬色彩的变化来显现花纹图案，故质地厚重、织纹精细、色彩瑰丽，代表了我国丝绸织锦的最高水平。

杭州织锦制造有58道传统手工工序，五彩锦绣织锦的织纹穿吊装造法以及盘梭（纬）法、换道（纬）法、抛梭（纬）法、通经回纬挖花法等织锦工艺技法均为杭州织锦特色。现代的织锦工艺品分为装饰织锦和日用织锦两类，主要包括丝织风景、人物画和台毯、窗帘、床罩、坐垫等，将写生画和装饰艺术有机地融为一体，使织锦艺术更为精美，被誉为神奇的"东方艺术之花"。其中，都锦生丝织厂在继承了传统丝织技艺的基础上，为表现写实风格，在工艺上采用八枚缎子阴阳变化所产生出来的光影制作技法，将人物风景等表现对象的层次、远近、明暗逼真地表现出来。①

杭州织锦是中国传统织锦艺术和现代纺织技术结合的伟大产物，它将幽静旖旎的西湖风光、挥洒自如的水墨丹青、栩栩如生的人物造型用丝织技艺呈现出来，是我国丝织技术上的一项创新和突破，在中国近代丝绸史上留下了浓墨重彩的一笔。

铜雕技艺

铜雕是杭州特有的传统手工艺，是古代青铜器制造的延续。目前有锻铜、铸铜、刻铜、熔铜四种，以黄铜、紫铜材料为主，不锈钢、铝板等材料为辅，经过精心设计、锻打、叠镶、抛磨、清洗、蚀刻、着色、弧焊而成型。主要品种有铜塔、铜殿、铜桥、铜幕墙、铜船、铜像，以及铜书壁画、传统家具、生活用品等。

杭州雷峰塔和灵隐寺铜殿、江苏常州天宁寺宝塔、四川峨眉山大雄宝殿等均是杭州铜雕的代表作，具有很高的艺术价值。

杭州铜雕的起源可追溯至远古的青铜器时代。从夏朝开始，中国人便创

---

① 金斌：《传承：都锦生织锦技艺》，《杭州》2020年第12期，第72—75页。

造了青铜文明。在浙江文化史上，春秋时期越王青铜剑、西汉会稽青铜镜都是青铜文化的代表，所以杭州铜雕是中国青铜文化的延续，是中国古代灿烂文明的反映，它以种类繁多、精致新奇、纹饰神秘、制作先进而闻名于世，其锻造、冶炼、制作技术均达到了很高水平。

在漫长的历史长河中，铜雕技艺兴衰交替，它以一种民间艺术的形态出现，为人们的生活服务。12世纪初，宋室南迁，定都临安（今杭州），杭州遂成为当时全国的政治、经济、文化中心，四方移民云集，大批铜匠也涌入此地，以鼓楼附近的打铜巷为中心，每年要制造大量的兵甲、提刀、手弓、弩箭等兵器及日用铜器具。当年杭城的诸多大街小巷都有铜铺，这些铜铺前店后坊，一边销售各种铜器，一边又为客户修理铜器。百姓认为家里有铜器就富贵体面，于是铜器销量大增，铜艺水平也越来越高。由于战乱的影响，国内一些地方的铜制产品随时都有被其他工艺品所取代的危机，唯有杭州将铜雕产业保留下来，历代相传。

清同治年间，铜器成为人们日常生活的必需品。这一时期社会上也出现了许多肩挑铜担沿街叫卖的铜匠。他们敲敲打打，修旧补漏，为大众生活服务。那时候的工场规模很小，谈不上技术分工，往往从设计到制作都出自同一艺人之手。因为是家庭作坊，从师父到学徒都是自己家里人，技艺是不外传的。

民间有云"中国工艺出乾隆"，指的是清乾隆年间许多手工艺水平发展到了巅峰期。在这个时期，铜制品也得到迅速发展。铜雕艺术受人喜爱，除了其独特的艺术风格和优美的造型之外，就是它与民众的生活贴近，更因为其像金。铜雕与镶嵌纹饰、浇铸的完美结合，更是锦上添花，使铜雕艺术登上大雅之堂。

鼎盛时期的杭州铜雕，其工艺有锻铜、刻铜和铸铜三种，其中以锻铜、刻铜为主。艺术风格和工艺手法保留了传统的青铜器技艺，后在表面又产生了各种纹饰。在构图手法上，除了疏密有致的山水、人物、花鸟、兽形以外，比较突出的是神话、胜景、字书，图案古拙，雕嵌工致，手艺精绝，这是对鼎盛时期铜雕的最好评价。

日寇入侵，杭州沦陷达八年之久。这一时期的国民经济遭受了极大的破坏，民生凋敝。西方的洋货大量涌入，充斥国内市场，国产工艺品遭受重创，一些小作坊纷纷倒闭，大批工匠流落他乡另谋生路，杭州的打铜巷也没有了先前的繁华景象。

中华人民共和国成立以后，杭州铜雕枯木逢春。朱府铜艺第三代传承人迁到杭州，在河坊街打铜巷安家落户，挂牌开办铜店，恢复了铜雕制品生产。

现在，杭州铜雕已遍布全国各地，并走出国门，参加国际会展，承建大型铜工程项目。作为非物质文化遗产项目，杭州铜雕技艺及其代表性传承人的命名，传承生产基地的确定，铜雕艺术博物馆的建立，铜雕艺术标准体系的形成，现已一一落到实处。只要我们坚持"保护为主，抢救第一，合理利用，传承发展"的方针，贯彻"政府主导，社会参与"的原则，杭州铜雕技艺一定能后继有人，发扬光大。经过上百年的实践和积累，杭州铜雕已发掘、整理出8大传统技艺、14项高新技术和24道操作工序。在铜雕和铜制品上广泛应用的8大技艺已被铜雕博物馆收藏。[①]

杭州铜雕作为中国青铜器的变体，代表着中国铜艺的先进水平，这份宝贵的历史遗产是现代科技所无法替代的。杭州铜雕技艺已处于濒危状态，对之进行保护抢救极为必要。

伞制作技艺（西湖绸伞）

中国是世界上最早发明雨伞的国家，从发明之日到现在至少已有4000多年的历史，当时被人们称之为"簦"或"盖"。它和扇一样，最初是用鸟的羽毛制成。随着丝织品的出现，才逐渐采用罗绢做伞，由于用丝帛制成，价格昂贵，被视为王公贵族、高级僧侣的权威象征。等到我们的祖先发明了纸以后，油纸伞就风行了起来。后魏时期，伞被用于官仪，民间将其称为"罗伞"。官阶大小高低不同，罗伞的大小和颜色也有所不同。皇帝出行要用黄色罗伞，以表示"荫庇百姓"，其实主要目的还是遮阳、挡风、避雨。中国伞在唐代传入日本和东南亚国家。明清时代，我国制伞业尤为发达，从这时起，不少小说和戏曲都有写到伞。

杭州西湖绸伞始创于1932年，以竹为骨，以绸张面，轻巧悦目，式样美观，携带方便，素有"西湖之花"的美称。西湖绸伞，顾名思义，因其伞面采用杭州丝绸而命名。它采用印染、刺绣等方法，常绘有西湖十景、花卉、山水和仕女，具有外形美观、选料讲究、设计精美的特点。利用杭州本地独有的淡竹资源、杭州丝绸及杭州西湖风景装饰图案三项具有杭州特色的创作设计风格，同时因精致的选材、繁复的手工工艺流程和丰富的品种规格而使

[①] 朱军岷、吴天钧编著：《铜雕技艺》，浙江摄影出版社2014年版。

西湖绸伞名扬天下。

第一把杭州西湖绸伞的问世,是在1932年的都锦生丝织厂。杭州著名实业家都锦生为了弥补淡季生产的不足,寻思开发与丝绸织物有联系的新产品。都锦生在日本考察时,从日本绢伞中得到启发,回国后决定利用杭州本地竹和绸创制比绢伞更好的绸伞。都锦生组织厂里的技术骨干蔡家然、严端、竹振斐三人组成试制小组,经过多次反复试验,最后确定以杭州近郊特有的淡竹制伞骨,以杭州本地真丝织成的经纬密度极高的绸缎作伞面,以刻板刷花西湖风景图案为伞面装饰,成功试制出了新品种绸伞,因伞面采用丝绸,并饰有西湖风景图案,故称"西湖绸伞"。西湖绸伞由于色彩亮丽,图案精美,气质温婉。犹如西湖边春日里盛开的朵朵鲜花,成为西湖四季不衰的美丽景致,被赞誉为"西湖之花"。

西湖绸伞是中国优秀文化的一个重要组成部分。它孕育、产生于杭州,是富有鲜明杭州地方文化的代表之一。绸伞以秀丽的杭州西湖景色和人文故事为图案造型的源流,与中国的绘画和刺绣艺术共融同舞。

绿茶制作技艺(西湖龙井)

我国茶叶制作技艺有着悠久的历史。3000多年前,西周祭祀的礼仪上出现了用来佐饮的茶。古代茶称为"荼",名见《诗经》。三国和西晋时代,江南饮茶已成习尚。唐代茶风大盛,玄宗在《开元文字音义》中将"荼"改为"茶",其后还出现了陆羽的《茶经》。宋代以前,饮用的茶多为紧压茶,即将茶叶蒸后捣碎,制成团块状,饮时用水烹煮,有时还在茶中放入瓜仁、松子等干果。至清代改为沸水冲泡,相沿至今。绿茶是以高温杀青而未经氧化、发酵的茶种,又称"不发酵茶"。其制作流程主要包括采摘鲜叶、杀青、揉捻、干燥等步骤。上品绿茶以初萌的纤嫩新芽制作,一般需在清明或谷雨前采摘,成茶俗称"明前"或"雨前"。唐代已流行采摘初萌的小茶芽,这种嫩芽尖锐如枪,旁出形状如旗的小叶,故称"旗枪",其名称一直沿用至今。杀青是以蒸、炒等高温工艺强化绿茶色碧香清的特点,可分蒸青和炒青两种。我国古代用高温蒸汽杀青,称为"蒸青";近代改为用铁锅炒杀青,转而形成"炒青"。杀青使茶叶变得柔软,以手指轻揉细捻而使之卷紧成油条状,谓之"揉捻"。揉捻有利于成品冲泡时浸出茶汁,同时缩小茶叶体积,便于贮运。绿茶目前主要产于浙江、江苏、安徽、福建、四川等地,其中以浙江的杭州西湖龙井、金华婺州举岩,安徽的黄山毛峰、太平猴魁、六安瓜片，江苏的苏州东山碧螺（原作"萝"）春等最为著名。

西湖龙井是中国重要的传统历史名茶，在中国名茶史上有着特殊的地位，其蕴含着丰富的文化底蕴、审美艺术和精神哲理，被称为杭州的"金名片"。

西湖龙井干茶外观扁平、挺直、光滑、尖削，颜色嫩绿光润、绿中带黄，具有清香，冲泡后香气馥郁持久，滋味鲜醇甘爽，素有"色绿、香郁、味甘、形美"的品质特征，深受世人青睐。

越窑青瓷烧制技艺

越窑持续烧制了1000多年，是我国陶瓷烧造延续时间较长、影响范围极广、最早突破原始瓷器烧造，走向成熟瓷器生产的窑场。中国最早的瓷器在越窑的龙窑里烧制成功，因此，越窑青瓷被称为"母亲瓷"。

越窑的主要产地在古越人的居住之地，唐代称之为越州，越窑因此而得名。越窑以生产青瓷而闻名，其制瓷技艺、装饰工艺和造型款式，在中国古代均达到了极高水平。尤其专门烧造的宫廷用瓷"秘色瓷"，成为我国古代陶瓷烧造的经典。

早在商周就出现了原始瓷，迨至东汉晚期，由于原始青瓷器比陶器光洁耐用，不易破损又便于洗涤，造价成本比铜器、铁器和漆器低廉，深受广大社会民众的喜爱，市场前景很好，聪明的越窑匠师在继承越窑传统技术的基础上加以创新，对瓷土原料严加淘洗，去除杂质，并精心调配釉水；同时还对龙窑大加改进革新，把窑温提升到1200摄氏度以上，从而成功地创烧出中国最早的成熟青瓷器。

东汉晚期青瓷的诞生，应是越窑青瓷肇始的标志，是越人制瓷匠师对人类社会的一大贡献，开创了中国瓷器发展史上的新纪元，具有划时代的意义。

三国至西晋时期，是越窑青瓷发展史上的繁荣期。其时东吴孙氏政权割据江东，社会相对稳定，西晋的短期统一，南方经济发达，故而东汉创烧成功的越窑青瓷，迅即展现出广阔的前景和强大的生命力，其生产规模不断扩大，窑址作坊几乎遍布上虞市的曹娥江中游，成为当时的越窑制瓷产业中心。

到了东晋及至唐代初期，是越窑的发展时期。东晋时期越窑已派生出专烧黑釉与酱釉瓷的德清窑，浙南的温州一带也派生出以烧造翠青釉色为主的瓯窑，而东阳、金华、武义一带则生产出胎釉含铁量稍高，与越窑稍有区别的婺州窑青瓷产品。

唐代国富民强，地处慈溪上林湖、杜湖、白洋湖和古银锭湖的越窑青瓷业崛起，形成闻名遐迩的越窑瓷业中心，产品质量明显超过上虞市曹娥江流域所产青瓷。"中唐盛世"以后，商品经济繁荣，海外贸易发达，加上饮茶风尚盛行，大大促进了越窑青瓷的发展，规模剧增，越窑因之成为专烧单色釉青瓷器的著名窑群体系，中国瓷业出现了以南方越窑青瓷和北方邢窑、定窑白瓷为代表的"南青北白"格局。

五代至北宋早期，是越窑青瓷最为鼎盛时期。唐、五代至北宋之时，越窑青瓷窑场规模扩大，瓷业中心主要集中在慈溪市的上林湖、杜湖、白当政之洋湖、上岙湖和古银锭湖周围，有唐朝窑址81处，五代至北宋窑址153处，由此不难领悟到当时窑场林立、烟火四起、人声鼎沸的繁忙景象。[1]

中式服装制作技艺
（振兴祥中式服装制作技艺）

振兴祥中式服装制作技艺是以手工制作中国式传统服装的独特技艺。振兴祥中式服装制作技艺传承于1897年创立在杭州湖墅宝庆桥新码头的金德富成衣铺。传承人翁泰校师从金德富，学成以后，遂在杭州吴山路开设振兴祥成衣铺。其高超的制作技艺自成体系，历经几代传承至今。1956年公私合营后，更名为"利民中式服装供销生产合作社"，振兴祥作为企业商标一直沿用至今。百余年来，振兴祥吸收和传承了中华民族几千年的服饰文化精髓，形成了大襟、立领、一字扣、镶、嵌、滚、宕、盘、钉、勾、绣等具有鲜明中华民族服饰风格的独特技艺。

杭州中式服装的款式，继清代的长袍马褂、旗袍、短衫后，多数是男式长移、女式旗机、男式对福规移、交式大排规的袍，在汉族妇女身上得到复苏。1929年，当时的国民政府甚至公布《民国服制条例》，将旗袍定为国民礼服。20世纪20年代西风东渐，杭州等地风气开化，女权运动蓬勃兴起，女服一扫清朝矫饰之风，趋向于简洁淡雅，以体现人体自然美。正是在近代中国服饰发展，特别是女装，最光辉灿烂的20世纪30年代，孕育并诞生了中式服装工艺的代表，杭州振兴祥中式服装制作技艺。

振兴祥中式服装制作技艺，能原汁原味再现传统服装的各种种类和款式，对今天人们考察历史变迁、制度更替、民族融合、习俗演变和审美观念

---

[1] 董忠耿：《越窑青瓷的兴衰初探》，《上海文博论丛》2010年第2期，第21—26页。

的改变，都具有重要的研究价值。振兴祥中式服装制作技艺，作为当前国内保留下来的唯一中式服装生产集体，必须发扬光大。在继承、发展中式传统服装的同时，将中西服饰文化精髓糅合在一起，不断推出具有现代审美情趣、高品位的服装，以满足人们高雅的消费需要和审美需求。[1]

花边制作技艺（萧山花边制作技艺）

萧山花边（又名"万缕丝"或"万里斯"）产自杭州西子湖畔、钱塘江南岸的萧山县，是一种实用性与观赏性并具的传统手工艺品。萧山花边是一种集体制作的产品，单人负责用千丝万缕挑织一块或几块，拼接而成然后挑绣花边，故称"万缕丝"。

萧山花边的前身万缕丝，在清末由法兰西、意大利传入中国。经历了近百年的发展与衍化，从20世纪50年代的兴起再到20世纪80年代经历磨难后的变革，其间不断与中国自身的传统文化相融合，最终演变成为萧山花边，并在20世纪70年代末期达到了鼎盛阶段。随着改革开放的潮流，实现国家现代化、解放和发展社会生产力理念的提出，萧山花边与机器的结合也为其发展奠定了稳固的基石。凭借其自身简朴中求繁复，素雅中求华丽等特点，曾为国家出口工艺品创外汇收入做出过巨大贡献，也受到国内外市场的欢迎。

1919年上海商人徐方卿带了四位天主教徒到浙江萧山传授意大利挑花技术，并招收了24名当地女工。创业伊始，花边品种单一，销售渠道单一，仅仅由传教士运往国外销售。到了20世纪30年代初，仅萧山地区经营花边的厂商就有30余家，挑花女工有近3万人。全镇花边产量达200万码，产值100万银圆，挑织好的花边由上海运销海外。

有着近百年发展历史的萧山花边有过辉煌时期，也经历过没落甚至一度停产。1940年，萧山地区被日军侵占，花边销路断绝。至1945年抗日战争结束后，走私花边兴起，但时局不稳定，战后物资又极度缺乏导致物价狂涨，经营花边的店铺厂商因亏本严重纷纷倒闭歇业。虽然在中华人民共和国成立后政府开始扶持相关的产业发展，但由于国内大环境以及政策变化，导致萧山花边业出口利润降低。20世纪70年代是萧山花边发展的鼎盛时期，光挑花女工就有30万人，在政府的鼓励下，产销两旺。20世纪80年代初，由于工贸分离的情形致使外贸类行业经营十分困难，政府开始实行全国外贸体制改

---

[1] 王其全、林敏：《杭州非物质文化遗产之振兴祥中式服装制作技艺》，《浙江工艺美术》2009年第2期，第94—97页。

革，促使工贸联合，扩大出口。随着机械化、技术化的发展，机器绣花逐步代替了人工绣花，导致花边艺人开始转行。到20世纪90年代中期，挑花女工已经从20万名减至5万名左右。因此，萧山花边制作技艺作为一个非物质文化遗产，为了更好传承下去，应受到社会各界人士以及政府的合力保护与扶持。[1]

严东关五加皮酿酒技艺

严东关五加皮酒是一种集蒸馏酒与酿造酒配制而成的佳酿，其同时具有两类发酵酒的制作工艺。酿制上乘的严东关五加皮酒，对原材料和水质及工艺都有特别的讲究。

严东关五加皮酒具有口感好、营养价值高、功能性强的特征。它源自广大劳动人民数百年的生产生活实践，是民众长期与大自然融合的亲身经验，是一代代国药高手千百遍推敲、增删、提炼加工出来的宝贵结晶。特别值得一提的是朱仰懋这位儒商，他以"致中和"作为配制理念及制作工艺的最高追求，把严东关五加皮酒的保健功效以及色、香、味调配到了极致，可谓一代宗师，匠心独具。

严东关五加皮酒之所以具有调节免疫的功能，与其生产过程中提取中药材活性成分和活性物质是分不开的。它的药汁提取工艺独特，采用"四度浸药"工艺方法，其流程首先对药材进行精选，须选用地道药材，然后根据配方进行搭配，接着将搭配好的药材在苦荞麦酒（酒基）中连续浸泡4道工序，才能使药标与酒味充分融合。经如此严格的药汁浸泡工艺制得的严东关五加皮酒方能醇厚可口，绽放出亮丽的光彩。

严东关五加皮酒的原产地旧址位于浙江省建德市梅城镇城东的东关。这里背倚巍峨的乌龙山，面临清澈的新安江、兰江、富春江汇合的三江口，枕山依江，地势险要。浙江建德属浙中西地区，地处长江三角洲中部，属亚热带气候，四季分明，气候湿润，山清水秀，风景优美，尤其是十里奇雾的胜景，驰名中外。

严东关五加皮酒生产历史久远，距今已有近300个春秋，是中国民间传统养生实践和生命科学的智慧结晶，更是中国传统手工技艺与中医中药融会贯通的典范。它以优质白酒为酒基，融合当归、玉竹、人参、五加皮、党参、

---

[1] 刘丽娴等：《萧山花边的历史传承与发展研究》，《上海工艺美术》2018年第3期，第86—88页。

山柰、砂仁等29味中药材，添加糯米、蜜酒、白砂糖，与千岛湖泉水精心酿制而成。它具有色呈榴红泛金黄、口感纯正甘爽、酒味醇厚绵长的天然品质，形成药香、酒香的复合香，是五加皮酒家族传统工艺生产的经典。[1]

九、传统医药

中医传统制剂方法
（朱养心传统膏药制作技艺）

朱养心医药品牌创立于明朝万历年间，以制作膏药为代表的传统外用药品闻名，是杭州市现存的、历史最悠久的老字号之一。400多年来，经创始人朱养心及其后裔、传人世代传承发展，朱养心传统膏药形成了一套完整的制作工艺。其膏药制作一品一方，精选地道药材，严把选料、炸药、炼油、下丹、收膏、去火毒、烊膏、摊涂、包装各个环节质量关，精到而讲究。朱养心所生产的狗皮膏、铜绿膏、红膏药、鸡眼膏等产品，广受群众信赖，是农耕文明时期传统医药文化的瑰宝。

朱养心膏药号创建于明代晚期，朱养心原籍余姚县，朱养心医术在原籍宁波余姚时已经形成，其时为万历年间，迁于杭并辟药室则为天启时。清咸丰年间，朱氏日生堂药室遭受兵祸，朱氏后裔为避战乱散走绍兴、宁波、上海等地。光绪年间可谓朱养心药室的全盛时期，朱养心的膏药、眼药甚为效验。朱氏日生堂已是当时杭州城著名药铺之一，门庭若市、购者如云，名闻江南。20世纪30年代，日寇侵占杭州，朱家遭受了第二次大劫。抗战胜利后，朱养心药室在吴山大井巷继续营业，朱氏后人仍以族房轮流当值的方式，维系前店后坊的经营，但劫后元气大伤，诸房志趣各异。

20世纪50年代，国家实行公私合营，朱养心药室以零售产品为主，也向市区药店批发产品。1956年，朱养心药室开始复苏，但当时只有铁桶改制的柴炉两只、铁锅两口，生产设备简陋。在杭州市医药站的支持下，1982年7月恢复朱养心药号，至此，几百年来作坊式的药店成了生产实体型的现代企业。朱养心膏药厂建立后，生产规模不断扩大。[2]

---

[1] 厉剑飞主编：《古道心传录 三江两岸非物质文化遗产》，杭州出版社2013年版，第277—284页。
[2] 李阅东、叶华醒编著：《朱养心传统膏药制作技艺》，浙江摄影出版社2016年版。

中医传统制剂方法
（方回春堂传统膏方制作技艺）

传统膏方制作技艺在方回春堂已有360多年历史。民国初年，方回春堂便以十全大补膏、二仪膏、益母膏、阿胶膏、龟鹿二仙膏等众多膏方享誉江浙一带。如今，方回春堂传统膏方制作依然遵循古法，谨遵名医处方进行配伍，选材道地，工艺考究。

清顺治六年（1649），方清怡创办了国药号"方回春堂"，意为"逢凶化吉，妙手回春"。自立业之日起，方回春堂悉遵古例，精选各省道地药材，依规炮制中药饮片，虔修各类丸散膏丹，杜煎虎鹿龟驴诸胶，择料讲究，选工尽善。尤以秘制小儿回春丸闻名杭城，老幼皆知。

民国初年，方回春堂经营发展如日中天，自制丸散饮片，经营道地药材拆兑（批发）业务，所制丸散饮片形质精美，气味俱佳，与清末享誉杭城药材市场的胡庆余堂、万承志堂、叶种德堂、张同泰、泰山堂大药铺并称杭城药业"六大家"。方回春堂与大井巷的胡庆余堂、中山中路的叶种德堂形成"三足鼎立"之势，竞争十分激烈。那时，方回春堂诚聘卢裕国为经理，杨树棠为账房主事，调整经营策略，由卖门市饮片、丸散为重点转为拆兑、零售并举，服务于本地及外埠顾客和中小药店，所蒐饮片、丸散、药材深得客户信赖。至1931年，销售额近10万银圆，居同业"六大家"前列。

方回春堂膏方制作要求苛刻，工艺复杂、严谨。制膏传承人对药性的掌握、火候的拿捏都恰到好处，膏体成色、配糖比例、收膏"挂旗"等经验都依靠一代又一代制膏人口耳相传。

方回春堂以"虔修各类丸散膏丹，杜煎虎鹿龟驴诸胶"为主营业务，膏方是其主营业务之一，产品深受顾客好评。上海名医陈存仁，杭城名医叶熙春、史沛棠、魏长春、骆也梅等指定将其所开膏方处方交由方回春堂进行熬制。

方回春堂膏方制作从准备工作开始，直至完成，需经历一个复杂的过程，耗时短则一日，长则数日。一则因为膏方制作技法承袭古方，步骤严谨、工具讲究、颇费人力；二则因为膏方炮制最见功力，火候拿捏全凭经验，不同配方，不同药性，不同温度，炮制手法各有讲究，收膏时"滴水成珠"的本领更是冬练三九、夏练三伏的结晶。[①]

[①] 丁黎、俞柏堂编著：《方回春堂传统膏方制作技艺》，浙江摄影出版社2019年版。

中医正骨疗法（张氏骨伤疗法）

张氏骨伤疗法是浙江富阳人氏张永积在清道光年间创立的，以手法整复、杉树皮夹板外固定、百草伤膏治疗为特色。自张永积始创张氏中医骨伤科，距今已有170余年历史。至第四代传人张绍富、第五代传人张玉柱，张氏中医骨伤疗法逐步形成了以整体辨证、手法整复、杉皮固定、内外兼治、筋骨并重、动静结合、功能锻炼为特点的骨伤诊疗体系，正骨手法独特，中医药特色明显，大幅降低了治疗费用，社会效益显著。

富阳张氏骨伤手法以言传身教、父子传承、师徒代传而延续，并在临证实践中不断成熟与完善，在第四代传承人张绍富弘扬光大，和第五代传承人代表张玉柱传承的同时，注重创新，对张氏骨伤进行了理论总结，形成学术思想，对手法开展系统研究，进行整理与规范，促进张氏骨伤的进一步发展。张氏骨伤临诊重视手法，认为骨折脱位者"须用法整复归位"，遵循"手法者，诚正骨之首务"，认为手法的首要是"知其体相"，知晓患者的整体状态，对局部骨折脱位情况手摸心会，对骨折断端及周围软组织立体形象了然于胸，做到"知其体相，识其部位"，方能"机触于外，巧生于内，手随心转，法从手出"。

张氏骨伤整复时强调稳、准、巧、快，善用巧力，巧用劲力，而忌用蛮力、暴力，遵循远端对近端原则，整复时稳定骨折近端，施力于远端，并根据逆创伤机制，顺骨折移位通道整复，尽量避免对患者造成二次损伤。实施手法时一般均不施行麻醉，找准作用力点，多种手法熟练运用，迅速而精确复位，达到"法使骤然人不觉、患未知也骨已拢"的境界，在"一句话的工夫"内迅速完成整复，极大地减轻了患者的痛苦，做到"法之所施，使患者不知其苦。方称为手法也"。张氏骨伤认为整复的目的在于恢复肢体与关节的功能，以免影响患者的工作和生活，故主张整复须尽量使骨折达到解剖复位，但反对为强求解剖对位而施以反复多次的手法，或滥用粗暴的手法及其他轻率的治疗方法。对因骨折畸形愈合而影响肢体与关节的功能者，应尽可能利用手法折骨再次整复，或采取其他措施矫正畸形，以恢复肢体功能。[1]

---

[1] 方仁英、王人彦编著：《富阳张氏骨伤疗法》，杭州摄影出版社2015年版。

胡庆余堂中药文化

胡庆余堂是中医药文化的重要表征，是中药文化的瑰宝。"江南药王"胡雪岩于1874年创办的胡庆余堂坐落于杭州城吴山脚下南宋御街，时至今日已有100多年历史，是中华医药宝库中迄今为止唯一保存最完整的古建筑群遗址。胡庆余堂中药博物馆堪称我国中药文化的活化石。

经过不断的现代化整合和改良，胡庆余堂已形成包含药材种植、饮片加工、成药生产、药品零售以及医疗门诊，甚至集特色中医药文化旅游为一体的、极具现代化特色的产业链。胡庆余堂是中国传统中药文化的优秀传承者，是中药现代化发展改良的典范，生动彰显着我国源远流长的中药文化的活力与魅力。

胡庆余堂保存了一批民间的古方、秘方。企业内身怀绝技、熟练掌握中药手工技艺的老药工至今仍然健在，这都是社会的巨大财富。

胡庆余堂初创时期，胡雪岩麇集了大江南北一批中药界精英，留下了很多稀缺的中药制作技艺。为了使口头相传的技艺，得到保护和传承，当年的胡庆余堂药工用毛笔将这些"处方和工艺"书写成《光结丙子冬胡庆余膏丹散全集》（孤本），因为文字中记载了某些炮制"绝活"不宜外传，所以一直以来被胡庆余堂奉为"堂簿"。清光绪三年（1877），胡庆余堂出了一本木刻水印版的《浙杭胡庆余堂雪记丸散全集》，将胡庆余堂生产的各类制剂的品名、主治、功效、服用及禁忌都载入此册，但唯独隐去了制剂处方和炮制工艺。一直到1960年，胡庆余堂才首次向社会公开披露，将所有中成药的炮制工艺和传统处方，汇编成《中成药总论》一书，以浙江省卫生厅的名义出版发行，作为全省中药企业的工艺标准和行业规范。

胡庆余堂除了在中药炮制上有着自身独特的技艺，在中药处方和成药的研制上也功力非凡。100多年前，胡庆余堂传承了我国第一部制药规范《太平惠民和剂局方》所载的传统处方，并在这基础上，广泛收集散落在民间的许多验方和秘方，逐渐形成了一套针对民众疾病的、完整的中药制剂体系。1934年，胡庆余堂编辑成册的《胡庆余堂雪记简明丸散全集》，共收录了482个成药处方，其中冠有"胡氏"处方字样的就有数十个，如胡氏秘制益欢散、胡氏秘制镇坎散、胡氏痧气夺命丹、胡氏神效如意保和丸等。[1]

---

[1] 刘俊主编：《胡庆余堂中药文化》，浙江摄影出版社2009年版。

"北有同仁堂，南有庆余堂。""江南药王"胡庆余堂，秉承祖训，成为保护、继承、发展、传播祖国5000年中药文化精粹的重要场所，是杭州人文历史文化不可或缺的重要组成部分。胡庆余堂已然成为全国最具历史风貌、最具人文特征、最具观赏价值的中华老字号之一，也是全国唯一一家双国宝单位。①

传统中医药文化（桐君传统中药文化）

杭州市桐庐县，源自桐君其人。桐君在历史上确有其人，是我国有文字记载最早的一位对药物学研究卓有成效的中药师祖。除了上述记载以外，在《隋书·经籍志》《旧唐书·经籍志》和《新唐书·艺文志》等书中均记载了《桐君采药录》三卷的书目。而北宋时期由政府编修的大型类书《太平御览》中不仅直接引用了《桐君采药录》的佚文，而且还收载了《吴氏本草》（即《吴普本草》）中转引的《桐君采药录》多处。而吴普是后汉末、三国时期华佗的弟子，《三国志·魏志》中也载有吴普事迹，故知《桐君采药录》一书的撰写时代的下限必不晚于两汉时期，是继《神农本草经》之后撰写的另一部本草学专著，也可以称作是最早的采药学和制药学专书。这是中国人民的又一历史创举，是特别值得称颂的。②

在桐君的家乡浙江桐庐，一直流传着一个动人的传说。在美丽的富春江畔，有一座桐君山。相传黄帝时代，这里住着一位老人，在山上采药、炼丹，并在桐树下造了一座茅草房。这位老人的医术非常高明，经常给山下的老百姓治病，并且分文不收。所以当地人非常感谢他，当人们问他叫什么名字的时候，他只是笑笑，指指后面的大桐树。因为老人不肯说出姓名，人们只好根据他的示意把这位老人称为桐君，意指桐树下的君子。后来把这座山称为桐君山，山下的小镇称为桐庐镇，取"桐树下的草庐"之意。③

"桐君传统中药文化"是以中药的采集与炮制技艺为核心内容，并包括了桐君历史传说、《桐君采药录》文献、桐君山文化遗址、药祖桐君祭祀活动等独特的传统中药文化。

桐君是中国古代早期的药物学家，有关他的文献记载最早见于约在春秋时期写成的古史《世本》一书中。据记载，桐君是黄帝的大臣，擅长本草，

---

① 叶坚：《"江南药王"胡庆余堂》，《浙江人大》2015年第1期，第76—77页。
② 许敬生：《药祖桐君》，《河南中药》2014年第7期，第1222页。
③ 叶舟：《访古寻幽桐君山》，《浙江林业》2018年第8期，第36—37页。

有医药著作《桐君采药录》传世，后人尊称其为"桐君老人"。①

相传《桐君采药录》为桐君所作，是我国也是世界上最早的制药学专著之一。桐君及其《桐君采药录》一直为后世尤其是医药名家所敬仰和推崇。南朝梁时伟大医药家陶弘景，研究了古代各家本草后，著有《本草经集注》。在序录部分，他最早完整地总结和概括了桐君的伟大成就是："识草木金石性味，定三品药物，以君、臣、佐、使。"《桐君采药录》失传已近千年，但经他总结和首创的识别中药性味，定上、中、下三品药物和君、臣、佐、使的处方格律，一直沿袭至今而不衰。这充分说明这一套药物配伍的辩证法则，符合中华医药科学的客观规律，具有顽强的生命力。特别是"君臣佐使"，它一直被视为中药方剂组成的基本原则。

中医理论认为，"君"是指处方中治疗主症、起主要作用的药物；而"臣"则是协助主药或加强主药功效的药物；"佐"是协助主药治疗兼症和抑制主药毒性、烈性或反佐的药物；"使"是引导各药物直达病变部位或起到调和各药物的作用。经过千百年的实践，目前一般把君、臣、佐、使演绎为主药、辅药、佐药、引药，这是桐君先师留传下来的宝贵遗产。因为桐君对华夏的医药发展有突出贡献，后人尊其为"中华医药鼻祖"，桐君山也成了"医药鼻祖圣地"。②

"一折青山一扇屏，一湾碧水一条琴。无声诗和有声画，须在桐庐江上寻。"源远流长的桐君中药文化，虽脉承黄帝时期，历经4000多年风霜雪雨与人世沧桑，但仍如江水般奔流不息、亘古灿烂，滋养着中华大地。③

十、民俗

端午节（五常龙舟胜会）

五常龙舟胜会是浙江省杭州市余杭区五常街道在每年端午节举行的一项大型民俗活动，流传至今已有500多年的历史。清代乾隆皇帝巡视江南时看到当地像赶集一样的龙船竞渡景象，欣然称之为"龙舟胜会"，这一名目就此

---

① 高学敏：《中药知识》，科学普及出版社1998年版，第29—35页。
② 中国人民政治协商会议浙江省桐庐县委员会办公室编：《桐庐文史资料 第一辑（桐君·桐君山）》，1989年版。
③ 厉剑飞主编：《古道心传录——三江两岸非物质文化遗产》，杭州出版社2013年版，第242—245页。

传播开来，并沿用至今。

五常龙舟胜会由各村的龙船会组织。龙船会是由各村按自然村冠名的"龙舟胜会"组织名称。据曹云先生调查，旧时五常的龙船会还有"青龙会""黄龙会""赤龙会""得胜会"等会号。所划的龙舟按式样可以分为"赤膊龙船"及"彩龙舟"两类。

按照用作龙舟的船只及划龙舟的风格，赤膊龙船又可分为"余杭龙船"和"钱塘龙船"；彩龙舟可分为全彩和半彩两种，分别称为"满天障龙船"和"半天障龙船"，其中，"障"乃是遮蔽之意。自龙舟下水后，每种龙舟的后面都会有条小船紧随其后，称为"避艄船"，或称为"收赏船"。赤膊龙船上有十二名划手，外加三至四名司乐器者，全船十五至十六名船员。彩龙船中的"半天障龙船"配置与一般的赤膊龙船差不多，装饰较为简单，"漫天障龙船"为胜会中的专用船只，船上有船员二十人，船全身装饰精美。龙舟的划法有勇猛、粗犷的武划和缓慢文雅的文划两种。

龙舟胜会是五常地区最为热闹的传统节日之一，每年农历五月初五，蒋村、仓前闲林和睦桥等地区的龙舟都会沿着西溪湿地的港汊汇聚到五常浜口桥附近的河道里参加五常的龙舟胜会活动。每年的农历五月十三，参加过五常龙舟胜会的龙舟大部分又会汇聚到位于闲林水乡的和睦桥水域，参加位于和睦桥下的龙舟胜会。

五常龙舟胜会一般还有与之同时进行的祭祀庙会活动，但供奉的神灵各地不一。旧时余杭各地区流行迎神赛会，五常也不例外。五常有道社庙会、慈胜庙会、白庙包公庙会、观音庵观音庙会，而且五常龙舟胜会本身也带有浓厚的迎神赛会色彩，最明显的就是在龙舟胜会过程中的与龙有关的仪式。除此之外，仓前有张六相公庙会，闲林有李王庙会，古县城余杭有天曹庙会，除此之外还有东岳庙会、杨附庙会等。

五常龙舟的缘起无论从活动主旨、活动形式以及民间相关传说都与传统众说纷纭的端午节划龙舟起源很难联系到一块儿，但与当地的风俗如农作、桑蚕有很大的关联性。龙崇拜、祈社福、祝丰年是五常龙舟胜会的主题。

端午节（蒋村龙舟胜会）

蒋村龙舟胜会是浙江省杭州市西湖区蒋村街道居民在端午节自发组织赛龙舟的一种民俗活动。

每年农历五月初五端午节的时候，当地居民都会在村镇门前的河道里举办划龙舟活动。"深潭口非舟不能渡，闻有龙潭，深不可测。"附近水面开阔，岸上巨樟蔽日。据说，清代乾隆皇帝下江南的时候，便是在此处观看了西溪深潭口镇划龙舟活动后大悦，遂欣然口旨御封河渚镇（今蒋村）端午节划龙舟活动为龙舟胜会。自此以后该地区的端午节划龙舟比赛就改称为"龙舟胜会"。至今，蒋村深潭口的巨樟下仍能看到记录该地龙舟胜会发展历程的碑文。

蒋村龙舟始于唐代，盛于南宋，清代将此活动定名为"龙舟胜会"。这是一项由当地百姓自发组织的端午节传统民间娱乐活动，至今已经有千年历史。[1]

蒋村的"龙舟胜会"代表了蒋村人民的生产生活。"龙舟胜会"的举行时间被安排在端午时节，是有其特殊意义的。端午节也就是农历五月初五，在古时的蒋村，正值夏季稻育秧时节，人们等待稻种发芽顺利，这时候举行"龙舟胜会"具有充足的人力，人们也有观看和比赛的时间，"龙舟胜会"的这种喜庆的竞争方式也是对稻秧能够成功长成稻穗，秋季能够获得丰收的一种精神期待。此外，随着夏季的到来，农村中的各类蚊虫开始增多，叮咬造成的各种疾病在古时得不到及时正确的治疗，会造成人们得各种疾病，导致他们对夏季和疾病的恐惧。"龙舟胜会"是一种体育类的竞争活动，参加这种活动使得人们直接进行了锻炼，增强了体质，从而有能力抵御疾病。

蒋村的"龙舟胜会"代表了蒋村人民的精神追求。蒋村的龙舟胜会是以人们进行划龙舟竞赛争夺冠为主要形式的一个民间活动，饱含了蒋村人民对胜利、第一的精神追求，这也从侧面反映出蒋村人们奋斗、积极进取、不服输的精神和价值观。此外，龙舟是以龙为主题元素的，龙舟的两头分别由生动形象的龙头和龙尾构成，木质雕刻栩栩如生，加以传统的漆料绘图配色，使得龙舟远看便是一条游在水面的生龙。蒋村人民认为龙是一种祈福的神灵，人们祈望通过赛龙舟来达到祈求家人在农事和捕鱼活动中得到平安的目的。不仅如此，人们还认为龙能够避邪，在自古农村普遍存在的迷信思想下，他们希望通过赛龙舟这一方式来驱赶家园周围存在的恶灵等。[2]

---

[1] 冯祖阙：《西溪龙舟胜会的仪式与价值》，浙江师范大学硕士论文2017年。
[2] 许晓阳：《社会主义新农村文化建设中的文化传承与保护——以杭州西溪蒋村龙舟文化为例》，浙江海洋大学硕士论文2014年。

农历二十四节气（半山立夏习俗）

立夏是二十四节气中的第七个节气，正处于春夏交替之际，预示着盛夏时节的来临。立夏作为一个农事节气，至迟到春秋时期已经确立，古代君王们常在立夏之日到郊外举行隆重的祭祀仪式去迎夏。近些年来，杭州拱墅区半山一带在立夏这一天，当地民众围绕着传统习俗自发地开展一些特定的民俗活动，并最终形成"半山立夏节"这样一个具有地方特色的"节气性节日"。

半山因其地理位置之故，动植物种类较多，早年也以物产丰富闻名杭城。直到1957年杭州钢铁厂基建以前，当地还产梅、枣子、桃子、杏子、樱桃等果物。其中尤以桃子出名，且品类繁多，如水蜜桃、五月桃、六月桃、八月桃、蟠桃等，直到现在半山还建有"皋亭千桃园"景区。此外，又得益于上塘河水利，当地还栽种有水稻、棉花并且植桑养蚕，依山傍水的生态环境使得当地老百姓称其为"风水宝地"。可以说，上述这些物产都为半山当地民众过立夏提供了条件。房屋后门一打开就是田畈、山地，过节的食材俱足，去山上面采集豌豆、蚕豆、乌饭树叶等"野的东西"，小伢儿非常高兴，老早就盼立夏这天快到来。

但随着半山地区劳作模式的变化，立夏也渐渐简化了其习俗内容，并淡出了当地人的生活。此后因缘际遇，立夏在半山当地终于又抓住了新的生机，开始真正从一个节气演变成"半山立夏节"。[①]

元宵节（河上龙灯胜会）

龙灯，龙船，龙门，龙头拐杖……这些带着"龙"字的物件，都是由中华民族信仰与崇拜龙图腾而衍化来的。古越人和后来分散到各地去的百越人都认为自己是龙种，是龙的子孙。在浙江大地，与龙有关的民间文艺活动有萧山河上的龙灯胜会、奉化布龙、开化草龙、浦江断头龙、鳌江大龙、玉环花龙等，不胜枚举，而且各有特点，各有舞法。其中萧山的河上龙灯胜会尤为著名。

河上镇位于杭州市萧山区南部，古称长山乡。河上龙灯胜会是河上镇的传统元宵民俗。区别于其他地区的元宵灯会，河上的龙灯胜会以板龙为核心

[①] 陈华文、余玮：《文化再生产场域下的民俗传承动力——以杭州拱墅"半山立夏节"为例》，浙江师范大学硕士论文2019年。

元素，集合了马灯舞、高跷等多种艺术形式，是河上百姓一年一度的盛事。整条板龙分"龙头""龙身""龙尾"三部分，由能工巧匠手工扎制而成。家家户户都可以请手工艺人量身定制"龙身"上的散灯，等到元宵舞龙之时赛灯，好不热闹。

河上龙灯胜会起源于南宋绍兴二十九年（1159），人们为纪念广福寺重建而舞青龙，后演变成以溪头村为主体的河上镇龙灯胜会，至今已有800余年历史。从历史上看，河上龙灯胜会为期5天。

河上龙灯胜会的马灯舞和泥马渡康王传说有关，马灯舞中的那匹白马，即是康王赵构坐骑。南宋建炎三年（1129），宋高宗赵构扈驾南渡至浙江，由于有金兵追杀，赵构只好夜宿神庙。梦中有神人告知金兵将至，赵构惊醒，见庙外已备有马匹，遂乘马狂奔。这匹马居然载着赵构渡过钱塘江，过江后即化为泥塑之马。河上龙灯胜会中有当地民众推拉以竹扎制的"马"，形体高大，高达3米，民间亲切地称之为"宝马"。这是对泥马渡康王传说的生动的艺术演绎，在河上镇一直传承至今。

民间信俗（潮神祭祀）

钱塘江潮神的出现由来已久，其渊源可以追溯至2000多年前春秋吴国相国伍子胥遭谗言被杀的史说。民间相传，农历八月十八那天，伍子胥的尸体被投进钱塘江，此后他日日驾着素车白马驱潮而来，吴国百姓崇仰他，尊之为潮神，并将这天定为潮神生日，远近百姓从四面八方赶来海塘，进行群体性祭祀。

潮神，又名伍胥神。自唐以来，被认为是主宰钱塘江潮水之神，杭人为其立庙建祠，春秋祭拜，尊崇有加，影响很大。伍子胥作为一个英雄历史人物，历经1000余年而英名不泯，并由一个人最终变成一个受人景仰和祭拜的神，这期间反映了人们复杂的心态。[1]

"潮神祭祀"本是由百姓自发展开的悠久习俗，一般只包含上香、敬神、祈祷（包括禳灾、纳福）等环节，主要流传于浙江省海宁市境内的黄湾、袁花、丁桥、盐官、周王庙、长安、许村等钱塘江沿岸乡镇。历史上，这个习俗逐渐被官方认可、利用，从而结合三礼、形成仪规程式，发展为一种由各级守土官员主持的地方政府祭典。

---

[1] 刘传武、何剑叶：《潮神考论》，《东南文化》1996年第4期，第49—53页。

"潮神祭祀"应是随潮患而产生的。钱塘江潮是天下自然奇观，尤以海宁一线最为汹涌澎湃。海宁潮惊涛拍岸的壮伟景观除给游人带来绝佳的视觉享受外，也给沿江百姓带来巨大的灾害。古人无力抗拒潮患，便塑造潮神，通过建庙宇、烧海香、迎庙会等活动来保佑安稳，"潮神祭祀"也就应运而生。这其实大抵由先民的泛神性质的自然崇拜发展而来，后转为对英雄兼具神祇的朴素崇拜。

　　"潮神祭祀"如今依然属于官方性质，在全国重点文物保护单位的海神庙中举行，基本遵守传统祭祀流程。而整理编排的有关江潮的民俗表演节目，只是穿插其中，作为一道风景，使之在庄严肃穆的"庙堂"气氛之余更添一股喜庆欢乐。

　　中国有诸多礼仪，源头便在上古的祀神活动，"潮神祭祀"的诞生则在礼仪成熟之后。旧时的仪规流程冗杂，但造就了恢宏的气势，现今的表演又尽量做到让人穿越时空，回到浓烈的传统之中：开始，古乐响起，舞者起舞；接着，仪仗旗幡，一一入场；随后，民间代表向诸海神献上五谷、牲畜，官方代表燃烛、上香、跪叩、敬酒；之后，主祭人诵读祭文、焚烧祭文以上表潮神；最后，进行民乐演奏，音韵悠远的乐曲为祭典画上一个圆满的句号。历经千年沉淀，现今的"潮神祭祀"寄托了人们对幸福生活的美好期盼。[1]

民间信俗（孝子祭）

　　孝文化在传统中国社会中，具有非常重要的地位，它是中国文化精神的源头，也是中国道德、宗法的精神基础，其源远流长、影响深远。浙江有深厚的孝文化资源，除了汉代上虞的孝女曹娥和义乌的孝子颜乌之外，近年又在社会主义精神文明建设中从民间发掘出南宋大孝子周雄的孝行孝迹，且感人至深。在浙江杭州富阳新登、衢州等地还曾盛行"孝子祭"的风俗。

　　孝子祭是祭祀南宋大孝子周雄的民俗文化活动。孝子祭习俗传统与古朴并存、俗信与伦理并重、传承与教化并行，具有重要的历史价值、文化价值和教育价值。

　　旧时青何孝子祭祭祀活动与富阳渌渚镇的大致相同。每年三月三庙会酬神演戏（平安戏），以绍、京剧为主，戏金由牛（耕田）户、筏户及轮庄的

---

[1] 黄佳燕：《走近海宁潮神祭祀》，《文化交流》2016年第10期，第69—71页。

社（今称村）出三台，乡贤出二台，计三天五台。第一台戏"扮八仙"，戏文演至鸡叫天明。庙会集市闹猛（方言，意为热闹），仅一里许何阜（老街）殿边设摊位近300家，经营小吃、南日用、北百货、山货交易等。

祭祀活动分殿祭和行祭。殿祭有参拜周孝子（宣灵王）神像、奏乐、击鼓鸣磬、上香点烛、敬献供品、叩拜祭奠、诵读祭文、焚吊、焚祭文、善男信女参拜等。每逢三、九月，善男信女吃素"七七四十九天"，宰猪匠刀具上交统一保管。其间举行"拜皇忏""做道场"等庙会佛事。殿祭结束即举行行祭活动。[①]

径山茶宴

径山茶宴是浙江省杭州市余杭区径山万寿禅寺接待贵客上宾时的一种大堂茶会，是独特的以茶敬客的传统茶宴礼仪习俗，也是中国古代茶宴礼俗的存续。径山茶宴起源于唐朝中期，盛行于宋元时期，后流传至日本，成为日本茶道之源，对中日文化交流起到了桥梁和纽带作用。

径山万寿禅寺位于浙江省杭州市余杭区径山镇径山，肇建于中唐，兴盛于宋元，是佛教禅宗临济宗著名寺院，南宋时为皇家功德院，雄居江南禅院"五山十刹"之首，号称"东南第一禅院"。[②]

自唐代径山寺开山祖法钦禅师植茶采以供佛，径山茶宴就初具雏形。当时禅僧修持的主要方法之一是坐禅，而坐禅要求清心寡欲，离尘绝俗，环境清静。静坐习禅关键在调食、调睡眠、调身、调息、调心，茶有提神醒脑、明目益思等功效，正好满足了禅僧的特殊需要。饮茶之风先在禅僧中流传，进而在茶圣陆羽、高僧皎然等人的大力倡导下，在社会上普及开来。

径山茶宴作为普请法事和僧堂仪规，在宋元时期被严格规范，并纳入《禅苑清规》。茶会、茶礼视同法事，其仪式氛围的庄严性、程式仪轨的繁复性，达到了无以复加的地步，具备了佛门茶礼仪式的至尊品格和茶艺习俗的经典样式。

径山茶宴，又称"茶会""茶礼"，在宋时通称"煎点"，反映了饮茶法已经从唐朝以烹煮法为主过渡到以煎点法为主。禅院茶宴因时、因事、因人、因客而设席开宴，名目繁多，举办地方、人数多少、大小规模各不相

---

① 中共杭州市富阳区永昌镇委员会、杭州市富阳区永昌镇人民政府编：《永昌故事》，2017年，第159—160页。
② 空谷道人：《径山茶宴 中国茶禅文化的典范》，《旅游时代》2012年第5期，第34—45页。

同。根据《禅苑清规》记载，茶宴基本上分两大类：一是禅院内部寺僧因法事、任职、节庆、应接、会谈等举行的各种茶会；二是接待朝臣、尊宿、上座、名士、檀越（施主）等尊贵客人时举行的大堂茶会，这就是通常所说的非上宾不举办的"径山茶宴"。其规模、程式与禅院内部茶会有所不同，宾客系世俗士众，席间有主僧宾俗，也有僧俗同座。①

腊八节习俗

杭州灵隐寺是江南名刹之一，其腊八节文化千古传承，包括节期、熬腊八粥、礼佛仪式、施粥分享等活动。近些年来灵隐寺每年都会在腊八节送出腊八粥。腊八节吃腊八粥也成为一种民俗风情，在杭州一带广为流传，由杭嘉湖地区广泛传播至大运河南北，特别是苏北和皖南。每到此日，粥香四飘，人们相互馈赠，在细细品尝时感到人情的温暖和彼此的和谐，其意义不同寻常。

而腊八节施粥的起源有两种不同的说法：腊八节之所以是佛教中特别重要的节日，是因为这一天是佛教教主释迦牟尼觉悟成道的纪念日。据佛典记载，乔达摩·悉达多太子出家经过6年苦修，体力不支，在食用了牧羊女奉上的乳糜后，恢复了体力，最终在菩提树下悟道成佛。这一天后来被确定为中国农历的腊月初八，腊八于是成为释迦牟尼佛的成道纪念日。为感念牧羊女施乳糜供养的功德，天下的佛寺，在此日都要举行法会，熬煮腊八粥，施赠信徒与民众，共同庆祝悉达多太子的觉悟成佛，庆祝佛陀的诞生，祈福增慧。②

灵隐寺腊八节文化历史悠久，历代方丈很重视。只是到了"文化大革命"时期，寺里曾一度受到冲击，面临火烧、捣毁的危险，幸有浙江大学学生的奋起保护，才得以幸免。1978年，为接待西哈努克亲王，灵隐寺重新开放，当时寺院约有34位僧人，3位义工，但已恢复了熬腊八粥的传统，由于条件限制，腊八粥的食材只有白果、花生、红豆等几种，仅限于供佛和自用。后来灵隐寺重建药师殿，寺院把熬的腊八粥送给专家、技术人员和施工人员品尝，感谢他们为修复灵隐寺所作的努力，余下的也分给寺里的居士。如今，灵隐寺腊八节文化已发展成规模大、影响广的群众性文化活动。③

---

① 鲍志成：《径山茶宴：禅茶一味》，《中国民族报》2021年2月23日。
② 能仁：《腊八节 全球共享的中国文化盛宴》，《中国宗教》2017年第1期，第82—83页。
③ 吕洪年：《"灵隐寺腊八节文化"荐介》，《杭州（生活品质版）》2015年第8期，第53—54页。

参考文献

[1] 包静：《试分析锡剧表演的艺术形式》，《大众文艺》2021年第7期。

[2] 鲍志成：《径山茶宴：禅茶一味》，《中国民族报》2021年2月23日。

[3] 卜复鸣、胡建新：《苏派盆景技艺生产性保护策略研究》，《安徽农业科学》2015年第12期。

[4] 蔡丰明：《湖笔在中国书写文明史上的重要地位与影响》，《浙江社会科学》2001年第6期。

[5] 曹萌：《劈挂拳在沧州的传承现状分析》，《武魂》2013年第11期。

[6] 曹明哲：《浅谈包装设计与非物质文化遗产的融合共生——以谢馥春为例》，《大众文艺》2018年第15期。

[7] 车星辰等：《沧州劈挂拳简介》，《少林与太极》2014年第7期。

[8] 陈海林、朱达远：《谩谈双林绫娟》，《丝绸》1982年第11期。

[9] 陈红英：《论苏绣的构成要素》，《苏州工艺美术职业技术学院学报》2021年第2期。

[10] 陈杰、倪灵玲：《苏东坡传说》，浙江摄影出版社2015年版。

[11] 陈俊杰：《中国茶传统技艺与文化传承——以碧螺春为例》，《食品工业》2019年第6期。

[12] 陈娜：《一片西湖春光 西湖绸伞精品赏析》，《上海工艺美术》2016年第4期。

[13] 陈睿睿、王颖燕编著：《杭州评话》，浙江摄影出版社2014年版。

[14] 陈圣贤、任文岗：《国家级非物质文化遗产燕青拳的特征与价值探析》，《河北体育学院学报》2015年第2期。

[15] 陈圣贤等：《国家级非物质文化遗产"沧州武术——燕青拳"的传承现状与保护研究》，《中华武术》2020年第6期。

[16] 陈恬：《楼塔细十番的传承与创新之营销策略浅析》，《科学中国人》2017年第18期。

[17] 陈夏贤：《扬州剪纸发展的历史溯源》，《美术教育研究》2016年第14期。

[18] 陈兴圆：《浅探越窑青瓷烧制技艺的恢复与发展》，中国艺术研究院硕士论文2016年。

[19] 陈依婷：《非遗视野下惠山泥人色彩的成因探析及传承创新研究》，江南大学硕士论文2020年。

[20] 陈泳超：《江南宝卷创编的地方性进程——以常熟宝卷为例》，《民俗研究》2021年第4期。

[21] 陈宇婷：《梁祝经典的历史建构及当代传承发展研究》，广西师范大学硕士论文2019年。

[22] 陈振濂：《百年西泠的独特印记》，《文化交流》2021年第2期。

[23] 陈振濂：《西泠印社的金石文化与海外交流》，《美术报》2016年9月3日。

[24] 陈志荣编著：《杭州市富阳区非物质文化遗产大观·民俗卷》，浙江文艺出版社2016年版。

[25] 程雅倩、彭光华：《明代以来西湖龙井成为名茶的原因探析》，《农业考古》2016年第5期。

[26] 褚红斌：《含山轧蚕花》，《今日浙江》2013年第10期。

[27] 慈玥剑：《苏州泥塑的艺术特色与历史发展》，苏州大学硕士论文2019年版。

[28] 戴微：《浙派古琴的兴起、发展和嬗变》，《浙江艺术职业学院院报》2003年第2期。

[29] 戴育莲：《新时期"湖州三跳"传承发展与创新之我见》，《中国文艺家》2018年第7期。

[30] 丹丹、贾绍菩：《北京绢人的软雕塑艺术》，《美与时代（上半月）》2008年第6期。

[31] 丁国蓉：《略论苏剧的遗产价值》，《艺术评鉴》2019年第2期。

[32] 丁黎、俞柏堂编著：《方回春堂传统膏方制作技艺》，浙江摄影出版社2019年版。

[33] 董菁菁：《香山帮传统建筑营造技艺研究》，青岛理工大学硕士论文2014年。

[34] 董忠耿：《越窑青瓷的兴衰初探》，《上海文博论丛》2010年第2期。

[35] 杜煜皓：《苏州桃花坞木版年画制作工艺及传承发展》，《文化月刊》2019年第8期。

[36] 樊艳慧：《探寻东昌府木版年画的文化内涵》，《文物鉴定与鉴赏》2020年第20期。

[37] 方仁英、王人彦编著：《富阳张氏骨伤疗法》，浙江摄影出版社2015年版。

[38] 丰国需、王祖龙编著：《余杭清水丝绵制作技艺》，浙江摄影出版社2014年版。

[39] 冯春华等：《飘色：用故事演绎民间传奇》，《韶关日报》2010年10月31日。

[40] 冯菲：《"轧神仙"庙会文化保护与传承的当代价值》，《大众文艺》2016年第7期。

[41] 冯小娟：《试论新时期杭州滩簧传承发展之路径——以余杭区传承杭州滩簧实践为例》，《曲艺》2017年第5期。

[42] 冯祖阔：《西溪龙舟胜会的仪式与价值》，浙江师范大学硕士论文2017年。

[43] 付春晓：《苏南庙会文化及其旅游开发研究》，南京农业大学硕士论文2017年。

[44] 高宏然：《评剧：大俗大美更动人》，《共产党员（河北）》2019年第16期。

[45] 高建军、张士闪：《微山湖渔民端鼓腔艺术探解》，《济宁师范专科学校学报》2002年第2期。

[46] 高革：《单弦牌子曲研究综述（上）》，《北方音乐》2014年第11期。

[47] 高荣：《哈哈腔的生存现状研究——以河北青县哈哈腔为例》，载《第十一届国戏论坛论文集》，2018年。

[48] 高学敏：《中药知识》，科学普及出版社1998年版。

[49] 高赟：《浙江海宁"皮影戏"音乐唱腔源流考》，《戏曲艺术》2009年第2期。

[50] 葛君白：《论"常州留青竹刻"的艺术性发展》，《西部皮革》2021年第8期。

[51] 苟春艳：《东昌葫芦雕刻艺术的传承与发展研究》，重庆大学硕士论文2012年。

[52] 谷强：《北京天桥中幡传承与发展的研究》，北京体育大学硕士论文2009年。

[53] 顾聆森：《论独脚戏》，《戏文》2001年第3期。

[54] 顾瑜堃：《苏裱研究》，南京艺术学院硕士论文2020年。

[55] 郭会仙：《燕青拳源流考》，上海体育学院硕士论文2011年。

[56] 郭蕊：《无锡道教音乐非物质文化品牌维护战略研究》，《连云港职业技术学院学报》2014年第3期。

[57] 郭腾飞：《长三角地区防风氏神话资源的时空谱系及其开发研究》，上海社会科学院硕士论文2020年。

[58] 郭铁良：《沧州劈挂拳的源流与发展》，《少林与太极》2006年第1期。

[59] 郭志强：《燕青拳——沧海遗珠在滨城》，《文化月刊》2013年第7期。

[60] 韩金梅：《江南田野绽放的艺术之花——嘉善田歌》，《青春期健康》2014年第8期。

[61] 韩婷婷：《苏州剧装业百年传承——以苏州李氏家族三代传人技艺传承为代表》，苏州大学硕士论文2010年。

[62] 湘痴公：《萧山河上的龙灯胜会》，载《萧山记忆（第七辑）》，2014年。

[63]《72道工序 350年传承——张小泉剪刀锻制技艺详述》，《科学之友（上旬）》2013年第9期。

[64] 郝鸿红：《杭罗织造技艺的起源和演变研究》，东华大学硕士论文2015年。

[65] 何帆：《非物质文化遗产——苏州缂丝织造技艺》，《江苏纺织》2014年第9期。

[66] 何飞燕：《海宁硖石灯彩艺术探析》，苏州大学硕士论文2009年。

[67] 何丽丽：《柳子戏中的山东民歌元素探究》，《交响（西安音乐学院学报）》2014年第2期。

[68] 何明昭：《浅析苏剧的衰微与发展》，《青年文学家》2021年第2期。

[69] 何平、刘冠男：《胡庆余堂与中药文化的传承和创新》，《企业导报》2013年第6期。

[70] 何平主编：《杭州评词》，浙江摄影出版社2012年版。

[71] 何淑云：《雷允上与六神丸》，《中华医史杂志》2003年第1期。

[72] 黄晓明主编：《鸡血石雕》，浙江摄影出版社2012年版。

[73] 贺燕：《独脚戏文化自信与曲艺创新发展》，《曲艺》2020年第2期。

[74] 洪岸：《富阳竹纸制作技艺》，《浙江档案》2009年第1期。

[75] 洪一丹：《越剧艺术形象"坤生"的历史发展》，《卫星电视与宽带多媒体》2020年第1期。

[76] 胡亮：《京杭大运河与昆曲文化的传播》，《江西社会科学》2021年第5期。

[77] 胡梦飞：《苏州神仙庙会》，《寻根》2019年第6期。

[78] 胡双喜、于彪：《传统民俗"江南网船会"的现代文化意义探析》，《农村经济与科技》2018年第21期。

[79] 胡雪彬等：《以辑里湖丝为例探讨湖丝非遗的保护与发展——从内外部因素分析》，《今古文创》2021年第6期。

[80] 胡轶岚等：《湖笔》，《中国标准导报》2014年第1期。

[81] 黄常伦：《苏州玄妙观道友继承发扬的道教音乐》，《中国道教》1988年第3期。

[82] 黄骅市地方志编纂委员会编：《黄骅市志1986—2008》，方志出版社2013年版。

[83] 黄佳燕：《走近海宁潮神祭祀》，《文化交流》2016年第10期。

[84] 黄丽洁：《非物质文化遗产传承与保护背景下无锡精微绣发展路径探析》，《美与时代：创意（上）》2020年第8期。

[85] 黄敏捷：《苏剧音乐唱腔的地域特色》，《美与时代：美学（下）》2016年第9期。

[86] 黄晓蔓、谭陶：《中国传统手工艺在新时代产品设计中的继承与发展——以常州梳篦为例》，《山东农业工程学院学报》2019年第9期。

[87] 黄玉松：《浅析东昌府木板年画的历史发展与工艺特色》，《大众文艺》2012年第13期。

[88] 霍瑞亭：《青萍剑源流管窥》，《精武》2011年第1期。

[89] 纪学艳、吕林雪：《谈北京面塑"面人郎"的艺术特色》，《北京联合大学学报（自然科学版）》2016年第1期。

[90] 季金凤：《浅谈山东柳子戏的文化特点及文学价值》，《音乐大观》2013年第9期。

[91] 冀洪雪：《苏州御窑金砖及其制作技艺》，《江苏地方志》2012年第4期。

[92] 贾利涛：《论民间舞蹈传承发展的民俗场——以飞叉为个案》，《北京舞蹈学院学报》2019年第2期。

[93] 贾杏年:《扬州富春茶点》,《食品与健康》1995年第2期。

[94] 贾肇山:《秘传贾氏青萍剑》,黑龙江人民出版社1982年版。

[95] 姜天骄:《光福核雕的工艺魅力》,《经济日报》2011年4月10日。

[96] 蒋芙蓉:《无锡留青竹刻的艺术特征及传承研究》,江南大学硕士论文2014年。

[97] 蒋怡:《苏绣艺术的审美特征与传承保护研究》,《天工》2020年第4期。

[98] 蒋羽乾:《杭州滩簧中前、后滩曲目数量研究》,《浙江艺术职业学院院报》2015年第2期。

[99] 金斌:《传承:都锦生织锦技艺》,《杭州》2020年第12期。

[100] 金琳:《嘉湖蚕俗蚕花》,《中国蚕业》1999年第3期。

[101] 金文娟:《苏州评弹音乐之艺术表现形式》,《戏剧之家》2020年第4期。

[102] 金哲文:《苏扇制扇技艺》,《农村百事通》2014年第3期。

[103] 靳美茜:《〈白蛇传〉故事流变及文学价值》,《学理论》2013年第35期。

[104] 柯玉:《海宁皮影戏艺术研究》,浙江师范大学硕士论文2009年。

[105] 空谷道人:《径山茶宴 中国茶禅文化的典范》,《旅游时代》2012年第5期。

[106] 库哪吉·吾斯曼:《民间〈白蛇传〉故事流变及其文学价值》,《北方文学》2017年第32期。

[107] 冷坚:《第一批国家级非物质文化遗产——苏州剧装戏具》,《上海工艺美术》2007年第2期。

[108] 李斌等:《杭罗起源的研究》,《服饰导刊》2019年第5期。

[109] 李斌等:《杭罗品种、特征及其织机的研究》,《服饰导刊》2014年第2期。

[110] 李斌:《中国长三角地区染织类非物质文化遗产研究》,东华大学博士论文2013年。

[111] 李冰:《河北廊坊葛渔城重阁会研究》,河北大学硕士论文2020年。

[112] 李川:《天坛传说:正史背后的故事》,《神州》2015年第22期。

[113] 李丰意:《非遗视野下板龙舞的现状与传承——以河上龙灯胜会为例》,《浙江艺术职业学院学报》2017年第4期。

[114] 李合洲、陈剑：《剧渊源考察》，《宿州教育学院学报》2004年第2期。
[115] 李合洲：《浙江湖州地区湖剧的形成》，《音乐探索（四川音乐学院学报）》2005年第2期。
[116] 李健亮、王建芳：《中国社会转型下的杭州织锦艺术（1900—1930）》，《山东工艺美术学院院报》2017年第5期。
[117] 李莉：《木版年画的传承与发展——桃花坞木版年画个案分析》，《牡丹》2019年第30期。
[118] 李淋：《论明代十竹斋木版水印》，《艺术品鉴》2019年第9期。
[119] 李琳：《江苏邳州民间竹马舞研究》，《文学教育（上）》2012年第9期。
[120] 李璐瑶：《扬州评话非物质文化遗产的传承》，《北方音乐》2016年第11期。
[121] 李梅：《嘉善田歌的价值定位和传承发展》，《绍兴文理学院学报（哲学社会科学）》2013年第6期。
[122] 李琼：《从文化自信角度看胡庆余堂经久不衰的原因》，《作家天地》2021年第3期。
[123] 李盛：《北京绢人：用绢纱塑成别样的惊艳》，《工会博览》2022年第2期。
[124] 李文博：《新中国以来沧州回族武术变迁研究——以六合拳世家三代人口述史为线索》，上海体育学院硕士论文2014年。
[125] 李燕：《"杭州小热昏"的历史、现状与振兴对策》，《大众文艺》2010年第23期。
[126] 李亦：《沧州孟村的八极拳》，《河北企业》2002年第Z3期。
[127] 李永超：《沧州劈挂拳发展历程与技法体系研究》，天津体育学院硕士论文2017年。
[128] 李媛：《中国古代建筑彩绘纹样》，《大舞台》2011年第8期。
[129] 李阅东、叶华醒编著：《朱养心传统膏药制作技艺》，浙江摄影出版社2016年版。
[130] 厉剑飞主编：《古道心传录 三江两岸非物质文化遗产》，杭州出版社2013年版。
[131] 梁珊珊：《从民间传统到现代竞技——基于嘉兴掼牛竞技身份迭新历程的考察》，《浙江师范大学学报（社会科学版）》2021年第1期。
[132] 林涛等：《基于留青竹刻的传统技艺类非遗营销策略分析》，《西部皮

革》2021年第9期。

[133] 刘传武、何剑叶：《潮神考论》，《东南文化》1996年第4期。

[134] 刘大川：《鲁绣的流变、特色、传承现状与发展对策》，《人文天下》2022年第1期。

[135] 刘芳：《漫谈苏州评弹之美》，《明日风尚》2018年第21期。

[136] 刘俊主编：《胡庆余堂中药文化》，浙江摄影出版社2009年版。

[137] 刘坤：《国家级"非遗"项目临清贡砖烧制技艺的文化属性研究》，《艺术百家》2015年第S2期。

[138] 刘昆：《解密国家级"非遗"临清贡砖烧制技艺》，《文化月刊》2017年第5期。

[139] 刘泠妮：《浙江越剧音乐创作现状研究》，《大观（论坛）》2021年第5期。

[140] 刘丽娴等：《萧山花边分类与纹样研究》，《上海工艺美术》2020年第2期。

[141] 刘丽娴等：《杭州萧山花边的技艺特点与传承发展》，《丝绸》2019年第9期。

[142] 刘腾悦：《〈梁祝〉艺术赏析》，《民族音乐》2020年第6期。

[143] 刘颖：《北京同仁堂的医药文化——走向世界的传统中医药》，《廊坊师范学院学报（社会科学版）》2019年第3期。

[144] 陆德洛：《论昆曲在江苏的传播与保护传承》，《剧影月报》2021年第2期。

[145] 陆秋澄：《浅析苏绣的传承与创新》，《文化产业》2021年第32期。

[146] 陆士虎、马俊：《辑里湖丝甲天下》，《收藏》2016年第11期。

[147] 陆晓寅：《苏州碧螺春茶文化溯源及市场现状分析》，《中国报业》2012年第16期。

[148] 陆在良、胡曙红：《浅谈湖州三跳的伴奏音乐》，《曲艺》2018年第6期。

[149] 路璐、吕金伟：《运河社会变迁与扬州杖头木偶戏的艺术重构》，《民俗研究》2021年第6期。

[150] 罗静：《嘉兴桐乡地区传统蓝印花布的工艺及造物思想研究》，《美术教育研究》2020年第4期。

[151] 罗鹏：《新时期余杭滚灯非遗项目的传承现状与发展创新研究》，杭州

师范大学硕士论文2021年。

[152] 罗鹏：《余杭滚灯传统体育项目的历史沿革与发展》，《体育风尚》2019年第2期。

[153] 洛地：《越剧唱调研究（三）》，《音乐文化研究》2020年第3期。

[154] 吕洪年：《"灵隐寺腊八节文化"荐介》，《杭州（生活品质版）》2015年第8期。

[155] 吕洪年：《孝子祭：传统孝文化的正规遗产》，《杭州（生活品质版）》2017年第4期。

[156] 麻敏：《方寸之地呈千里之势——北京内画鼻烟壶绘画艺术及传承》，《湖南包装》2020年第3期。

[157] 马广林、孟薇：《临清肘捶传习流变研究》，《辽宁体育科技》2020年第1期。

[158] 马骏：《评剧乐队的形成与发展》，《中国戏剧》2022年第2期。

[159] 马永伟、曹海洋：《"无锡留青竹刻"传统工艺的技术与艺术内涵研究》，《文化创新比较研究》2018年第6期。

[160] 梅新林、陈玉兰主编：《江南服饰史》，上海古籍出版社2017年版。

[161] 孟德明：《西河大鼓：鼓声与弦韵奏出的曲苑乡音》，《共产党员（河北）》2018年第23期。

[162] 孟凡夏：《杭州和中国印刷术》，《文化交流》2000年第4期。

[163] 孟建军：《王正明与"中和韶乐"》，《乐器》2019年第6期。

[164] 孟琳：《南巡湖笔小镇：千年文宝一脉承》，《文化交流》2017年第11期。

[165] 明成满：《"2011端午习俗国际学术研讨会"综述》，《国外社会科学》2011年第5期。

[166] 明桂林等：《八卦掌研究之历史渊源、项目特点及推广研究》，《武术研究》2020年第12期。

[167] 莫高编著：《武林调》，浙江摄影出版社2012年版。

[168] 能仁：《腊八节 全球共享的中国文化盛宴》，《中国宗教》2017年第1期。

[169] 倪淑萍：《唯乐不可以为伪——江南吴歌探微》，《四川戏剧》2021年第9期。

[170] 牛甲芝：《基于机构联合的古籍修复人才培养模式研究——以天津地区

为例》，《图书馆工作与研究》2016年第10期。

[171] 裴海：《"非遗"视角下苏州玉雕的发展现状与传承研究》，安徽大学硕士论文2017年。

[172] 彭珊珊：《大运河文化背景下沧州武术文化传承发展研究》，《传媒论坛》2020年第20期。

[173] 朴基成：《嘉兴灶头画的民俗文化内涵及传承与保护》，《现代经济信息》2014年第9期。

[174] 钱利：《艺术之精华——浅谈核雕刻艺术之魅力》，《美术大观》2017年第11期。

[175] 钱之远、沈文泉：《湖颖之技甲天下——湖笔的起源和发展》，《今日浙江》2002年第Z1期。

[176] 秦凤珍、刘艺璇：《梁祝传说在山东的传播与衍生》，《河北民族师范学院学报》2021年第3期。

[177] 沈凤泉：《浙江江南丝竹音乐发展简史》，《中小学音乐教育》2014年第1期。

[178] 沈红：《西湖龙井的发展演变和特征鉴别》，《茶博览》2020年第3期。

[179] 沈黎：《香山帮的变迁及其营造技艺特征》，《建筑遗产》2020年第2期。

[180] 沈懿旻：《嘉兴灶画》，《美术》2018年第5期。

[181] 沈之娴：《苏州宋锦的前世与今生》，《中国艺术报》2015年7月3日。

[182] 盛韬琪、富艳春：《浅谈惠山泥人》，《美术教育研究》2021年第13期。

[183] 史静：《祈雨习俗与文化传承——以静海县大六分村登杆圣会的当代传承为个案》，《齐鲁艺苑》2016年第5期。

[184] 舒永智：《民俗文化记忆中的祭祀舞蹈——以邹城"阴阳板"为例》，《艺术评鉴》2018年第23期。

[185] 宋笑笑、李学功：《茗韵流芳：略论滩簧剧种的传承与发扬——以湖剧为个案》，《大庆社会科学》2017年第1期。

[186] 苏州日报社《指尖传奇》编写组编著：《指尖传奇》，古吴轩出版社2018年版。

[187] 孙福进、邱红：《湖剧》，《浙江档案》2014年第4期。

[188] 孙茂华、孙茂林：《杭州雕版印刷技艺的现状》，《艺术探索》2013年

第3期。

[189] 孙其勇等：《吴歌的艺术手法、地域文化特征及其文学价值》，《苏州教育学院学报》2009年第4期。

[190] 孙天：《柳子戏的音乐体系特色及传承发展》，《人文天下》2020年第3期。

[191] 孙迎庆：《皇家大工匠：苏州缂丝织造技艺》，《中华文化画报》2012年第3期。

[192] 孙月霞：《更好打响圣堂庙会"国字头"品牌》，《苏州日报》2021年7月27日。

[193] 谭文如：《浅谈中国竹刻艺术的流变与传承——以常州留青竹刻为例》，《名家名作》2020年第12期。

[194] 唐乃强：《丝织工艺之花：双林绫绢》，《浙江档案》2013年第4期。

[195] 滕腾等：《民俗学视域下邳州跑竹马的历史变迁》，《南京体育学院学报（社会科学版）》2017年第6期。

[196] 田儿：《湖剧的渊源、发展及其现状分析》，《文教资料》2010年第14期。

[197] 田逍：《浅谈山东快书的起源及发展》，《黄河之声》2014年第12期。

[198] 汪莉秋：《苏州灯彩历史发展研究》，《苏州工艺美术职业技术学院学报》2019年第2期。

[199] 王存：《中华人民共和国成立以来宣武"抖空竹"的传承和发展研究》，内蒙古师范大学硕士论文2016年。

[200] 王丹谊、卢巧莉：《苏州宋锦织造技艺的活态传承与创新发展研究》，《天工》2021年第10期。

[201] 王洪志等：《沧州武术的审美特质与价值》，《沧州师范学院学报》2012年第3期。

[202] 王建欢：《楼塔细十番》，载《萧山记忆（第十辑）杭州市萧山区人民政府地方志办公室 专题资料汇编》，2016年。

[203] 王健：《浅谈明式家具对现代主义家具的影响》，《明日风尚》2017年第3期。

[204] 王娟：《嘉兴莲泗荡网船会的民俗文化传承于保护研究》，《嘉兴学院学报》2016年第2期。

[205] 王丽：《苏扇传统手工艺现代发展研究》，苏州大学硕士论文2012年。

[206] 王靓颖：《关于山东快书"味"的研究》，《北方音乐》2018年第15期。

[207] 王平善、王安霞：《"形—意"视域下无锡精微绣文化意象研究》，《中北大学学报（社会科学版）》2017年第3期。

[208] 王其全、林敏：《杭州非物质文化遗产之振兴祥中式服装制作技艺》，《浙江工艺美术》2009年第2期。

[209] 王蓉：《梁祝传说的源起及流传演变轨迹探析》，《现代交际》2010年第4期。

[210] 王珊珊：《非遗视域下南路山东琴书的传承现状》，《戏剧之家》2021年第21期。

[211] 王申：《东昌府葫芦雕刻技艺与谱系传承》，《边疆经济与文化》2009年第10期。

[212] 王笙渐：《扬州刺绣艺术的肇始与流变》，《美术大观》2017年第11期。

[213] 王松：《苏州吴歌的保护与传承研究》，苏州科技大学硕士论文2015年。

[214] 王苏平等：《追寻中药文化遗产》，《健康报》2006年6月20日。

[215] 王惟惟：《评剧特色音调融入创作手法浅析》，《艺术评鉴》2019年第4期。

[216] 王文正：《彭诚伏羊宴》，《美食》2003年第5期。

[217] 王晓丹：《河北梆子现状概述》，《大众文艺》2021年第10期。

[218] 王雪健等：《浅谈光福舟山核雕的文化内涵》，《大众文艺》2015年第23期。

[219] 王永强：《苏州传统国画颜料及其制作技艺》，《苏州工艺美术职业技术学院学报》2020年第4期。

[220] 王永强：《苏州泥塑的源流、特征及其当代传承》，《苏州工艺美术职业技术学院学报》2020年第2期。

[221] 王有凤：《非物质文化遗产视角下回族武术孟村八极拳传承的困境与对策分析》，《武术研究》2016年第2期。

[222] 王珍：《西湖绸伞》，《检查风云》2016年第22期。

[223] 魏立中：《木版水印 刀锋上的视觉盛宴》，《科学大观园》2021年第8期。

[224] 魏勤、杜亚雄：《杭州"小热昏"初探》，《文化艺术研究》2009年第1期。

[225] 魏巍：《长三角一体化进程中江南丝竹音乐文化的传承与创新实践研

究》，《浙江艺术职业学院学报》2021年2月18日。

[226] 魏圩：《镇江地区梅庵琴派艺术传承研究》，《南京艺术学院学报（音乐与表演）》2014年第4期。

[227] 魏一媚编著：《桐君山》，杭州出版社2014年版。

[228] 魏艺佳、张毅：《无锡精微绣的艺术特征探析》，《丝绸》2016年第11期。

[229] 文丽君：《第900万个酱肘子》，《中华手工》2010年第2期。

[230] 吴碧玲：《福建沙县盖竹村游艺民俗"迎铁枝"的表演程式》，《武夷学院学报》2020年第1期。

[231] 吴嘉俐：《〈白蛇传〉传说中的形象塑造与中国现当代文学》，南京师范大学硕士论文2018年。

[232] 吴坚等：《嘉兴粽子》，《中国质量与标准导报》2017年第5期。

[233] 吴磊：《苏州弹词音乐之艺术特征探究》，《大众文艺》2014年第15期。

[234] 吴利民、张琳主编：《含山轧蚕花》，浙江摄影出版社2014年版。

[235] 吴小莉、陆丽婷：《如同角度下传统音乐传承与现状思考——以嘉善田歌为例》，《戏剧之家》2021年第2期。

[236] 吴一舟等编著：《西湖传说》，浙江摄影出版社2012年版。

[237] 吴玉娟：《桐乡高杆船技传承与保护研究》，浙江师范大学硕士论文2017年。

[238] 夏红煜：《"非遗"保护视角下端鼓腔的保护与传承》，《管理观察》2013年第15期。

[239] 夏俊：《历史记忆与民间叙事的表达——以无锡泰伯庙为例》，云南大学硕士论文2017年。

[240] 向煜：《文雅端秀惜料如金 明式家具传统技艺中的精雕细刻》，《现代苏州》2016年第35期。

[241] 肖慧：《悠悠桑蚕 浙江湖州的非物质文化遗产与民俗》，《世界遗产》2018年第Z1期。

[242] 肖姗：《雷允上与他的六神丸》，《中国中医药现代远程教育》2004年第5期。

[243] 谢树果：《浅谈评剧的乐队及伴奏》，《戏剧之家》2021年第24期。

[244] 徐楚浩、叶华醒编著：《五常十八般武艺》，浙江摄影出版社2015年版。

[245] 徐光庆、李晔：《大运河文化带建设背景下高邮民歌研究》，《扬州教育学院学报》2021年第1期。

[246] 徐宏图：《日翻九楼夜演孟姜——绍兴孟姜戏初探》，《绍兴文理学院学报（哲学社会科学）》2003年第5期。

[247] 徐宏图：《日翻九楼，夜演目连——浙江目连戏与宗教仪式》，《中华文化画报》2018年第8期。

[248] 徐杰：《梁祝传说发源地初探》，《长江丛刊》2016年第26期。

[249] 徐青：《漫论防风氏神话传说》，《湖州师专学报》1994年第1期。

[250] 徐天琦：《宫廷补绣的古往今来》，《纺织科学研究》2013年第3期。

[251] 徐西林：《梁山功夫纵览》，《搏击》2015年第12期。

[252] 徐湘：《"白蛇传"的民间叙事及艺术多样化表现》，山东工艺美术学院硕士论文2016年。

[253] 徐筱安：《浅谈杭州小热昏的过去与现在》，《曲艺》2014年第8期。

[254] 徐耀新主编：《历史文化名城名镇名村系列》，江苏人民出版社2018年版。

[255] 许家千、沈易立：《论苏作家具的发展历程》，《苏州工艺美术职业技术学院学报》2014年第4期。

[256] 许敬生：《药祖桐君》，《河南中药》2014年第7期。

[257] 许晓阳：《社会主义新农村文化建设中的文化传承与保护——以杭州西溪蒋村龙舟文化为例》，浙江海洋大学硕士论文2014年。

[258] 薛媛：《非物质文化遗产余杭滚灯的艺术人类学价值探究》，《美与时代（上）》2014年第11期。

[259] 薛中卿：《无锡道教音乐——返璞归真的瑰宝》，《中国宗教》2020年第9期。

[260] 闫娜：《沧州木板大鼓研究》，河北大学硕士论文2015年。

[261] 闫新华等：《文化学视角下的嘉兴掼牛》，《浙江体育科学》2012年第5期。

[262] 严亚茜：《锡剧艺术渊源与发展研究》，《戏剧之家》2020年第4期。

[263] 颜光辉：《紫檀木雕作品的雕刻艺术及体现手法探究》，《天工》2020年第5期。

[264] 燕山：《烤鸭技艺：精益求精传后人》，《时代经贸》2011年第9期。

[265] 杨传友：《中国盆景的艺术流派》，《花木盆景（花卉园艺）》1997

年第6期。

[266] 杨光东：《周村芯子的艺术与文化》，《齐鲁艺苑》2021年第4期。

[267] 杨海燕：《巧夺天工的核雕技艺》，《文化月刊》2014年第27期。

[268] 杨浩蓁、傅薪颖：《沧州木板大鼓的昨日与今朝》，《大众文艺》2016年第18期。

[269] 杨红梅：《非物质文化遗产老北京天桥摔跤的传承与保护》，新疆师范大学硕士论文2017年。

[270] 杨华：《单弦牌子曲与长阳南曲渊源关系探讨》，《湖北民族学院学报（哲学社会科学版）》2008年第3期。

[271] 杨士泰、张峰硕：《廊坊市安次区东沽港中幡的历史传承与当代价值》，《廊坊师范学院学报（社会科学版）》2021年第2期。

[272] 杨涛：《基于非物质文化遗产技艺知识保护的公共图书馆古籍修复研究——以天津图书馆（天津市少年儿童图书馆）〈古籍修复知识辞典〉编纂为例》，《图书馆工作与研究》2021年第S1期。

[273] 杨祥民、王倩：《常州梳篦造物文化及其工艺审美特质研究》，《山东工艺美术学院学报》2021年第3期。

[274] 杨秀勇：《徐州民间唢呐的传承和发展》，《剧影月报》2009年第6期。

[275] 杨智伟：《嘉兴端午的独特习俗及其历史文化特征浅析》，《黑龙江史志》2013年第14期。

[276] 姚丹：《嘉兴端午节仪式行为及传承特点》，《文学教育（上）》2016年第4期。

[277] 姚国坤：《西湖龙井茶的由来》，《茶博览》2020年第3期。

[278] 姚红英：《浅析苏绣的传承与创新》，《牡丹》2021年第10期。

[279] 叶坚：《"江南药王"胡庆余堂》，《浙江人大》2015年第1期。

[280] 叶舟：《访古寻幽桐君山》，《浙江林业》2018年第8期。

[281] 殷华叶：《北京泥塑玩具兔儿爷研究》，北京印刷学院硕士论文2020年。

[282] 由玲：《身边的民艺——临清贡砖烧制技艺之调研》，《苏州工艺美术职业技术学院学报》2014年第3期。

[283] 于淼、高红梅：《关于扬州剪纸的艺术特色研究》，《美术教育研究》2021年第19期。

[284] 于能、吴桂潮：《江南网船会：流淌着的运河民俗》，《浙江画报》2011年第5期。

[285] 于维勇：《千锤百炼方成器——访王麻子剪刀传统锻制技艺传承人史徐平》，《时代经贸》2010年第6期。

[286] 余美莲：《桐乡民间蓝印花布溯源及其艺术特色》，《染整技术》2019年第6期。

[287] 余玮：《文化再生产场域下的民俗传承动力——以杭州拱墅"半山立夏节"为例》，浙江师范大学硕士论文2019年。

[288] 袁雪琴：《徐州民间唢呐》，《剧影月报》2011年第1期。

[289] 臧小鹿、李黎：《无锡惠山泥人艺术特征研究》，《艺术品鉴》2019年第33期。

[290] 翟继萍：《临清肘捶的历史传承与保护研究》，山东体育学院硕士论文2016年。

[291] 张发平主编：《钱王传说》，浙江摄影出版社2015年版。

[292] 张海琳、梁毅：《非物质文化遗产保护视角下嘉兴掼牛的传承与保护》，《长沙航空职业技术学院学报》2017年第1期。

[293] 张华新等：《"中国式斗牛"——"掼牛"的历史追溯与文化内涵研究》，《军事体育进修学院学报》2012年第4期。

[294] 张觉民：《江南民间美术——嘉兴灶头画》，《中国文化报》2007年6月28日。

[295] 张洁敏：《哈哈腔调查》，《中国戏剧》2014年第3期。

[296] 张晶：《西河大鼓如何破解传承瓶颈》，《河北日报》2014年11月26日。

[297] 张俊合：《杂谈抖空竹》，《杂技与魔术》2015年第4期。

[298] 张立梦：《新时代苏州评弹的传承与发展》，《剧影月报》2020年第5期。

[299] 张丽：《白蛇传故事探微》，中央民族大学硕士论文2007年。

[300] 张丽娜：《苏州民族乐器发奋中兴》，《消费日报》2008年3月13日。

[301] 张律：《浅谈传统民间艺术的生存和再发展——以苏州桃花坞木版年画为例》，《美术教育研究》2019年第11期。

[302] 张萌萌：《论东昌府木版年画特色》，《名作欣赏》2015年第3期。

[303] 张朋主编：《杭州市非物质文化遗产大观 传统医药卷》，西泠印社出版社2015年版。

[304] 张清宏：《径山茶宴》，《中国茶叶》2002年第5期。

[305] 张清雷：《浅析玉雕苏工的雕琢特点》，《艺术科技》2016年第9期。

[306] 张世川等：《京万红软膏临床应用进展》，《药学研究》2014年第12期。

[307] 张文宾：《硖石灯彩》，《浙江工艺美术》2001年第4期。

[308] 张晓梅：《寸马豆人神飞扬——无锡精微绣艺术探微》，《艺术科技》2016年第10期。

[309] 张兴军：《京万红：老字号的生命力》，《中国经济信息》2017年第8期。

[310] 张莹：《嘉兴掼牛的发展和体育文化价值分析》，《体育世界》2013年第9期。

[311] 张玉良：《德清蚕桑习俗——"扫蚕花地"》，《浙江档案》2011年第5期。

[312] 张悦、王志军：《高邮民歌歌词语言特色研究初探》，《民族音乐》2017年第3期。

[313] 张越剑、沈向东：《非物质文化遗产苏州碧螺春传统制作技艺的传承与保护建议》，《旅游纵览》2021年第18期。

[314] 章永俊：《北京的绢花》，《北京观察》2019年第7期。

[315] 赵伯阳：《心若浮躁，且饮一盏茶——介绍西湖龙井》，《长寿》2016年第1期。

[316] 赵洪志、孙春艳：《以人为本促进沧州武术发展》，《沧州日报》2020年8月3日。

[317] 赵强：《扬州雕版印刷术传承方式研究》，《艺术研究》2011年第4期。

[318] 赵昕：《河北梆子的艺术价值及创新研究》，《参花（下）》2019年第9期。

[319] 赵永久：《张小泉剪刀：火锻钢华剪成妆》，《浙江画报》2008年第8期。

[320] 郑红：《浙派琴史初探》，福建师范大学硕士论文2006年。

[321] 政协沧州市委员会编：《魅力沧州》，河北人民出版社2012年版。

[322] 中共杭州市富阳区永昌镇委员会、杭州市富阳区永昌镇人民政府编：《永昌故事》，2017年。

[323] 中国人民政治协商会议浙江省桐庐县委员会办公室编：《桐庐文史资料第一辑（桐君·桐君山）》，1989年版。

[324] 钟起保：《越窑青瓷艺术刍议》，《陶瓷研究》2012年第1期。

[325] 周惊：《探析山东大鼓的保护与传承》，《民族音乐》2020年第6期。

[326] 周丽梅：《天坛，一个离天最近的美丽传说》，《语文世界（小学生之

窗）》2019年第4期。

[327] 周良：《苏州评话艺术的革新》，《艺术百家》1988年第2期。

[328] 周平：《木版水印》，《浙江档案》2012年第12期。

[329] 周世勤：《李式太极拳（太极五星锤）风格特点》，《中华武术》2001年第3期。

[330] 朱红亚等：《辑里湖丝之前世今生》，《浙江画报纸》2015年第6期。

[331] 朱婧雯：《越剧表演蕴含的江南文化特征——"柔""诗""雅"》，《戏剧之家》2021年第8期。

[332] 朱军岷、吴天钧编著：《铜雕技艺》，浙江摄影出版社2014年版。

[333] 朱开配：《浅谈越窑青瓷的当代艺术价值研究》，《包装世界》2016年第1期。

[334] 朱路阳：《对山东琴书发展与现状的几点思考》，《赤子（上中旬）》2017年第4期。

[335] 朱史、王晓涛：《探索嘉兴传承保护之路》，《嘉兴日报》2016年5月22日。

[336] 朱显雄编著：《王星记扇制作技艺》，浙江摄影出版社2014年版。

[337] 朱学富：《越剧唱调［尺调］的形成与衍变》，《浙江艺术职业技术学院学报》2021年第2期。

[338] 朱亚娟：《苏州玄妙观道教音乐的特点及功能》，《才智》2009年第4期。

[339] 朱于心：《西湖绸伞的文化传承与伞面更新设计研究》，中国美术学院硕士论文2013年。

[340] 朱长磊：《柳子戏音乐的历史沿革与传承发展》，《齐鲁艺苑》2015年第2期。

[341] 朱洲平：《失落的西溪民俗——蒋村"龙舟胜会"》，《杭州通讯（生活品质版）》2008年第6期。

[342] 庄孝泉主编：《富阳竹纸制作技艺》，浙江摄影出版社2009年版。

[343] 卓介庚：《余杭滚灯》，《浙江档案》2011年第2期。

[344] 卓颖颖：《嘉善田歌》，《浙江档案》2013年第5期。

[345] 邹天娇：《苏州古典园林和苏派盆景间的关联探析》，《园艺与种苗》2015年第11期。

[346] 《北京便宜坊焖炉烤鸭技艺》，《时代经贸》2008年第6期。

[347]《北京宫廷补绣》,《时代经贸》2008年第6期。

[348]《王麻子剪刀锻制技艺》,《时代经贸》2008年第6期。

[349]《天福号 传承·突破·发展》,《时代经贸》2010年第6期。

[350]《天福号酱肘子制作技艺》,《时代经贸》2008年第6期。

[351]《生铁冶铸技艺（干模铸造技艺）》,汉程网,2013-01-29。

[352]《海宁市文化志》编纂委员会编：《海宁市文化志》,浙江人民出版社2015年版。

[353]《独脚戏：滑稽逗笑最当行》,《当代学生》2012年第Z4期。

[354]《非物质文化遗产欣赏——苏州评话》,《文化产业》2020年第15期。

[355]《盆景知识》,《现代园林》2004年第11期。

[356]《复活的"非遗"——刘吉舞狮》,《当代人》2010年第6期。

[357]《吴桥杂技——大运河孕育的中外文化交流桥梁》,《中国产经》2020年第24期。

[358]《全聚德挂炉烤鸭技艺》,《时代经贸》2008年第6期。

[359]《细雨飘兮锦伞摇——中国非遗之西湖竹骨绸伞》,《神舟民俗（通俗版）》2015年第3期。

[360]《洋河掌握"绵柔"白酒核心工艺》,《决策》2013年第7期。

[361]《中国粽子文化与浙江五芳斋精神》,载《浙江工商大学中国饮食文化研究所专题资料汇编》,2005年。

[362]《同仁堂中医药文化：传承与创新同在》,《时代经贸》2008年第6期。

[363]《百城百艺 非遗名录 | 民间传统音乐的活化石——南闸民歌》,澎湃媒体,2021-05-14。

后 记

  本书从策划到成稿历经数年，走读京杭大运河是作者长期以来的志愿和向往。近年来，作者借参加学术会议和学术交流之机，曾对杭州、嘉兴、苏州、无锡、常州、镇江、扬州、徐州、天津等地的部分非物质文化遗产做了学术考察。同时，为了获得翔实的资料，作者特意对湖州、淮安、宿迁、济宁、聊城、德州、沧州等地的部分非物质文化遗产进行了专门的调研和考察。非物质文化遗产是时代留存下来的非实物形态文化遗产，是传承者历史的技艺和悠久的文化。本书在撰写过程中阅读了大量的文史资料，但随着大运河国家文化公园建设的不断推进，运河沿线非物质文化遗产的保护和传承还在继续，本书难以全面地展现运河非物质文化遗产的最新面貌，这是本书的不足之处。

  诚然，本书内容是对京杭大运河历史文化资源中非物质文化遗产较为系统的调研和梳理，希望能对大运河国家文化公园建设略尽绵薄之力。

2022年3月于印苑